MJ きめる! KIMERU SERIES

Gakken

[きめる! 共通テスト]

現代文

Modern Japanese

著＝船口 明（代々木ゼミナール）

introduction

はじめに

この本は、共通テストという新たなテストに挑みゆく受験生に、エールを送るために書いたものです。未知のテストに対する不安と恐怖から、夢をあきらめそうになっている君の背中を、そっとしかし確実に、押してあげることができれば、著者として嬉しく思います。

新しいテストの実施に戸惑うのは、何も君たち受験生だけではありません。大人たち（先生や評論家たち）だって同じです。受験生のために真剣に研鑽を重ねる先生もいれば、小手先でうまく立ち回ろうとする大人もいます。僕のように研究所で新テストの研究を仕事としている人間には、両者の違いがすぐにわかってしまいます。

「本質的な学力は変わらない」という声があります。確かにその通りでしょう。文字通り本質をついた発言だともいえます。しかし、その醒めた「達観」のどこに、目の前で悩む生徒たちの姿があるのか。テストの変革期には「力があるのに本番で失点してしまう」受験生が相当数いることは、経験的にも明らかです。不格好でもいい。僕は泥んこになって、考えられる限りの手を尽くして、君たちと一緒に戦う先生でありたい。それが僕の目指す「先生」の姿だからです。

「分析なんて、過去問題が揃ってからやるものだ」という声もあります。確かにその通りです。そういう意味で、この本の内容も完璧ではないでしょう。しかし、目の前の受験生は過去問題が揃う前の試験を確実に受験します。それでなくても、試験の変革期でつらく不安な思いをしている君たちを前に、「過去問題が揃ってから」などという傍観者に、僕はなりたくはない。過去問題からの帰納的分析ができなくても、新指導要領や様々な関係者発言をベースにした演繹的アプローチは可能です。今、僕に伝えられることが確実にあります。

生徒たちの声に耳を傾けると、受験生が無知なのをいいことに「今まで通りの対策で大丈夫」なんていう、お笑いのような指導がなされている場合もあるようです。これほど人を馬鹿にした話もありません。本編で詳しく説明していますが、センター試験がなぜ共通テストに変わるのかという理由を踏まえれば、問題は確実に変わるはずです。こんなめちゃくちゃな発言ですら、生徒たちはまっすぐ信じてしまう。『きめる！』で伝えなければならないことが、間違いなくあります。

これらが、僕がこの本を執筆したモチベーションです。

これまでと変わらないものがある。しかし確実に変わることもある。それが共通テストのまぎれもない真実です。

明確な方向性を持って、一つの確かな思想の元に作られたテスト。僕は共通テストを、そう捉えています。この本で、それを伝えられたらと思います。

過去問題がないテストですから、共通テストに似せて作られた模試や練習問題の数をこなして対策する人も多いでしょう。経験値を上げることはとても重要ですから、僕もそれを推奨します。しかし、スポーツで試合形式の練習ばかりを重ねても、必要な力がつかないことは明白なように、演習だけでは足りないことがはっきりとあります。志望校の赤本を解くだけでは決して実力がつかないことは、受験生なら誰でもわかっていることです。この本では、実力錬成のためのCHAPTER1と実戦的なアプローチとしてのCHAPTER2を区別して書きました。みなさんにとって、勉強法の一つの指針になればと思います。

青春に悩みは尽きません。受験だけでなく、様々な悩みの前で押しつぶされそうになっている人もいるでしょう。青春は若芽のように繊細で、時に脆い。しかし、今の気持ちを大切にして、まっすぐに向き合っていこう。感受性が豊かだからこそ、切なさも感じるのです。吹く風に揺れてしまうのは、可能性にあふれている証拠です。右にも左にも行ける、その表れです。それゆえ、青春の悩みは、そのまま希望の光なのです。

毎日毎日、一瞬一瞬、心は変わります。弱い心、負けそうになる気持ち、その一つ一つと戦いながら、僕たちは成長していきます。入試当日、君を支えてくれるのは、まっすぐに戦ってきたその日々だけです。目には見えなくとも、大地に深く強く根を張り、君を支えています。そういえば、昔見たCMに、こんな言葉がありました。

「時は流れない。それは積み重なる」

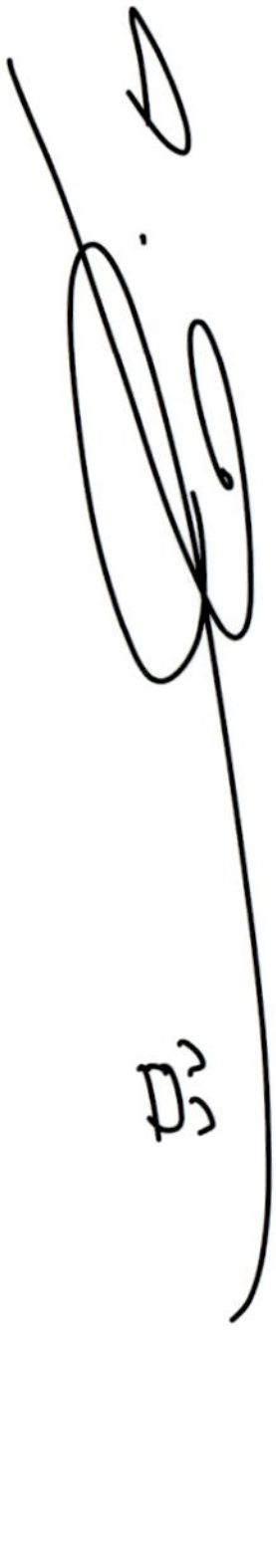

how to use this book

本書の特長と使い方

1 開講オリエンテーションは必ず読む

本書は「論理的な文章編」と「文学的な文章（小説）編」の2つのパートで構成されています。それに先立つ冒頭の開講オリエンテーションでは、受験生が共通テストについて抱きがちな「誤解」や「不安」を取り上げ、共通テスト対策のベースとなる考え方について解説しています。本編での学びを方向づける重要部分ですから、必ず、しっかり読んでください。

2 まずは土台となる読解力を養成する

各編のCHAPTER1では、対策の土台となる基本的読解力を養成します。ここでいう基礎とは、basic［＝土台となる］であってeasy［＝簡単な］という意味ではありません。文章を「何となく読む」のではなく、《読解の基本アイテム》を意識しながら読む〈思考回路〉を身につけてください。

3 基礎から実戦へ

CHAPTER2では、本番で出題が予想される問題タイプ別に、共通テスト本番で試験問題に対応する時の〈実戦的思考回路〉を学びます。複数テキストを比較・検討する問題や資料・図表を用いた問題など、「出題の意図」と「思考のポイント」を示し、攻略の糸口を探ります。

4 「解答時間」は目安

各問題には「解答目標時間」を設定してあります。「目標」ですから、苦手な人がいきなりその時間で解く必要はありません。最終的に時間内で解けるようになることを目指してください。

5 暗記するほど繰り返す

暗記するほど徹底的に繰り返し、自在に使いこなせるレベルまで、本書の内容を完全にマスターしてください。

6 知識問題のセンター過去問を全収録した「別冊ドリル」

センター試験では「評論の漢字問題」「小説の語句の意味問題」ともに、同じものが繰り返し出題されてきました。共通テストにおいても、これらを身につけておくことは重要です。ぜひこのドリルを有効活用してください。

※ただし、一部辞書的な意味を問わない問題については収録していないものがあります。

contents

もくじ

開講オリエンテーション
共通テストにどう備えるか。

生徒A

先生、共通テストの国語は記述の出題もなくなったし、シンプルになってほんとよかったですよね。僕は記述が苦手なので、助かりました。

先生

確かに、記述が苦手な人はほっとしただろうね。僕たち先生の側からすると、テストのためだけでなく、将来のためにも「書く力・表現力」はつけておいて欲しいんだけどね。

記述だけじゃなくて、**共通テストの勉強法自体も迷っていた**ので、友達とも「よかったね」って言ってたんです。

生徒B

ん？　何がよかったの？

だって、**これまでのセンター試験と同じ対策でよくなった**だろ。センター試験なら過去問題もあるし、これで一安心だな、と思って。

えー!!　先生、それって違いますよね。

うん、**それは違うな。間違いなく、センター試験とは変わる。**

え、でも**友達も塾でそう習ったって言ってました。**今まで通りの勉強法で大丈夫だって。先生、僕をちょっと焦らせて、勉強させようとしているだけなんじゃないですか?

いやいや(笑)。その先生はね、おそらく君たちを安心させようとして、そう言っておられるんだよ。
確かに、テストが変わっても、必要となる「基礎力」は変わらない。だから実力を養成する時期の勉強法は変わらない。そんなことは当然だ。**でもね、それは「土台となる力」の話であって、「応用・実戦」となると話が全く変わってくる。それを変えたくて作るのが共通テストなんだから。**そんなこと、本当は先生たちもご存知だよ。

え、そうなんですか?

そうだよ。もしそうじゃないなら大問題さ。

なんだか心配になってきた。

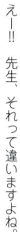

大丈夫。これからちゃんとやっていけば、そんなに心配することはないよね、先生。

うん。きちんと本質を踏まえた勉強をすれば大丈夫だから、不安になることはないよ。ただ、**不安を取り除くために「今まで通りでいい」と言ってしまうのは**嘘だから言わないけれど。

今まで通りでいいなんて思ってるってことは、**なぜセンター試験から共通テストに変わるのかをきちんと知らない**んだね。先生に習うまで、私もそうだったけど。

でも、試行調査っていうのかな、あの問題とか、高2の時に受けた共通テスト模試はそれなりにできていたから、大丈夫だと思っていたんだけど。

それは良かったね。共通テストは問題例が少ないだけに、いろんなものに積極的に取り組んでおくのは大事なことだと思う。これまでは「模試とセンターは違うから過去問をやろう」と言ってきた僕でも、今は勧める。でもね、**単に模試や試行調査の問題を解いただけでは表面的な勉強で終わってしまう。**ちゃんと土台に戻っておかないと。もちろん模試は各業者さんが総力を上げて作るものだから良問も多い。でもね、**きちんと対策するためには、「なぜ共通テストに変わるのか」という根本中の根本を、きちんと押さえておかないとダメだ。**でないと、「模試ができただけで油断して、本番で失敗してしまう」なんてことになりかねない。

私の先輩にも、そういう人がいました…

そうだよね。そういって浪人してくる生徒を何人も見てきた。まあ、そんな浪人生活を楽しく価値のあるものにするのも僕らの仕事だから、浪人すること自体を悪く言うのではないんだけど、「得意な人」が「本番で失敗する」のはやっぱり悲しい。ダメージも大きいからね。

先生、教えてください！ どうして共通テストに変わるんですか？

ひとことで言うとね、**「高校生の学びを変えるため」に共通テストになる。学校での学びを変えるためだ。**

これから20年後30年後の世の中がどうなっているかは、誰にもわからない。変化のスピードは僕らの想像をはるかに超えている。それは科学者にとっても同じだ。かつては、ロボットの二足歩行なんてムリだと思われていたし、携帯電話は夢の道具だったんだから。AIの発展によって、今はそれ以上のペースで社会が変化している。

今の子どもたちはそんな「未知の時代」を生きていく主役だ。だったら、教育も変わらなければならない。**君たちに求められているのは『正解』ではなくて『あたらしい答え』なんだ。**ならばそういう力をつけるための学びに変わっていかなければならない。

未来向きの学びっていうことですか？

未来向きというか、**「問いに対してもともとある決まった答えを出す」学びではなくて、「自ら問いを立てて、それを解決していく」学びに変えていく**ということだよ。

全く変わってしまうんですか？

もちろん**変えてはいけないもの、変わらないものがあるのも当然だよ。**応用的な力をつけるための土台として、これまでのような学力が必要なのは間違いない。でも、変わっていかなければならない部分があるのも事実だ。
新しい学びでは、みんなに身につけて欲しい力として、**「学力の三要素」**ということが言われるようになったんだ。聞いたことはないかな。

1　十分な知識・技能
2　それらを基盤にして、答えが一つに定まらない問題に自ら解を見いだ

していく思考力・判断力・表現力等の能力

3 これらの基になる主体性を持って多様な人々と協働して学ぶ態度

どこかで見たことがあります。

そうだよね。そしてね、こうした力を養うための学びが**「探究学習」「探究活動」に集約されている**と考えられているんだ。

探究、学校でやってます！

いいなー。うちはほとんどやってないから、授業でふなちゃんの話を聞いてはじめて「そうなのかー」って思った。

じゃあ、ここで「探究活動」とはどのようなものなのか、確認しておこうか。

【課題の設定】→【情報の収集】→【整理・分析】→【まとめ・表現】

これが「探究プロセス」といわれるものだね。先にも言ったように、探究学習とは「もともとある答え」の出し方を習うのではなく、みんな自身が問いを立て、それを解決していくためのプロセスを考えていく活動、**「問題解決型の学習活動」**だ。

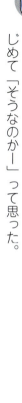

自ら問いを立て、それを解決するための情報を収集する。集めた情報を整理・分析して、まとめ・発表する。こうした活動を発展的に繰り返していくことで、らせん状に上昇しながら物事の本質に迫っていく。そういう活動だね。

でも、それと国語はどう関係しているんですか？

いい質問だ。
探究学習は科目横断型、つまり科目の垣根を超えたものだけど、その中で国語科がどのような役割を果たすのかというと、**すべての活動の土台となる「言語運用能力を育てる」こと**が挙げられる。資料となる文章を読む力。自分が調べたことをグループの仲間に話す力。仲間の発表を聞く力。調べたことをまとめたり、論文に書く力。新しい指導要領では、これら**探究活動のベースとなる力を養っていく科目が国語科である**、そう位置づけられているんだ。

ふなちゃんがよく言う、「国語科の役割が変わる」ってことだよね。

そう、**国語科の役割が変わる**んだ。

あ！　だから共通テストの国語の問題に、資料が出たりするのか！

鋭いね。

だって、探究活動で情報を集めていると、資料や図表はよく出てきます。

そうなんだよ。共通テストの国語における「資料・図表問題」は「探究学習」を反映しているんだ。「資料」は、探究活動の場で君たちが収集してきた情報だ。複数の資料から必要な情報を得て、それを次の段階に生かしていく。**高校の探究活動を通してそういう力が身についているか。それを共通テストの「資料問題」で問われている**わけだ。

でも、本当に学校での学びは変わるのかな。

共通テストは変わるけど、**二次や私大の問題は今まで通りだから、うちの学校では今まで通りの勉強でいく方針**だって聞きました。

そこなんだ。学校も変えたいと思ってもなかなか変えられない。その最大の理由は「入試」だ。入試が変わらない。だから高校での学びを変えられない。**だったら「入試を変える」しかない。**

共通テストは新指導要領と一体で改革が行われるテストだ。わかりやすくいうと**「入試の変化」と「高校での学びの変化」が一体になっている。**学校での学びが変わるから、それに合わせて入試も変わる。いや、実際には「入試を変える」

ことで高校での学びの変化を促すことを目的としている。ここでは詳しくは書かないけれど、大学での授業改革までを一つにした、大きな変革なんだ。

だから、センター試験とは変わるんですね。方向が見えてきた気がする。

そういうことなんだよ。
もちろん、さっきから言っているように土台は変わらない。**だからこれからこの本で一緒に学んでいく内容も「土台の学び」をCHAPTER1で、「応用的な学び」をCHAPTER2でと、区別して書いてある。**そういうつもりで取り組んでいって欲しいんだ。

わかりました。

とにかく、油断をして本番で失点してしまうことほど悲しいことはない。弱気になって志望校のランクを下げてしまうのも悲しいことだ。きちんと対策して、やれるだけやって、青春を後悔のないように生ききろう! 自分を輝かせていくのは自分だもの。頑張っていこうね!(^^)

はい!(^^)

PART 1

共通テスト
論理的な文章編

CHAPTER 1

論理的な文章 土台となる「読解力」を養成する

はじめに

論理的な文章を読むための〈読解の基本アイテム〉

共通テストが複数テクストの比較や、資料・図表問題を特徴とするといっても、基本的読解力がなければ〈対策〉も無意味だ。この章では、論理的な文章を読むための〈読解の基本アイテム〉を確認し、読解の基礎をチェックしよう。

例題 1

目標解答時間 3分

次の文章を読んで、後の問いに答えよ。

レジリエンスは、回復力（復元力）、あるいは、サステナビリティ(注1)と類似の意味合いをもつが、そこにある微妙な意味の違いに注目しなければならない。たとえば、回復とはあるベースラインや基準に戻ることを意味するが、レジリエンスでは、かならずしも固定的な原型が想定されていない。絶えず変化する環境に合わせて流動的に自らの姿を変更しつつ、それでも目的を達成するのがレジリエンスである。レジリエンスは、均衡状態に到達するための性質ではなく、発展成長する動的過程を促進するための性質である。

また、サステナビリティに関しても、たとえば、「サステナブルな自然」といったときには、唯一の均衡点が生態系のなかにあるかのように期待されている。しかしこれは自然のシステムの本来の姿とは合わない。レジリエンスで目指されているのは、健康なダイナミズム(注2)である。レジリエンスには、適度な失敗が最初から包含されている。たとえば、小規模の森林火災は、その生態系にとって資源の一部を再構築し、栄養を再配分することで自らを更新する機会となる。こうした小規模の火災まで防いでしまうと、森林は燃えやすい要素をため込み、些細《ささい》な発火で破滅的な大火災にまで発展してしまう。

（河野哲也《こうのてつや》『境界の現象学』による）

（注）1　サステナビリティ――持続可能性。「サステイナビリティ」と表記されることも多い。後出の「サステナブルな」は「持続可能な」の意。

2　ダイナミズム――動きのあること。

問　筆者は、「回復力」や「サステナビリティ」と「レジリエンス」はどのように違うと述べているか。その説明として最も適当なものを、次の①～⑤のうちから一つ選べ。

① 回復力やサステナビリティには基準となるベースラインが存在しないが、レジリエンスは弾性の法則によって本来の形状に戻るという違い。

② 回復力やサステナビリティは戻るべき基準や均衡状態を期待するが、レジリエンスは環境の変化に応じて自らの姿を変えていくことを目指すという違い。

③ 回復力やサステナビリティは環境の変動に応じて自己を更新し続けるが、レジリエンスは適度な失敗を繰り返すことで自らの姿を変えていくという違い。

④ 回復力やサステナビリティは生態系の中で均衡を維持する自然を想定するが、レジリエンスは均衡を調整する動的過程として自然を捉えるという違い。

⑤ 回復力やサステナビリティは原型復帰や均衡状態を目指すが、レジリエンスは自己を動的な状態に置いておくこと自体を目的とするという違い。

☑チェック！〈読解の基本アイテム〉
❶《対比構造》に注目
❷《文末の強調表現》を意識
❸論理のホネをつかむために「具体例をカット」

基本アイテム❶《対比構造》に注目

筆者が自分の意見を主張するときに、〈何かと比べて論じること〉は、主張をわかりやすくするために使われる手段です（たとえば日本のことを論じるために西洋と比べる、など）。**《対比構造》が出てきたら注目**しよう！

基本アイテム❷《文末の強調表現》を意識

日本語は「イエス／ノー」や「主張の軽／重」が文末に現れる言葉です（たとえば「僕はチョコレートが好きだ／ではない」や「〜する／すべきだ／しなければならない」のように文末表現を変えるとだんだん主張の強度が増す、など）。**《文末の強調表現》が出てきたらその文章は重要な文**だということ。しっかりチェックしていこう！

基本アイテム❸論理のホネをつかむために「具体例をカット」

文中に出てくる「具体例」は、主張をわかりやすくするためのものです（「ほっとするものが飲みたいなぁ。たとえばココアなんかがいいな」など）。逆にいえば、**具体例部分をカットすれば、主張部分だけが残る**ということ。論と例の関係を意識して、論のホネをつかもう！

読解のポイント

本文の第1文目から、いきなり「〜しなければならない」という《**文末の強調表現**》ですね。大事な文ですよ。論じられている内容は「レジリエンスと回復力あるいはサステナビリティとの微妙な意味の違いに注目しなければならない」と言っていますから《**対比構造**》です。

レジリエンスは、回復力（復元力）、あるいは、サステナビリティと類似の意味合いをもつが、そこにある微妙な意味の違いに注目しなければならない。

続きの部分では、両者の違いを詳しく説明しています。

たとえば、回復とはあるベースラインや基準に戻ることを意味するが、レジリエンスでは、かならずしも固定的な原型が想定されていない。絶えず変化する環境に合わせて流動的に自らの姿を変更しつつ、それでも目的を達成するのがレジリエンスである。レジリエンスは、均衡状態に到達するための性質ではなく、発展成長する動的過程を促進するための性質である。

「回復力」と「レジリエンス」の違いについて説明していますが、ここで注意したいのは次のような表現です。

> レジリエンスでは、かならずしも**固定的な原型が想定されていない**。

《対比構造》の文章を読んでいる時には、この表現を次のように捉えられることが大切です。

> レジリエンスでは、かならずしも**固定的な原型が想定**されていない。

《対比》ですから、「レジリエンスでは固定的な原型が想定されていない」と出てきたら、逆に回復力の方では固定的な原型が想定されているんだな、と考えます。そう考えられれば、この文の前にあった「回復とはベースライン［＝基準線］に戻ることを意味する」と結んで、こんなふうに理解できるはずです。

回復(力) ↔ レジリエンス

あるベースラインや基準に戻ること
＝
固定的な原型が想定されている

最近の生徒を見ていると、現代文が苦手な人はこういう思考ができていないことが多いんです。今まで「なんとなく」読んでいた人は、こんなふうに「きちんと読む」ことを心がけていってください。

次の段落では、「サステナビリティ」と「レジリエンス」の違いが説明されています。**《対比構造》**が続いていますね。

> また、サステナビリティに関しても、たとえば、「サステナブルな自然」といったときには、唯一の均衡点が生態系のなかにあるかのように期待されている。しかしこれは自然のシステムの本来の姿とは合わない。レジリエンスで目指されているのは、健康なダイナミズムである。レジリエンスには、適度な失敗が最初から包含されている。たとえば、小規模の森林火災は、その生態系にとって資源の一部を再構築し、栄養を再配分することで自らを更新する機会となる。こうした小規模の火災まで防いでしまうと、森林は燃えやすい要素をため込み、些細な発火で破滅的な大火災にまで発展してしまう。

段落の最後で、「たとえば〜」と具体例が挙げられています。「レジリエンスには適度な失敗が最初から包含されている」と述べたあと、それをわかりやすくするために「たとえば小規模の森林火災は良い機会として否定しないんだ」という例を挙げています。「具体例」はあくまで「主張」をわかりやすくするためのものですから、**《論理のホネをつかむためには具体例をカット》**してもOK。前の主張部分をしっかりつかんでおけば大丈夫です。

（この文章では、第1段落にも「たとえば」とありますが、こちらの「たとえば」に続く内容は具体例ではありませんでした。筆者が「詳しく説明すると…」というような意味で「たとえば」を用いたんですね。論理的な文章では珍しい用い方です。《具体例ではない》のでこちらはカットできません。）

以上で本文の重要部分がつかめました。まとめてみましょう。

回復（力）	レジリエンス
あるベースラインや基準に戻ること	絶えず変化する環境に合わせて自らも変化
固定的な原型が想定されている	それでも目的を達成する
均衡状態に到達するための性質	発展成長する動的過程を促進するための性質
サステナビリティ	レジリエンス
唯一の均衡点があることを期待	健康なダイナミズム
	適度な失敗が最初から包含されている

「回復力やサステナビリティ」は、固定的な均衡状態［＝バランスのとれた状態］という理想のラインがあって、そこに戻ろうとする性質です。でもそれでは絶えず変化する環境に合わせられない。それに対して「レジリエンス」は、環境の変化に合わせて自らも変化しながらも目的を達成する性質だ、と述べています。固定的な理想像を目指すことを「不健康［＝よろしくない状態］」と捉えて、レジリエンスの動的なあり方を「健康だ」と評価しています。では、以上を踏まえて設問を解いていきましょう。

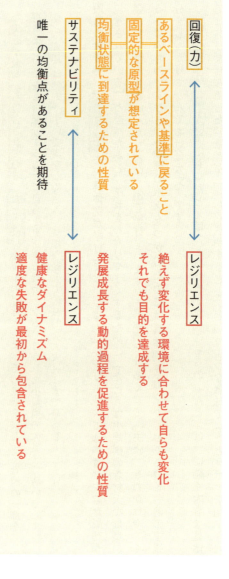

問 設問は、筆者が、「回復力やサステナビリティ」と「レジリエンス」はどのように違うと述べているか、を問うています。先の《対比構造》が整理できていれば自然と正解が導ける問題ですね。**正解は②**。前ページの図式にまとめたポイントがバッチリ説明できています。

② 回復力やサステナビリティは戻るべき基準や均衡状態を期待するが、レジリエンスは環境の変化に応じて自らの姿を変えていくことを目指すという違い。

他の選択肢は、それぞれチェックをつけた部分が×です。

① 回復力やサステナビリティには基準となるベースラインが存在しないが、……
③ 回復力やサステナビリティは環境の変動に応じて自己を更新し続けるが、……
④ ……、レジリエンスは均衡を調整する動的過程として自然を捉えるという違い。
⑤ ……、レジリエンスは自己を動的な状態に置いておくこと自体を目的とするという違い。

①・③・④の選択肢は、□と□の説明が逆になってしまっているので×です。
⑤は、「動的な状態に置いておくこと自体を目的とする」が×。たとえば「環境の変化に合わせるために」自己を変化させるのであって、自分が「変わることそれ自体が目的」なのではありませんね。
以上で本問の解説はおしまいです。ここでチェックした**〈読解の基本アイテム〉**を意識しながら、評論文を読んでいきましょう。

例題 2

目標解答時間 5分

次の文章を読んで、後の問いに答えよ。

着せ替え人形のリカちゃん(注1)は、一九六七年の初代から現在の四代目に至るまで、世代を超えて人気のある国民的キャラクターです。その累計出荷数は五千万体を超えるそうですから、まさに世代を越えた国民的アイドルといえるでしょう。しかし、時代の推移とともに、そこには変化も見受けられるようです。かつてのリカちゃんは、子どもたちにとって憧れの生活スタイルを演じてくれるイメージ・キャラクターでした。彼女の父親や母親の職業、兄弟姉妹の有無など、その家庭環境についても発売元のタカラトミーが情報を提供し、設定されたその物語の枠組《わくぐみ》のなかで、子どもたちは「ごっこ遊び」を楽しんだものでした。

しかし、平成に入ってからのリカちゃんは、その物語の枠組から徐々に解放され、現在はミニーマウス(注2)やポストペット(注3)などの別キャラクターを演じるようにもなっています。自身がキャラクターであるはずのリカちゃんが、まったく別のキャラクターになりきるのです。これは、評論家の伊藤剛(注4)さんによる整理にしたがうなら、特定の物語を背後に背負ったキャラクターから、その略語としての意味から脱却して、どんな物語にも転用可能なプロトタイプ(注5)を示す言葉となったキャラへと、リカちゃんの捉えられ方が変容していることを示しています。

物語から独立して存在するキャラは、「やおい」(注6)などの二次創作と呼ばれる諸作品のなかにも多く見受けられます。その作者たちは、一次作品からキャラクターだけを取り出して、当初の作品のストーリーとはかけ離れた独自の文脈のなかで自由に操ってみせます。しかし、どんなストーリーのなかに置かれても、あらかじめそのキャラに備わった特徴は変わりません。たとえば、いくらミニーマウスに変身しても、リカちゃんはリカちゃんであるのと同じことです。

このような現象は、物語の主人公がその枠組に縛られていたキャラクターの時代には想像できなかったことです。物語を破壊してしまう行為だからです。こうしてみると、キャラクターのキャラ化は、人びとに共通の枠組を提供していた「大きな物語」が失われ、価値観の多元化によって流動化した人間関係のなかで、それぞれの対人場面に適合した外キャラを意図的に演じ、複雑になった関係を乗り切っていこうとする現代人の心性を暗示しているようにも思われます。

（土井《どい》隆義《たかよし》『キャラ化する／される子どもたち』による）

（注）1　リカちゃん――少女の姿形をモチーフにした着せ替え人形。

2　ミニーマウス――企業が生み出したキャラクター商品で、ネズミの姿形をモチーフにしている。「ハローキティ」「ミッフィー」も同様のキャラクター商品として知られており、それぞれネコ、ウサギの姿形をモチーフにしている。

3　ポストペット――コンピューターの画面上で、電子メールを送受信し、管理するためのアプリケーション・ソフトウェアの一つ。内蔵されたキャラクター（主に動物）が、メールの配達などを行う。

4　伊藤剛――マンガ評論家（一九六七〜）。著書に『テヅカ・イズ・デッド――ひらかれたマンガ表現論へ』などがある。

5　プロトタイプ――原型、基本型。

6　「やおい」などの二次創作――既存の作品を原作として派生的な物語を作り出すことを「二次創作」と呼ぶ。原作における男性同士の絆《きずな》に注目し、その関係性を読みかえたり置きかえたりしたものなどを「やおい」と呼ぶことがある。

問 「キャラクターのキャラ化」について、筆者はどのように考えているか。その説明として最も適当なものを、次の①～⑤のうちから一つ選べ。

① 人々に共通の価値観が失われた今日、複雑になった人間関係を乗り切るための共通の枠組を求めてキャラを演じる人々の心性が、イメージ・キャラクターとしてのリカちゃんが、全く別のキャラクターになりきるキャラへと変わったことに象徴されている。

② 共通の枠組が失われた結果、価値観が場面に応じて多元化していることが、発売当初は特定の物語をもっていたリカちゃんが、子どもたちの「ごっこ遊び」に使われることによって、世代ごとに異なる物語空間を作るものへと変わったことに象徴されている。

③ 今日の複雑で多元化した人間関係を乗り切ることに疲れ、キャラになりきることに救いを求める人々の心性が、かつては遠い憧れの存在であったリカちゃんが、親しみやすい、より身近な生活スタイルを思わせる存在へと変貌したことに象徴されている。

④ 価値観の多元化が進み流動化した人間関係を、場面に応じたキャラを演じて乗り切ろうとする人々の精神が、かつては憧れの生活スタイルを具現していたリカちゃんが、枠組から解放されてその場の物語に応じた役割を担うものへと変わったことに象徴されている。

⑤ 共通の枠組から解放されて、より自由に生きることが可能になった時代を生きる現代の若者の心性が、かつては憧れの生活スタイルを演じていたリカちゃんが、様々なキャラを演じるなどより自由な振る舞いを見せるようになったことに象徴されている。

チェック！〈読解の基本アイテム〉

❹《1¶＝1idea》が「段落」理解の基本
❺《時代の変化》は「変化前／後」を整理
❻《括進法《かっしんほう》》や《帰結語》はまとめのしるし

基本アイテム❹《1¶＝1idea》が「段落」理解の基本

評論文のような論理的な文章の〈段落〉は、「ワンパラグラフ・ワンアイデア」（¶は「パラグラフ」を表す記号です）と言って「ひとつの段落にひとつの言いたいこと」が基本です（たとえば「はじめに主張を述べ→具体例を挙げて説明し→最後にまとめる」という展開で一つの話を繰り返す、など）。これはみなさんが論文を「書く時」も同じです。例外ももちろんありますが、基本的には**《1¶＝1idea》**と思いながら、読解を進めていきます。

基本アイテム❺《時代の変化》は「変化前／後」を整理

「時代の変化」は現代文では頻出の話題。「何から何へ」の変化なのかを意識しながら、変化前と変化後の違いを押さえます。**〈時代の変化〉は「変化前／後」を整理**です。

基本アイテム❻《括進法》はまとめのしるし

「このように」「以上のように」や「こうして」「かくて」などの語を〈括進法〉と言い、そこまでの文脈を括《くく》る働きをします。「つまり」や「要するに」などの〈帰結語〉と同様、文脈をまとめるしるしとして意識します。**〈括進法〉や〈帰結語〉はまとめのしるし**、です。

読解のポイント

第1段落では、「リカちゃん人形」について「時代の推移とともに、変化も見受けられる」と言っています。**《時代の変化》**ですね。**〈変化前・変化後〉**を意識していきます。第1段落で「かつてのリカちゃん」の説明、第2段落からは「平成に入ってからのリカちゃん」の説明をしていますね。**〈1¶＝1 idea〉**のわかりやすい展開です。

1 着せ替え人形のリカちゃんは、一九六七年の初代から現在の四代目に至るまで、世代を超えて人気のある国民的キャラクターです。その累計出荷数は五千万体を超えるそうですから、まさに世代を越えた国民的アイドルといえるでしょう。しかし、時代の推移とともに、そこには変化も見受けられるようです。かつてのリカちゃんは、子どもたちにとって憧れの生活スタイルを演じてくれるイメージ・キャラクターでした。彼女の父親や母親の職業、兄弟姉妹の有無など、その家庭環境についても発売元のタカラトミーが情報を提供し、設定されたその物語の枠組のなかで、子どもたちは「ごっこ遊び」を楽しんだものでした。

2 しかし、平成に入ってからのリカちゃんは、その物語の枠組から徐々に解放され、現在はミニーマウスやポストペットなどの別キャラクターを演じるようにもなっています。自身がキャラクターであるはずのリカちゃんが、まったく別のキャラクターになりきるのです。これは、評論家の伊藤剛さんによる整理にしたがうなら、特定の物語を背後に背負ったキャラクターからその略語としての意味から脱却して、どんな物語にも転用可能なプロトタイプを示す言葉となったキャラへと、リカちゃんの捉えられ方が変容していることを示しています。

③ 物語から独立して存在するキャラは、「やおい」などの二次創作と呼ばれる諸作品のなかにも多く見受けられます。その作者たちは、一次作品からキャラクターだけを取り出して、当初の作品のストーリーとはかけ離れた独自の文脈のなかで自由に操ってみせます。しかし、どんなストーリーのなかに置かれても、あらかじめそのキャラに備わった特徴は変わりません。たとえば、いくらミニーマウスに変身しても、リカちゃんはリカちゃんであるのと同じことです。

④ このような現象は、物語の主人公がその枠組に縛られていたキャラクターの時代には想像できなかったことです。物語を破壊してしまう行為だからです。

「かつてのリカちゃん」は、特定の決まった物語の枠のなかの存在であったのに対して、「平成のリカちゃん」は、その枠組から解放された存在になったと述べ、これを「キャラクター」から「キャラ」への変化としています。

かつてのリカちゃん

設定された物語の枠組のなかの存在
特定の物語を背後に背負った
キャラクター

↓

平成のリカちゃん

物語の枠組から徐々に解放された
どんな物語にも転用可能
物語から独立して存在する**キャラ**

第3段落では、そのような「物語から独立して存在するキャラ」は他にもあると、別の例を挙げ、第4段落では、第3段落のような現象はかつての「物語の枠組に縛られていたキャラクターの時代」には想像できなかった、と述べています。

ここで注意したいのが第4段落の「このような」と「こうしてみると」です。

4 このような現象は、物語の主人公がその枠組に縛られていたキャラクターの時代には想像できなかったことです。物語を破壊してしまう行為だからです。こうしてみると、キャラクターのキャラ化は、【人びとに共通の枠組を提供していた「大きな物語」が失われ、価値観の多元化によって流動化した人間関係のなかで、それぞれの対人場面に適合した外キャラを意図的に演じ、複雑になった関係を乗り切っていこうとする現代人の心性を暗示しているようにも思われます。】

冒頭の「このような」は、単に〈指示語〉として「現象」を説明しているだけです。それに対して、「こうしてみると」の方は、ここまでの文脈を一旦まとめて【筆者の見解】を述べています。

こうしてみると、キャラクターのキャラ化は、
【……ようにも思われます。】

ここまでの話題である「キャラクターのキャラ化」について、「……ようにも思われます」と述べていますね。このように、文脈をまとめて意見を述べる働きの指示語を《**括進法**》といいます。

内容を詳しく見てみましょう。

キャラクターのキャラ化は、……現代人の心性を暗示している

「キャラクターのキャラ化」という現象は、現代人の心性［＝心のあり方］を暗示していると述べています。では、それはどんな心性なのかというと、

人びとに共通の枠組を提供していた「大きな物語」が失われた
↓
価値観の多元化によって人間関係が流動化した
↓
それぞれの対人場面に適合した外キャラを意図的に演じて、複雑になった関係を乗り切っていこうとする

「憧れの職業」や「理想の生活」など、人々に共通した考え方の枠組がなくなってしまった現代では、様々な価値観があるために人間関係が複雑になってしまった。それを乗り越えるために、その場その場で「場面に合わせた外キャラ」を意図的に演じて、人間関係をうまくやっていこうとする。現代人はそういう心のあり方をしていると、筆者は述べています。そんな現代人の心性が、たとえばリカちゃん人形のあり方が変化したような、「キャラクターのキャラ化」という現象に暗示されていると、筆者は考えているわけです。

以上で本文のポイントは理解できました。設問を解いていきましょう。

問 設問は、「キャラクターのキャラ化」について筆者がどのように考えているかを問うています。傍線部がない分、自分で問題文のポイントを整理しながら読んでいくことが大切です。もちろん、先に設問を見れば「キャラクターのキャラ化」が話題だということはわかりますが、そのポイントだけでは今回の設問の選択肢は解けないように作られています。選択肢を確認すると、

……が ……が ……に変わったことに 象徴されている。

という文構造になっていますね。先の解説で、みなさんは既に問題文のポイントがわかっていますから、この文構造が本文末尾の《括進法》の一文と対応しているとわかるでしょう。つまり、

【現代人の心性】が ……が ……に変わったことに 象徴されている。

という選択肢になっている、ということです。

正解は④。【 】、□、□の3つのポイントがすべてきちんと説明できていますね。

④【価値観の多元化が進み流動化した人間関係を、場面に応じたキャラを演じて乗り切ろうとする人々の精神】が、かつては憧れの生活スタイルを具現していたリカちゃんが、枠組から解放されてその場の物語に応じた役割を担うものへと変わったことに象徴されている。

他の選択肢も見ておきましょう。

① 人々に共通の価値観が失われた今日、複雑になった人間関係を乗り切るための共通の枠組を求めてキャラを演じる人々の心性が、…
② 共通の枠組みが失われた結果、価値観が場面に応じて多元化していることが、…
③ 今日の複雑で多元化した人間関係を乗り切ることに疲れ、キャラになりきることに救いを求める人々の心性が、…
⑤ 共通の枠組から解放されて、より自由に生きることが可能になった時代を生きる現代の若者の心性が、…

①・③・⑤はすべて【現代人の心性】の説明部分が違っていますね。説明すべきなのは「外キャラを演じて複雑な人間関係を乗り切ろうとする」ということです。

②は「価値観の多元化」といっているだけで「現代人の心性」の説明になっていません。また②は、選択肢後半の「変化」についての説明部分も違っています。リカちゃんが変化した理由は「ごっこ遊びに使われることによって」ではありませんね。

② ……、子どもたちの「ごっこ遊び」に使われることによって、世代ごとに異なる物語空間を作るものへと変わったことに象徴されている。

以上で本問の解説はおしまい。今回確認した〈読解の基本アイテム〉を、他の評論文を読む時に生かしていってください。

例題 3

目標解答時間 3分

次の文章を読んで、後の問いに答えよ。

私たちは昼と夜をまったく別の空間として体験する。とくに夜の闇《やみ》のなかにいると、空間のなかに闇が溶けているのではなく、逆に闇そのものが空間を形成しているのではないかと思えてくる。闇と空間は一体となって私たちにはたらきかける。(注)ミンコフスキーは、夜の闇を昼の「明るい空間」に対立させたうえで、その積極的な価値に注目する。

……夜は死せるなにものかでもない。ただそれはそれに固有の生命をもっている。夜に於《お》いても、私は梟《ふくろう》の鳴き声や仲間の呼び声を聞いたり、はるか遠くに微《かす》かな光が尾をひくのを認めたりすることがある。しかしこれらすべての印象は、明るい空間が形成するのとは全然異なった基盤の上に、繰り広げられるであろう。この基盤は、生ける自我と一種特別な関係にあり、明るい空間の場合とはまったく異なった仕方で、自我に与えられるであろう。

明るい空間のなかでは、私たちは視覚によってものをとらえることができる。私たちとものとのあいだ、私たちと空間のあいだを距離がへだてている。距離は物差《ものさし》で測定できる量的なもので、この距離を媒介にして、私たちは空間と間接的な関係を結ぶ。私たちと空間のあいだを「距離」がへだてているため、空間が私たちに直接触れることはない。

一方、A闇は「明るい空間」とはまったく別の方法で私たちにはたらきかける。明るい空間のなかでは視覚が優先し、その結果、他の身体感覚が抑制される。ところが闇のなかでは、視覚にかわって、明るい空間のなかで抑制されていた身体感覚がよびさまされ、その身体感覚による空間把握が活発化する。私たちの身体は空間に直接触れ合い、空間が私たちの身体に浸透するように感じられる。空間と私たちはひとつに溶けあう。それは「物質的」で、「手触り」のあるものだ。明るい空間はよそよそしいが、暗い空間はなれなれしい。恋人たちの愛のささやきは、明るい空間よりも暗い空間のなかでこそふさわしい。

闇のなかでは、私たちと空間はある共通の雰囲気に参与している。私たちを支配するのは、ミンコフスキーが指摘するように、あらゆる方向から私たちを包みこむ「深さ」の次元である。それは気配に満ち、神秘性を帯びている。

「深さ」は私たちの前にあるのではない。私たちのまわりにあって、私たちを包みこむ。しかも私たちの五感全体をつらぬき、身体全体に浸透する共感覚的な体験である。

（狩野敏次《かのうとしつぐ》「住居空間の心身論──『奥』の日本文化」による。ただし、本文の一部を改変した）

（注）　ミンコフスキー──フランスで活躍した精神科医・哲学者（一八八五〜一九七二）。引用は『生きられる時間』による。

CHAPTER 1

論理的な文章　土台となる「読解力」を養成する

問 傍線部Ａ「闇は『明るい空間』とはまったく別の方法で私たちにはたらきかける」とあるが、そのはたらきかけは私たちにどのような状況をもたらすか。その説明として最も適当なものを、次の①～⑤のうちから一つ選べ。

① 視覚的な距離によってへだてられていた私たちの身体と空間とが親密な関係になり、ある共通の雰囲気にともに参与させられる。

② 物差で測定できる量的な距離で空間を視覚化する能力が奪われ、私たちの身体全体に浸透する共感覚的な体験も抑制させられる。

③ 距離を媒介として結ばれていた私たちの身体と空間との関係が変容し、もっぱら視覚的な効果によって私たちを包み込む深さを認識させられる。

④ 視覚ではなく身体感覚で距離がとらえられ、その結果として、空間と間接的な関係を結ぶ私たちの感覚が活性化させられる。

⑤ 視覚のもつ距離の感覚がいっそう鋭敏になり、私たちの身体と空間とが直接触れ合い、ひとつに溶け合うように感じさせられる。

✓チェック！〈読解の基本アイテム〉

❼〈引用文〉は、それ自体よりも前後の筆者の主張部分に注目！

基本アイテム❼〈引用文〉は、前後の「筆者の主張／論」部分に注目！

評論文における〈引用〉は、あくまで筆者が自分の主張をするために、その補助として他者の意見を引っ張ってくるものです（たとえば「自分と同意見の文章」を持ってきて味方につけたり〔＝援用といいます〕、逆に「対立意見」を持ってきてそれを否定したりする、など）。

筆者の意見
↓
同じ意見の他者の文章を引用
↓
再び筆者の意見

筆者の意見
↓
対立意見の他者の文章を引用
↓
再び筆者の意見

したがって、引用文自体を丁寧に読む必要はなく、**前後の筆者の主張をしっかり押さえ、それとの関わり（同意見か対立意見か）を押さえればＯＫ**です。

読解のポイント

第1段落の冒頭で、筆者は「昼と夜の空間」を全く別のものとして捉えています。**《対比構造》**ですね。意識していきましょう。

引用文の直前で、筆者は、「ミンコフスキーは、夜の闇を昼の『明るい空間』に対立させたうえで」「夜の闇の積極的価値［＝プラスの価値］に注目する」と述べています。ミンコフスキーも筆者と同様、夜の闇と昼の空間を対比しています。夜の闇を「良いもの」と評価しているということは、昼の明るい空間のことは否定的に捉えていると考えられます。

ここで大事な注意事項。よく、**文脈と関係なく単語だけを拾って⊕・⊖という印象評価を書き込んでいる人**がいます（たとえば「明るいは⊕」「闇は⊖」というふうに）。いいですか。**そういう解き方は絶対にしてはいけない。最低の解き方です。**そういう単語だけを追いかける**「AI読み」**を止めさせたいという思いが、共通テストを生んでいる。それなのに、全く逆行してしまっています。

本題に戻ります。いま、引用文を読む前に、筆者がその内容を教えてくれました。もうポイントはわかっている。ということは引用文自体を丁寧に読む必要はありませんね。「さーっと」流し読みして大丈夫です。だって内容は、「闇を積極的に評価」して「明るい空間をそれと対比している」んですから。

1 私たちは昼と夜をまったく別の空間として体験する。とくに夜の闇のなかにいると、空間のなかに闇が溶けているのではなく、逆に闇そのものが空間を形成しているのではないかと思えてくる。闇と空間は一体となって私たちにはたらきかける。ミンコフスキーは、夜の闇を昼の「明るい空間」に対立させたうえで、その積極的な価値に注目する。

……夜は死せるなにものかでもない。ただそれはそれに固有の生命をもっている。夜に於ても、私は梟の鳴き声や仲間の呼び声を聞いたり、はるか遠くに微かな光が尾をひくのを認めたりすることがある。しかしこれらすべての印象は、明るい空間が形成するのとは全然異なった基盤の上に、繰り広げられるであろう。この基盤は、生ける自我と一種特別な関係にあり、明るい空間の場合とはまったく異なった仕方で、自我に与えられるであろう。

では「引用」のあとはどうでしょう？　全く新しい話題が出てくるんでしょうか？　大丈夫。「引用」のあとの論点も同じです。なぜって？　だってもし論点が変わるなら〈話題転換の接続語〉（さて、ところで、では、など）があるはずです。でも今回はありません。案の定、続く本文も「明るい空間」と「夜の闇」の対比構造になっています。第2段落で「明るい空間」の説明、第3段落で「闇」の説明をしています。**〈1¶＝1idea〉**ですね。

2 明るい空間のなかでは、私たちは視覚によってものをとらえることができる。私たちとものとのあいだ、私たちと空間のあいだを距離がへだてている。距離は物差で測定できる量的なもので、この距離を媒介にして、私たちは空間と間接的な関係を結ぶ。私たちと空間のあいだを「距離」がへだてているため、空間が私たちに直接触れることはない。

3 一方、闇は「明るい空間」とはまったく別の方法で私たちにはたらきかける。明るい空間のなかでは視覚が優先し、その結果、他の身体感覚が抑制される。ところが闇のなかでは、視覚にかわって、明るい空間のなかで抑制されていた身体感覚がよびさまされ、その身体感覚による空間把握が活発化する。私たちの身体は空間に直接触れ合い、空間が私たちの身体に浸透するように感じられる。空間と私たちはひとつに溶けあう。それは「物質的」で、「手触り」のあるものだ。明るい空間はよそよそしいが、暗い空間はなれなれしい。恋人たちの愛のささやきは、明るい空間よりも暗い空間のなかでこそふさわしい。

4　闇のなかでは、私たちと空間はある共通の雰囲気に参与している。私たちを支配するのは、ミンコフスキーが指摘するように、あらゆる方向から私たちを包みこむ「深さ」の次元である。それは気配に満ち、神秘性を帯びている。

5　「深さ」は私たちの前にあるのではない。私たちのまわりにあって、私たちを包みこむ。しかも私たちの五感全体をつらぬき、身体全体に浸透する共感覚的な体験である。

闇と明るい空間を対比して、闇を肯定的に論じていますね。やはり予想通り、同じ論点が続いていました。続く第4・5段落も、そのまま闇の説明が続いているだけです。ポイントをまとめてみましょう。

闇のなかでは	↔	明るい空間
身体感覚がよびさまされ、それによる空間把握が活発化する		視覚中心（→他の身体感覚は抑制される）
手触り（質的）		量的なもの

私たちと空間を距離がへだてている

身体は空間に直接触れ溶け合う
私たちと空間は
ある共通の雰囲気に参与している

では、以上の読解をベースに、設問を見ていきましょう。

問 設問は、傍線部そのものの説明ではなく、「闇のはたらきかけ」は「私たちにどのような状況をもたらすか」の説明です。「闇がもたらす」といっているので、明るい空間から闇に変わった時に、どのような状況に変わるのか、を説明するということです。

正解は①です。変化前の「明るい空間」の説明も、変化したあとの「闇のはたらきかけ」も、ともに図式にまとめたポイントがバッチリ説明できていますね。

① 視覚的な距離によってへだてられていた私たちの身体と空間とが親密な関係になり、ある共通の雰囲気にともに参与させられる。

他の選択肢は、それぞれチェックをつけた部分が×です。

② 物差で測定できる量的な距離で空間を視覚化する能力が奪われ、私たちの身体全体に浸透する共感覚的な体験も抑制させられる。

③ 距離を媒介として結ばれていた私たちの身体と空間との関係が変容し、もっぱら視覚的な効果によって私たちを包み込む深さを認識させられる。
④ 視覚ではなく身体感覚で距離がとらえられ、その結果として、空間と間接的な関係を結ぶ私たちの感覚が活性化させられる。
⑤ 視覚のもつ距離の感覚がいっそう鋭敏になり、私たちの身体と空間とが直接触れ合い、ひとつに溶け合うように感じさせられる。

選択肢②は、後半の「身体全体に浸透する共感覚的な体験も抑制させられる」の「抑制させられる」が×。むしろ「活発化」します。また本文は「明るい空間」を否定的に評価しているので、「量的」「視覚的」という明るい空間の性質を「……奪われ」と表現している点もおかしいですね。

選択肢③は、「もっぱら視覚的な効果によって」が×。「視覚的効果」は「明るい空間」の特徴です。

選択肢④は、「距離がとらえられる」のも「間接的な関係を結ぶ」のも、どちらも「明るい空間」の性質ですから×です。

選択肢⑤は、「視覚のもつ距離の感覚がいっそう鋭敏になり」が×。これも「明るい空間」のことですね。

以上で本問の解説はおしまいです。ここでチェックした**〈引用文の読み方〉**を、他の評論文を読む時にも生かしていってください。

例題4

目標解答時間 10分

次の文章を読んで、後の問いに答えよ。

本書（注1）ではこれまで、さまざまなフィールドのデザインについて言及してきた。ここで、本書で用いてきたデザインという語についてまとめてみよう。一般にデザインということばは、ある目的を持って意匠・考案・立案すること、つまり意図的に形づくること、と、その形づくられた構造を意味する。これまで私たちはこのことばを拡張した意味に用いてきた。ものの形ではなく、ひとのふるまいと世界のあらわれについて用いてきた。

こうした意味でのデザインをどう定義するか。デザインを人工物とひとのふるまいの関係として表した新しい古典、ノーマン（注2）の『誰のためのデザイン』の中を探してみても、特に定義は見つからない。ここではその説明を試みることで、私たちがデザインという概念をどう捉えようとしているのかを示そうと思う。

辞書によれば「デザイン」のラテン語の語源は〝de signare〟つまり〝to mark〟、印を刻むことだという。人間は与えられた環境をそのまま生きることをしなかった。自分たちが生きやすいように自然環境に印を刻み込み、自然を少しずつ文明に近づけていったと考えられる。それは大地に並べた石で土地を区分することや、太陽の高さで時間の流れを区分することなど、広く捉えれば今ある現実に「人間が手を加えること」だと考えられる。

私たちはこうした自分たちの活動のための環境の改変を、人間の何よりの特徴だと考える。そしてこうした環境の加工を、デザインということばで表そうと思う。デザインすることはまわりの世界を「人工物化」することだと言いかえてみたい。自然を人工物化したり、そうした人工物を再人工物化したりということを、私たちは繰り返してきたのだ。英語の辞書にはこのことを表すのに適切だと思われる〝artificialize〟という単語を見つけることができる。アーティフィシャルな、つまりひとの手の加わったものにするという意味である。

デザインすることは今ある秩序（または無秩序）を変化させる。現行の秩序を別の秩序に変え、異なる意味や価値を与える。例えば本にページ番号をふることで、本には新しい秩序が生まれる。それは任意の位置にアクセス可能である、という、ページ番号をふる以前にはなかった秩序である。この小さな工夫が本という人工物の性質を大きく変える。他にも、一日の時の流れを二四分割すること、地名をつけて地図を作り番地をふること、などがこの例である。こうした工夫によって現実は人工物化／再人工物化され、これまでとは異なった秩序として私たちに知覚されるようになる。冒頭の例では、講義というものの意味が再編成され、「記憶すべき知識群」という新しい秩序をもつことになったのである。

今とは異なるデザインを共有するものは、今ある現実の別のバージョンを知覚することになる。あるモノ・コトに手を加え、新たに人工物化し直すこと、つまりデザインすることで、世界の意味は違って見える。例えば、図1のように、湯飲み茶碗《ぢゃわん》に持ち手をつけると珈琲《コーヒー》カップになり、指に引っ掛けて持つことができるようになる。このことでモノから見て取れるモノの扱い方の可能性、つまりアフォーダンスの情報が変化する。

モノはその物理的なたたずまいの中に、モノ自身の扱い方の情報を含んでいる、というのがアフォーダンスの考え方である。鉛

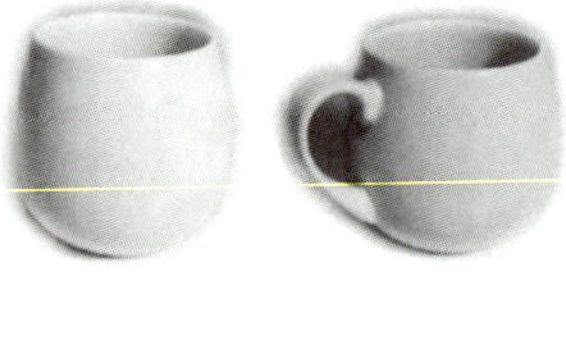

図1 持ち手をつけたことでのアフォーダンスの変化

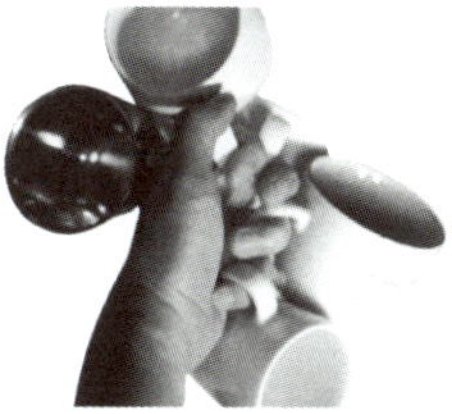

図２　アフォーダンスの変化による行為の可能性の変化

筆なら「つまむ」という情報が、バットなら「にぎる」という情報が、モノ自身から使用者に供される（アフォードされる）。バットをつまむのは、バットの形と大きさを一見するだけで無理だろう。鉛筆をにぎったら、突き刺すのには向くが書く用途には向かなくなってしまう。

　こうしたモノの物理的な形状の変化はひとのふるまいの変化につながる。持ち手がついたことで、両手の指に一個ずつ引っ掛けるといっぺんに十個のカップを運べる。

　ふるまいの変化はこころの変化につながる。たくさんあるカップを片手にひとつずつ、ひと時に二個ずつ片付けているウェイターを見たら、雇い主はいらいらするに違いない。持ち手をつけることで、カップの可搬性が変化する。ウェイターにとってのカップの可搬性は、持ち手をつける前と後では異なる。もっとたくさんひと時に運べるそのことは、ウェイターだけでなく雇い主にも同時に知覚可能な現実である。ただ単に可搬性にだけ変化があっただけではない。これらの「容器に関してひとびとが知覚可能な現実」そのものが変化しているのである。

　ここで本書の内容にかなったデザインの定義を試みると、デザインとは「対象に異なる秩序を与えること」と言える。デザインには、物理的な変化が、アフォーダンスの変化が、ふるまいの変化が、こころの変化が、現実の変化が伴う。例えば私たちははき物をデザインしてきた。裸足《はだし》では、ガレ場（注3）、熱い砂、ガラスの破片がちらばった床、は怪我《けが》をアフォードする危険地帯で踏み込めない。はき物はその知覚可能な現実を変える。私たち現代人の足の裏は、炎天下の浜辺の乾いた砂の温度に耐えられない。これは人間というハードウェアの性能の限界であり、いわばどうしようもない運命である。その運命を百円のビーチサンダルがまったく変える。自然の摂理が創り上げた運命をこんな簡単な工夫が乗り越えてしまう。はき物が、自転車が、電話が、電子メールが、私たちの知覚可能な現実を変化させ続けていることは、その当たり前の便利さを失ってみれば身にしみて理解されることである。そしてまたその現実が、相互反映的にまた異なる人工物を日々生み出していることも。

　私たちの住まう現実は、価値中立的な環境ではない。文化から生み出され歴史的に洗練されてきた人工物に媒介された、文化的な意味と価値に満ちた世界を生きている。それは意味や価値が一意に定まったレディメイドな世界ではない。文化や人工物の利用可能性や、文化的実践によって変化する、自分たちの身の丈に合わせてあつらえられた私たちのオーダーメイドな現実である。人間の文化と歴史を眺めてみれば、人間はいわば人間が「デザインした現実」を知覚し、生きてきたといえる。Aこのことは人間を記述し理解していく上で、大変重要なことだと思われる。

（有元典文《ありもとのりふみ》・岡部大介《おかべだいすけ》『デザインド・リアリティ――集合的達成の心理学』）

（注）1　本書ではこれまで、さまざまなフィールドのデザインについて言及してきた。――本文より前のところで、コスプレや同人誌など現代日本のサブカルチャーが事例としてあげられていたことを受けている。

2　ノーマン――ドナルド・ノーマン（一九三五～）。アメリカの認知科学者。

3　ガレ場――岩石がごろごろ転がっている急斜面。

問1　次に示すのは、四人の生徒が本文を読んだ後に図1と図2について話している場面である。本文の内容をふまえて、空欄に入る最も適当なものを、後の①～⑤のうちから一つ選べ。

生徒A——たしかに湯飲み茶碗に図1のように持ち手をつければ、珈琲カップとして使うことができるようになるね。

生徒B——それだけじゃなく、湯飲み茶碗では運ぶときに重ねるしかないけど、持ち手があれば図2みたいに指を引っ掛けて持つことができるから、一度にたくさん運べるよ。

生徒C——それに、湯飲み茶碗は両手で支えて持ち運ぶけど、持ち手があれば片手でも運べるね。

生徒D——でも、湯飲み茶碗を片手で持つこともできるし、一度にたくさん運ぶ必要がなければ珈琲カップを両手で支えて持つことだってできるじゃない。

生徒B——なるほど。指で引っ掛けて運べるようになったからといって、たとえウェイターであっても、常に図2のような運び方をするとは限らないね。

生徒A——では、デザインを変えたら、変える前と違った扱いをしなきゃいけないわけではないってことか。

生徒C——それじゃ、デザインを変えたら扱い方を必ず変えなければならないということではなくて、［　　　］ということになるのかな。

生徒D——そうか、それが、「今とは異なるデザインを共有する」ことによって、「今ある現実の別のバージョンを知覚することになる」ってことなんだ。

生徒C——まさにそのとおりだね。

① どう扱うかは各自の判断に任されていることがわかる
② デザインが変わると無数の扱い方が生まれることを知る
③ ものの見方やとらえ方を変えることの必要性を実感する
④ 立場によって異なる世界が存在することを意識していく
⑤ 形を変える以前とは異なる扱い方ができることに気づく

問2 傍線部A「このことは人間を記述し理解していく上で、大変重要なことだと思われる。」とあるが、どうしてそのように考えられるのか。その理由として最も適当なものを、次の①〜⑤のうちから一つ選べ。

① 現実は、人間にとって常に工夫される前の状態、もしくはこれから加工すべき状態とみなされる。そのため、人間を記述し理解する際には、デザインされる以前の自然状態を加工し改変し続けるという人間の性質をふまえることが重要になってくるから。
② 現実は、どうしようもないと思われた運命や限界を乗り越えてきた、人間の工夫の跡をとどめている。そのため、人間を記述し理解する際には、自然のもたらす形状の変化に適合し、新たな習慣を創出してきた人間の歴史をふまえることが重要になってくるから。
③ 現実は、自分たちが生きやすいように既存の秩序を改変してきた、人間の文化的実践によって生み出された場である。そのため、人間を記述し理解する際には、自分たちの生きる環境に手を加え続けてきた人間の営為をふまえることが重要になってくるから。

④現実は、特定の集団が困難や支障を取り除いていく中で形づくられた場である。そのため、人間を記述し理解する際には、環境が万人にとって価値中立的なものではなく、あつらえられた世界でしか人間は生きられないという事実をふまえることが重要になってくるから。

⑤現実は、人工物を身の丈に合うようにデザインし続ける人間の文化的実践と、必然的に対応している。そのため、人間を記述し理解する際には、デザインによって人工物を次から次へと生み続ける、人間の創造する力をふまえることが重要になってくるから。

チェック！〈読解の基本アイテム〉

❽「Q」が出たら「A」を探せ
❾「一般論」が出たら「筆者」との差異を考えろ
❿「定義」は重要。出てきたら必ず反応！

基本アイテム❽「Q」が出たら「A」を探せ

筆者が「……か」と問うた場合（たとえば「AIと人間の未来はどうなるのだろうか」など）、答えを読者に求めているわけではありません。続きで必ず筆者がその答えを出します。つまり**《Qが出たらAを探せ》が文脈を追う基本**。これを［問題・話題提起→解決・応答］と言います。

基本アイテム❾「一般論」が出たら「筆者」との差異を考えるのが基本

評論文の「主張」は、筆者が文章に書いてまで他者に伝えたいことです。当然、「普通とは異なる考え」だからこそ伝えたい、という場合が多くなります。評論文では、**「一般論」が出てきたら、筆者の主張との違いを捉える**ことが大切です。

基本アイテム❿「定義」は重要。出てきたら必ず反応！

「定義」とは「意味を定めること」。評論文の内容を正確に読み取るためには、「ある言葉が文中でどのように定義されているか」をつかむことが重要です（たとえば「レジリエンスとは～という意味だ」など）。この「～とは」のことを《定義語》と呼びます。**文中に出てくる「定義」は重要**。共通テストでも重要なポイントになります。必ず意識してください。

読解のポイント

第1段落では、筆者たちは「デザイン」という言葉を、一般的な意味よりも拡張した意味で用いてきた、と述べています。**《「一般的な考え」と「筆者の考え」の差異》**ですね。普通とはちょっと違う。だから主張する意味がある。では、どう違うのでしょうか。注目していきましょう。

> 1　本書ではこれまで、さまざまなフィールドのデザインについて言及してきた。ここで、本書で用いてきたデザインという語についてまとめてみよう。一般にデザインということばは、ある目的を持って意匠・考案・立案すること、つまり意図的に形づくること、と、その形づくられた構造を意味する。これまで私たちはこのことばを拡張した意味に用いてきた。ものの形ではなく、ひとのふるまいと世界のあらわれについて用いてきた。

「洋服のデザイン」などというように、「デザイン」という言葉は、一般的には「ものの形を意図的に形づくること」という意味ですが、筆者たちは、「ひとのふるまいと世界のあらわれ」という意味で用いてきた、と述べています。「ひとのふるまい」をデザインと言うなんて、やはり普通とはちょっと違う意味で「デザイン」という語を考えているようです。

次の第2段落では、冒頭に「こうした意味（＝筆者たちが考える意味）でのデザインをどう定義するか」という文が出てきます。「定義」と出てきましたね。さらに、文末が「……か」という形で終わっていますから、**「問題・話題提起」**の文です。

> 2 こうした意味でのデザインをどう定義するか。デザインを人工物とひとのふるまいの関係として表した新しい古典、ノーマンの『誰のためのデザイン』の中を探してみても、特に定義は見つからない。ここではその説明を試みることで、私たちがデザインという概念をどう捉えようとしているのかを示そうと思う。

古典と言えるような評価の高いデザインについての本を見ても、自分たちが考えるデザインの定義は載っていない。だから自分で説明して、自分たちの考える定義を示そうと思う、そう述べています。

さあ**《Qが出たらAを探せ》**です。「解決・応答」を探して、続きの文章を読んでいきましょう。

> 2 こうした意味でのデザインをどう定義するか。（Q）デザインを人工物とひとのふるまいの関係として表した新しい古典、ノーマンの『誰のためのデザイン』の中を探してみても、特に定義は見つからない。ここではその説明を試みることで、私たちがデザインという概念をどう捉えようとしているのかを示そうと思う。
>
> 3 辞書によれば「デザイン」のラテン語の語源は〝de signare〟つまり〝to mark〟、印を刻むことだという。人間は与えられた環境をそのまま生きることをしなかった。自分たちが生きやすいように自然環境に印を刻み込み、自然を少しずつ文明に近づけていったと考えられる。それは大地に並べた石で土地を区分することや、太陽の高さで時間の流れを区分することなど、広く捉えれば今ある現実に「人間が手を加えること」だと考えられる。
>
> 4 私たちはこうした自分たちの活動のための環境の改変を、人間の何よりの特徴だと考える。（A）そしてこ

うした環境の加工を、デザインということばで表そうと思う。デザインすることはまわりの世界を「人工物化」することだと言いかえてみたい。自然を人工物化したり、そうした人工物を再人工物化したりということを、私たちは繰り返してきたのだ。英語の辞書にはこのことを表すのに適切だと思われる〝artificialize〟という単語を見つけることができる。アーティフィシャルな、つまりひとの手の加わったものにするという意味である。

第４段落で、**Ｑに対するＡが出た**ことに気づいたでしょうか。

こうした意味でのデザインをどう定義するか。［Ｑ］

← **私たちは…こうした環境の加工を、デザインということばで表そうと思う。［Ａ］**

筆者たちは「環境の加工」つまり「人間が、自分たちが活動しやすいように環境を変えていくこと」を「デザイン」と定義しているようです。右の文中の［　］と＝で結んだ部分が言い換えです。

続く第５段落から第10段落では、各段落とも、冒頭で述べた内容を（具体例）でわかりやすく説明する、という段落の展開になっています。〈１¶＝１idea〉のきれいな展開です。**《論理のホネをつかむためには「具体例をカット」》**でしたから、言いたいことがわかったあとは、具体例部分はカットして、論の根幹部分をチェックしていきましょう。

5 ❶デザインすることは今ある秩序（または無秩序）を変化させる。現行の秩序を別の秩序に変え、異なる意味や価値を与える。（例えば本にページ番号をふることで、本には新しい秩序が生まれる。……）

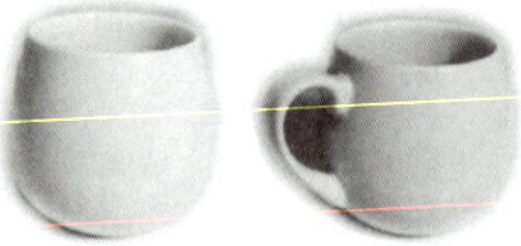

図1 持ち手をつけたことでのアフォーダンスの変化

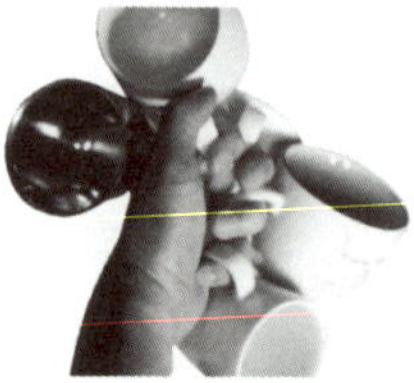

図2 アフォーダンスの変化による行為の可能性の変化

6 ❷今とは異なるデザインを共有するものは、今ある現実の別のバージョンを知覚することになる。あるモノ・コトに手を加え、新たに人工物化し直すこと、つまりデザインすることで、世界の意味は違って見える。（例えば、図1のように、湯飲み茶碗に持ち手をつけると珈琲カップになり、指に引っ掛けて持つことができるようになる。）このことでモノから見て取れるモノの扱い方の可能性、つまりアフォーダンスの情報が変化する。

7 モノはその❶物理的なたたずまいの中に、❷モノ自身の扱い方の情報を含んでいる、というのがアフォーダンスの考え方である。（鉛筆なら「つまむ」という情報が、バットなら「にぎる」という情報が、モノ自身から使用者に供される（アフォードされる）。バットをつまむのは、バットの形と大きさを一見するだけで無理だろう。鉛筆をにぎったら、突き刺すのには向くが書く用途には向かなくなってしまう。）

8 こうした❶モノの物理的な形状の変化は❸ひとのふるまいの変化につながる。（持ち手がついたことで、両手の指に一個ずつ引っ掛けるといっぺんに十個のカップを運べる。）

> 9 ③ふるまいの変化は④こころの変化につながる。（たくさんあるカップを片手にひとつずつ、ひと時に二個ずつ片付けているウェイターを見たら、雇い主はいらいらするに違いない。持ち手をつけることで、カップの可搬性が変化する。ウェイターにとってのカップの可搬性は、持ち手をつける前と後では異なる。もっとたくさんひと時に運べるそのことは、ウェイターだけでなく雇い主にも同時に知覚可能な現実である。ただ単に可搬性にだけ変化があっただけではない。これらの「容器に関してひとびとが知覚可能な現実」そのものが変化しているのである。）
>
> 10 ここで本書の内容にかなった①デザインの定義を試②みると、デザインとは「対③象に異なる秩序を与④えること」と言える。デザインには、物理的な変化が、アフォーダンスの変化が、ふるまいの変化が、こころの変化が、現実の変化が伴う。（例えば 私たちははき物をデザインしてきた。裸足では、ガレ場、熱い砂、ガラスの破片がちらばった床、は怪我をアフォードする危険地帯で踏み込めない。はき物はその知覚可能な現実を変える。……）

本、コーヒーカップ、鉛筆、ビーチサンダルなど、様々な例を挙げながら、わかりやすく説明してくれていますね。チェックした重要部分を取り出して、ポイントをまとめてみましょう。

デザインによって

❶ モノが物理的に変化
❷ 知覚／現実の見え方が変化
❸ 人のふるまいが変わる
❹ 心が変わる

これを具体例に当てはめると、

デザインによって
❶湯呑みに持ち手をつける
❷指に引っ掛けて持つことができるもの、と見えるようになる
❸いっぺんに十個運べるようになる
❹一つずつ運ぶウェイターを見たらイライラするようになる

となります。こんなふうに、「デザイン」は、単にモノを変えるだけでなく、そのことによって人間にとっての「現実を変えている」わけですね。

最終段落では、私たち人間にとっての現実は「価値中立的」なものでなく、「文化的な意味と価値に満ちたものである」と述べています。人間は無色透明な世界を生きているのではなくて、「自分たちにとっていいように作り替えた現実」を生きている。人間を理解する上で、このことは大変重要だと述べて本文を終えています。

11 私たちの住まう現実は、価値中立的な環境ではない。文化から生み出され歴史的に洗練されてきた人工物に媒介された、文化的な意味と価値に満ちた世界を生きている。それは意味や価値が一意に定まったレディメイドな世界ではない。文化や人工物の利用可能性や、文化的実践によって変化する、自分たちの身の丈に合わせてあつらえられた私たちのオーダーメイドな現実である。人間の文化と歴史を眺めてみれば、人間はいわば人間が「デザインした現実」を知覚し、生きてきたといえる。このことは人間

を記述し理解していく上で、大変重要なことだと思われる。

では、以上を踏まえて設問を解いていきましょう。

問1

設問は、「本文を読んだ後に図1と図2について生徒たちがしている会話」の中の「空欄」を補う問題です。設問の決め手となる会話のポイントは次の2つです。

生徒A―では、デザインを変えたら、変える前と違った扱いをしなきゃいけないわけではないってことか。

生徒C―それじゃ、デザインを変えたら扱い方を必ず変えなければならないということではなくて、［　　　］ということになるのかな。

生徒D―そうか、それが、「今とは異なるデザインを共有する」ことによって、「今ある現実の別のバージョンを知覚することになる」ってことなんだ。

「〰〰〰」より、扱いを「変えても変えなくてもいい」ということですから、選択肢③の「ものの見方やとらえ方を変えることの必要性」は×です。

とはいえ、「〰〰〰」部分で「今とは異なるデザインを共有する」といっていますから、扱い方は、各人が勝手に変えていいわけではありません。その点で、選択肢①の「各自の判断に任されている」

は×です。

選択肢②は、「無数の扱い方」が×です。たとえば「湯呑みに持ち手をつけると、指に引っ掛けて持つことができるものという別バージョンになる」といっているだけですから、「無数の（＝数え切れないほどの）」は言いすぎですね。

選択肢④も「立場によって異なる世界が存在する」が×です。ものの知覚に「立場」は関係ありませんね。

① どう扱うかは各自の判断に任されていることがわかる×

② デザインが変わると無数の扱い方が生まれることを知る×

③ ものの見方やとらえ方を変えることの必要性を実感する×

④ 立場によって異なる世界が存在することを意識していく×

以上より、正解は⑤になります。

⑤ 形を変える以前とは異なる扱い方ができることに気づく

問2

設問は、「傍線部Aのように考える理由」を問うています。

このことは人間を記述し理解していく上で、大変重要なことだと思われる。

「このこと」が重要だと思う理由を聞かれているんですから、「このことは重要なんだぞ」ということを説明します。たとえば親に「勉強しないで部活ばっかり。そんなに部活が大事だと思う理由を説明してみなさい！」と言われたら、「部活が重要なんだ」ということを説明しますよね。それと同じです。

〈指示内容〉を確認していきましょう。

傍線部の「このこと」が、直前の「人間はいわば人間が『デザインした現実』を知覚し、生きてきた」を指していることはすぐにわかります。この段落は冒頭から、「人間にとっての現実は文化によって生み出されたものであって、価値中立的ではない。人間に合わせて作られたオーダーメイドなものなのだ」と繰り返していました。人間はそういう現実を、生きているんですね。

11 私たちの住まう現実は、価値中立的な環境ではない。文化から生み出され歴史的に洗練されてきた人工物に媒介された、文化的な意味と価値に満ちた世界を生きている。それは意味や価値が一意に定まったレディメイドな世界ではない。文化や人工物の利用可能性や、文化的実践によって変化する、自分たちの身の丈に合わせてあつらえられた私たちのオーダーメイドな現実である。人間の文化と歴史を眺めてみれば、人間はいわば人間が「デザインした現実」を知覚し、生きてきたといえる。Aこのことは人間を記述し理解していく上で、大変重要なことだと思われる。

まとめ直すと、このようになります。

人間にとっての現実は、価値中立的ではない。
文化的な意味と価値に満ちたものだ。
オーダーメイドな現実だ。

人間はいわば人間が「デザインした現実」を知覚し、生きてきた

Aこのことは人間を記述し理解していく上で、大変重要なことだと思われる。

これでポイントはわかりました。「人間にとっての現実は価値中立的なものではなく、自分たちが作り出してきたオーダーメイドなもの。人間とはそんな自分がデザインした現実を生きるもの」なんですね。だから「このこと」を理解しておくことは、人間を考える上で重要だ、といっているんですね。では、選択肢をみていきましょう。

選択肢は、前半部分は「現実」がどういうものかの説明、つまり今確認した「指示語の指示内容」の説明になっています。

現実は ………。／そのため ……… をふまえることが重要になってくるから。

まずは選択肢の前半からチェックしていきましょう。

①　現実は、人間にとって常に工夫される前の状態、もしくはこれから加工すべき状態とみなされる。そのため…

②　現実は、どうしようもないと思われた運命や限界を乗り越えてきた、人間の工夫の跡をとどめている。そのため…

③　現実は、自分たちが生きやすいように既存の秩序を改変してきた、人間の文化的実践によって生み出された場である。そのため…

④　現実は、特定の集団が困難や支障を取り除いていく中で形づくられた場である。そのため…

⑤　現実は、人工物を身の丈に合うようにデザインし続ける人間の文化的実践と、必然的に対応している。そのため…

指示内容をきちんと説明できているのは、③と⑤だけですね。後半を見ると、

③　…。そのため、人間を記述し理解する際には、自分たちの生きる環境に手を加え続けてきた人間の営為をふまえることが重要になってくるから。

⑤　…。そのため、人間を記述し理解する際には、デザインによって人工物を次から次へと生み続ける、人間の創造する力をふまえることが重要になってくるから。

ここでの焦点は「人間の創造力」ではなくて「人間が自分の生きる環境に手を加えてきた」ということですね。したがって**答えは③に決まります。**

以上で本問の解説はおしまい。しっかり復習して理解してください！

CHAPTER 2

論理的な文章 実戦的アプローチ

はじめに

出題タイプ別 攻略ポイント

本章では、新指導要領の焦点である「探究学習」をモチーフにした、二つのタイプの問題を扱う。CHAPTER1で学んだ〈読解の基本アイテム〉をベースに、〈共通テスト・論理的な文章の問題〉が目指すものがどういうものかを、考察していこう。

例題 5

目標解答時間 20分

次の【文章Ⅰ】と【文章Ⅱ】は、ごろうさんが「遊びと人間」についての探究レポートを書くときに参考にしたものである。これらを読んで、後の問い（問1〜6）に答えよ。

【文章Ⅰ】

隠れん坊の鬼が当たって、何十か数える間の眼かくしを終えた後、さて仲間どもを探そうと瞼《まぶた》をあけて振り返った時、僅《わず》か数十秒前とは打って変わって目の前に突然に開けている漠たる空白の経験を恐らく誰もが忘れてはいまい。仲間たち全員が隠れて仕舞うことは遊戯の約束として百も承知のことであるのに、それでもなお、人っ子一人いない空白の拡がりの中に突然一人ぼっちの自分が放り出されたように一瞬は感ずる。大人たちがその辺を歩いていても、それは世界外の存在であって路傍の石ころや木片と同じく社会の人ではない。眼に入るのはただ社会が無くなった素っからかんの拡がりだけである。そして、眼をつむっていたいくらかの間の目暗がりから明るい世界への急転が一層その突然の空白感を強めていることであろう。

かくて隠れん坊とは、急激な孤独の訪れ・一種の砂漠経験・社会の突然変異と(ア)ギョウシュクされた急転的時間の衝撃、といった一連の深刻な経験を、はしゃぎ廻っている陽気な活動の底でぼんやりとしかし確実に感じ取るように出来ている遊戯なのである。すなわち隠れん坊は、こうした一連の深刻な経験を抽象画のように単純化し、細部のごたごたした諸事情や諸感情をすっきりと切り落として、原始的な模型玩具の如き形にまで集約してAそれ自身の中に埋め込んでいる遊戯なのであった。そうしてこの遊戯を繰り返すことを通して、遊戯者としての子供はそれと気附かない形で次第にB心の底に一連の基本的経験に対する胎盤を形成していったことであろう。それは経験そのものでは決してないが、経験の小さな模型なのであり、その玩具的模型をもてあそぶことを通して原物としての経験の持つ或《あ》る形質を身に受け入れたに違いない。

遊戯上のこの経験の核心の部分に影絵のように映っている「実物」は一体何か。すなわち隠れん坊の主題は何であるのか。窪田富男氏が訳業の労をとられた(注1)G・ロダーリの指摘に従って端的に言うならば、この遊戯的経験の芯に写っているものは「迷い子の経験」なのであり、自分独りだけが(イ)カクリされた孤独の経験なのであり、社会から追放された流刑の経験なのであり、たった一人でさまよわねばならない彷徨《ほうこう》の経験なのであり、人の住む社会の境を越えた所に拡がっている荒涼たる「森」や「海」を目当ても方角も分からぬままに何かのために行かねばならぬ旅の経験なのである。そして、そういう追放された彷徨の旅の世界が短い瞑目の後に突然訪れて来るところに、或る朝眠りから醒《さ》めると到来しているかもしれない日常的予想を遥《はる》かに超えた出来事の想像がその影を落としている。

こうして、(注2)C「親指太郎」の世界と「隠れん坊」の世界とは全く同じ主題をもって対応しているのであった。違いは、一方が言葉で話され耳で聞く（或《あるい》は読む）のに対して、他方は仲間と一緒に身体を使って行為することにあり、従ってまた一方が主として家の内部を場とするのに対して他方は外の行動的世界を場とする点で異なり、一方が多くの場合老人である一人の話し手を必要とするのに対して他方は同輩の集団だけを必要とする点で異なっていたに過ぎなかった。両者は同じ主題が形態を全く異にして現れたものに他ならなかった。遊戯としての「隠れん坊」は、聞き覚えた「おとぎ話」の寸劇的翻案なのであり、身体の行為で集団的に再話した「おとぎ話」なのであり、遊戯の形で演じられた「おとぎ話」の実践版なのであった。その「小演劇」が舞台装置や衣装や化粧や小道具やそして科白《せりふ》までを一切必要としていないところに、いかにも「おとぎ話」の実践版にふさわしい空想的想像力が現れていると言えるであろう。

（藤田《ふじた》省三《しょうぞう》『精神史的考察』による）

（注）1　G・ロダーリ――Gianni Rodari（一九二〇〜）。イタリアの児童文学者。

2　親指太郎――親指ほどの小さな子供が、さまざまな苦難を克服する型の昔話。「親指小僧」（グリム童話）、「一寸法師」など。

【文章Ⅱ】

私の住む東京都品川区の旗の台の近辺では子どもたちが普通の隠れん坊をすることはほとんどない。そのかわりに変型した隠れん坊はしばしばおこなわれている。商店街の裏手の入り組んだ路地や、整地中の小工場の跡地や、まだ人の入っていない建て売り住宅の周りや、周囲のビルに押しつぶされそうな小公園で、子どもたちの呼び方では「複数オニ」とか「陣オニ」といった隠れん坊の変《かわ》り種が生き延びている。その変り種のなかでも、かんけり[注1]は子どもたちに好まれている。

「複数オニ」とは、その呼び名のとおり、見つかった者すべてが見つかった時点でオニに転じて、複数のオニが残りの隠れている子どもを探す隠れん坊である。

「陣オニ」の場合は、立木《たちき》でも塀の一部でもよい、オニが決めた「陣」にオニより早くタッチすればオニになることから免れる。ただし、かんけりと違って、助かるのは陣にタッチした本人だけである。

子どもたちが集まって何かして遊ぼうとするときに、隠れん坊をしないで「複数オニ」や「陣オニ」をすることには見過ごし難い意味がありそうだ。隠れん坊は、藤田省三[注2]が「或《あ》る喪失の経験――隠れん坊の精神史――」という論文（『精神史的考察』平凡社、一九八二年、所収）で述べたように、人生の旅を凝縮して型取りした身体ゲームである。オニはひとり荒野を彷徨《ほうこう》し、隠れる側はどこかに「籠《こも》る」という対照的な構図はあるけれども、いずれも同じ社会から引き離される経験であり、オニは隠れていた者を見つけることによって仲間のいる社会に復帰し、隠れた者もオニに見つけてもらうことによって擬似的な死の世界から蘇生《そせい》して社会に戻ることができる。隠れん坊が子どもの遊びの世界から消えることは、子どもたちが相互に役割を演じ遊ぶことによって自他を再生させつつ社会に復帰する演習の経験を失うということである。DたしかにI「複数オニ」や「陣オニ」はおこなわれているけれども、それらはもはや普通の隠れん坊の退屈さを救うためにアクセントをつけた、といったていどのことではない。

小学六年生の男の子から聞いた話を翻案すれば、「複数オニ」の演習の主題は裏切りである。オニが目をつぶってかぞえている間に子どもたちはいっせいに逃げる。それぞれ隠れ場所を工夫しても、同じ方向に逃げれば、近くにいる者同士は互いにどの辺に隠れているかを知っている。そのとき一方が見つかれば即座にオニという名のスパイに変じて、寸秒前に仲間だった者の隠れ家をあばくことになる。近くに隠れた者との仲間意識は裏切り・裏切られる(ウ)コウジョウ的な不安によって脅かされている。連帯と裏切りとの相互ヘンカン(エ)が半所属の不安を産み出し、その不安を抑えこもうとして、裏切り者の残党狩りはいっそう苛酷《かこく》なものになる。オニは聖なる媒介者であることをやめて秘密警察に転じ、隠れる側も一人ひとりが癒《いや》し難い離隔を深めつつ、仲間にスパイを抱えた逃亡者集団と化す。

「陣オニ」について、さきほどの少年は「自分だけ助かればよい」ゲームだという。「陣オニ」の本質をいいつくした説明であろう。「陣」になる木や石は、元来(注3)呪的《じゅてき》な意味をもち、集団を成り立たせる中心であった。だが今日子どもたちのおこなう「陣オニ」では、「陣」は社会秩序そのものであり、「陣」に触れることは、自分を守ってくれる秩序へのコミットメント(注4)を競争場裡《きょうそうじょうり》で獲得すること、選良(注5)の資格を手にすることである。社会秩序の中心と私的エゴイズムとを結びつけるための単独行的な冒険ということが、「陣オニ」の演習の本義なのだ。

隠れん坊の系譜をはずれた身体ゲームのなかで子どもたちに好まれている遊びは「高《たか》オニ」である。「高オニ」は、土の盛り上がったところ、石段の上部、ブロック塀の上など、オニの立った平面よりもより高い位置に立つことによってオニになることを免れる遊びで、鬼ごっこの一種と考えられる。この遊びの演習課題は、人より高い位置に立つこと、より高みをめざすことがポイントである。

「複数オニ」「陣オニ」「高オニ」のような戸外の遊びに飽きた子どもたちは、子ども部屋に閉じこもって「人生ゲーム」に興じる。「人生ゲーム」は、周知のように、金を操作することによって人生の階段を上昇することを争うゲームである。ルーレットをまわすたびに金が動く。人生の修羅場をくぐって他人を蹴落《けお》としながら、自動車を買い、会社に入り、結婚し、土地を買い、家を建て、株を売買する。こうして最終的に獲得した財産のタカ(オ)に応じて、その人の人生の到達度が量られる。成功の頂点は億万長者、ついで社長で、最底辺は浮浪者(注6)である。その間に万年課長とか平社員とかレーサーとかいった地位・職業が位階づけられて配列されている。

「複数オニ」「陣オニ」「高オニ」の行き着く先が「人生ゲーム」といえるのではないか。これらのすべての身体ゲームが共通のコスモロジー(注7)をもっている。それは、私生活主義と競争民主主義に主導された市民社会の模型としてのコスモロジーであり、また、産業社会型の管理社会の透視図法を骨格にもつコスモロジーでもある。これらの身体ゲームを通して、子どもたちは現実の社会への適応訓練をおこない、おとなの人生の写し絵を身体に埋め込むのである。

（栗原彬《くりはらあきら》「かんけりの政治学」による）

（注）1 かんけりは子どもたちに好まれている――この文章は一九八四年に発表された。なお、「かんけり（缶蹴り）」は、隠れん坊の一種。オニが陣地に缶を一個立て、缶を守りながら相手をつかまえる遊び。オニにつかまらないように缶を蹴ると、つかまった仲間を逃がすことができる。

2 藤田省三――思想史家（一九二七〜二〇〇三）。

3 呪的な――呪術的な、に同じ。ここでは、超自然的な力が宿っている、の意。

4 コミットメント――関与すること。参加すること。

5 選良――ここでは、エリートのこと。

6 浮浪者――一定の職業および住居をもたない人に対して慣習的に用いられていた言葉。

7 コスモロジー――世界観。宇宙観。

問1　傍線部(ア)〜(オ)の漢字と同じ漢字を含むものを、次の各群の①〜⑤のうちから、それぞれ一つずつ選べ。

(ア)　ギョウシュク
① ギョウテンして腰を抜かす
② 憤怒のギョウソウになる
③ 今期のギョウセキは不振だ
④ 相手をギョウシした
⑤ クギョウに耐える

(イ)　カクリ
① 規格にゴウカクした製品
② モノレールをエンカク操作する
③ 保守派とカクシン派が衝突する
④ テキカクな判断を下す
⑤ 金メダルをカクトクする

(ウ)　コウジョウ的
① コウレイのもちつき大会を開く
② 社会の進歩にコウケンする
③ 地域シンコウの対策を考える
④ キンコウ状態が破られる
⑤ 病気がショウコウを保つ

(エ) ヘンカン

① カンユウをきっぱり断る
② カンダイな処置を期待する
③ 古い美術品の価値をカンテイする
④ 宇宙から無事にキカンする
⑤ 部屋のカンキを心がける

(オ) タカ

① ゴウカな食事を満喫した
② 筋肉に少しずつフカをかける
③ カモクな人が珍しく発言した
④ カモツを載せて走行する
⑤ カブンな賛辞に恐縮する

問2 【文章Ⅰ】の傍線部A「それ自身」とあるが、それは何を指すか。その説明として最も適当なものを、次の①〜⑤のうちから一つ選べ。

① 子供の心
② 隠れん坊をする者
③ 原始的な模型玩具の如き形
④ 隠れん坊
⑤ 一連の深刻な経験

問3 【文章Ⅰ】の傍線部B「心の底に一連の基本的経験に対する胎盤を形成していったことであろう」とあるが、それはどういうことか。その説明として最も適当なものを、次の①～⑤のうちから一つ選べ。

① 次第に量的に増大していく経験のために、まず、いかなる経験にも耐えられるように肉体を鍛えあげるということ。

② やがて遭遇するであろう数々の経験に対して、それを受け入れる構えのようなものを身につけていくということ。

③ やがて経験を通して習得する行動の手順を、前もって遊戯という基礎訓練によって学んでいくということ。

④ やがて遭遇するであろう深刻な経験を想定して、そのための基本的知識を身につけていくということ。

⑤ 遊戯をくり返すことによって、将来の経験のために社会生活のルールを身体でもって覚えていくということ。

問4 【文章Ⅰ】の傍線部C「『親指太郎』の世界と『隠れん坊』の世界とは全く同じ主題をもって対応している」とあるが、それはどういうことか。その説明として最も適当なものを、次の①～⑤のうちから一つ選べ。

① 両者には「聞く」ことと「演ずる」ことという次元の違いはあるが、どちらも集団遊戯を主題としている。

② 一方は大人が関与し、もう一方は子供に限定されるという違いはあるが、どちらも空想的な世界

を主題としている。

③ 大人の世界にも共通するものがあるかどうかという点で異なるが、どちらも想像力による遊戯を主題としている。

④ 両者は言葉と行動という異なる世界に属しているが、どちらも日常的予想を超えた経験を主題としている。

⑤ 一方は大人の世界にも通じ、他方は子供の世界に限定されるが、どちらも日常生活に潜む孤独を主題としている。

問5 【文章Ⅱ】の傍線部D「たしかに『複数オニ』や『陣オニ』はおこなわれているけれども、それらはもはや普通の隠れん坊の退屈さを救うためにアクセントをつけた、といったていどのことではない」とあるが、それはどういうことか。その説明として最も適当なものを、次の①～⑤のうちから一つ選べ。

① 「複数オニ」や「陣オニ」は、子どもたちがいくつもの役割を相互に演じ遊ぶ点で、従来の隠れん坊の枠をこえた、人生の行程が凝縮して経験される苛酷な身体ゲームになってしまっているということ。

② 「複数オニ」や「陣オニ」は、オニに捕まった者も助かる契機が与えられている点で、従来の隠れん坊にはなかった、擬似的な死の世界から蘇生する象徴的意味を内包してしまっているということ。

③ 「複数オニ」や「陣オニ」は、オニも隠れた者も仲間のもとに戻ることが想定されていない点で、従来の隠れん坊の本質であった、社会から離脱し復帰する要素を完全に欠いてしまっているということ。

④ 「複数オニ」や「陣オニ」は、子どもたちの自由を制限するさまざまなルールが付加されている点で、従来の隠れん坊とは異質な、管理社会のコスモロジーに主導された遊びに変質してしまっているということ。

⑤ 「複数オニ」や「陣オニ」は、隠れた者も途中でオニに転じることになっている点で、従来の隠れん坊の本義であった、相互の役割を守りつつ競い合う精神からは逸脱してしまっているということ。

問6 「遊びと人間」についての考察を進めたごろうさんは、次の【資料】を見つけ、【文章Ⅰ】と【文章Ⅱ】に記された内容を踏まえて三者の関係をまとめることにした。ごろうさんはどのようにまとめたと考えられるか。最も適当なものを、次の①～⑤のうちから一つ選べ。

【資料】

（前略）こうして遊びは、現実の社会生活の模型として、その準備、模擬学習の場であり、あるいは逆に、現実の社会行動、言語的コミュニケーション、競争としての経済活動や法活動、ときには戦争さえも、一種の遊びと見なされることにもなる。だがそうだとして、いったい、われわれがよく知っている、かくれんぼという遊び行動と現象を染めあげている色合い、つまり、どこまでもおたがいに呼びかけ、わらいかけあいつつ、どこにむかうでもなく追いつ追われつするシーソー・ゲームの、晴れやかで軽快な同調の動きは、どこにいってしまったのだろうか。

遊びの現象の単純さを、そのままにつかみとるためには、われわれはもういちど、かくれんぼという一個の具体的な行動を、その独自の構造、独特の現象様態において見きわめる必要がある。そのためにはまた、おたがいにむきあって「いない・いないばあ」とわらいあう母と子のきわめて単純な行動パターンとチェスやスポーツのゲームの高度に複雑化したルールとをつらぬく共通性と固有性、呪具や道具ともことなる玩具の玩具性、ままごとに見られる役割に扮する行動や意識の独特の様態、またシーソーやブランコに身をあずけ、あるいは遇運の天びんに自身のチャンスを賭けるときの、一種独特の浮遊感覚などについて、これも現象の事実性に即して、つぶさに見てみなければならない。遊びの現象学がめざすのは、遊び一般を他の諸行動を基準として対比することで、結局は、遊びをこれらに解消し、とりにがしてしまうのではなく、あくまでも、個々の行動の記述・分析をつうじて、はたしてそれらのあいだに、「遊び」というひとつのことばで名づけられることができるような共通の構造なり骨格なりが、見いだされないものかどうかをさぐることにある。

（西村清和《にしむらきよかず》『遊びの現象学』による）

①【文章Ⅰ】が「隠れん坊」の意義を積極的に評価しているのに対し、【文章Ⅱ】は「隠れん坊」の子供たちへの影響を否定的に捉えている点で両者は異なっている。その点で【資料】は、【文章Ⅱ】の筆者の立場に近い主張内容だと言える。

②【文章Ⅱ】では、「隠れん坊」についての筆者の主張とは対立的な考察として【文章Ⅰ】を援用している。【資料】は、【文章Ⅰ】と【文章Ⅱ】の主張内容を包括的に考察しており、両方の意見を弁証法的に昇華する内容であると言える。

③【文章Ⅱ】や【資料】における「隠れん坊」についての考察は、いずれも【文章Ⅰ】における藤田省三の主張を基盤にしていると考えられる。その点で三つの文章は、表面的な違いはあるものの、

その主張の根幹は共通していると言える。

④【文章Ⅰ】は「隠れん坊」を「おとぎ話」との類比から、【文章Ⅱ】はゲームとの類比から捉えている。【資料】では、「隠れん坊」を現実の社会生活との類比で捉えるべきだと論じており、その点で両者とは異なる視点からの考察だと言える。

⑤【文章Ⅰ】と【文章Ⅱ】はいずれも、子供たちが遊びを通して現実社会やそこでの経験に適応する訓練を行っていると捉える点で共通している。【資料】は現実の社会生活に還元できない遊びの独自性を認めるべきだとする点で、両者とは対立的な考察と言える。

分析　共通テストへの指針1

この本の冒頭のオリエンテーションで、**共通テストと密接に関係している新指導要領の象徴は「探究学習」**だと言いました。本問は、その「探究学習」をイメージした問題です。

リード文（問題の冒頭にある「次の文章を読んで、後の問いに答えよ」というアレです）で、「ごろうさんが『遊びと人間』についての探究レポートを書くときに」参考にしたのが【文章Ⅰ】【文章Ⅱ】だと説明されていますね。

この問題のように、複数の文章を比較・検討するタイプの出題といっても、当然ですが、まずは一つ一つの文章の理解が土台になります。**CHAPTER1で学んだ《読解のポイント》を意識しながら、それぞれの文章を読んでいきましょう。**

【文章Ⅰ】の本文解説

評論文が苦手な人は、第1段落を読んだ時に「うわっ、難しい」と感じたかもしれませんね。確かにちょっと硬い感じの文章で表現が難しい。でもね、説明してきたように、**共通テストでは細かな表現の理解が問われるわけではありません。「大きく論旨がつかめているか」、「それを他の文章や資料と比較・検討できるか」**が重要になります。だからちょっとくらいわかりにくいところがあったとしても、視点を大きく持って読んでいい。

それから、こんなことも繰り返してきました。**「この文章の内容」が読めたかどうかではない。この文章から学んだ《読解の基本アイテム》を他の文章でも使っていけることが大切なんだ**と。

さてここで質問。みなさんはこの文章を読むときにCHAPTER1で学んだ《読解の基本アイテム》を意識して使えましたか？ たとえば、第2段落の冒頭に「かくて」とありますよね。**《括進法》**です。《括進法》は文脈をまとめるしるしですから、第2段落冒頭の一文は、第1段落のまとめだとわかります。ということは、かりに第1段落が「難しいな」と感じたとしても、「**この《括進法》のうしろが分かれば大丈夫だ**」と、判断して読み進んでいけます。

《括進法》に続いて、すぐに「隠れん坊とは」と出てきます。**《定義語》**ですね。この文で「筆者が考える『隠れん坊』とはどういうものなのか」を定義しているようです。しかもこの文の文末は、「〜なのである」という**《文末の強調表現》**になっている。重要な文のようです。《括進法》も《定義語》も《文末の強調表現》も、**すべてCHAPTER1で学んだことです。**こんなふうに、**《読解の基本アイテム》を意識しながら、「自分で思考して」「未知の文章を読んでいく力」を身につけて下さい。**

1 隠れん坊の鬼が当たって、何十か数える間の眼かくしを終えた後、さて仲間どもを探そうと瞼をあけて振り返った時、僅か数十秒前とは打って変わって目の前に突然に開けている漠たる空白の経験を恐らく誰もが忘れてはいまい。仲間たち全員が隠れて仕舞うことは遊戯の約束として百も承知のことであるのに、それでもなお、人っ子一人いない空白の拡がりの中に突然一人ぼっちの自分が放り出されたように一瞬は感ずる。大人たちがその辺を歩いていても、それは世界外の存在であって路傍の石ころや木片と同じく社会の人ではない。眼に入るのはただ社会が無くなった素っからかんの拡がりだけである。そして、眼をつむっていたいくらかの間の目暗がりから明るい世界への急転が一層その突然の空白感を強めていることであろう。

2 かくて隠れん坊とは、急激な孤独の訪れ・一種の砂漠経験・社会の突然変異と(ア)ギョウシュクされた急転的時間の衝撃、といった一連の深刻な経験を、はしゃぎ廻っている陽気な活動の底でぼんやりとしかし確実に感じ取るように出来ている遊戯なのである。

では、この《括進法》の文を、詳しく見てみましょう。

かくて隠れん坊とは、
急激な孤独の訪れ・一種の砂漠経験・社会の突然変異とギョウ(ア)シュクされた急転的時間の衝撃、といった一連の深刻な経験を
はしゃぎ廻っている陽気な活動の底でぼんやりとしかし確実に感じ取るように出来ている遊戯なのである。

□部分が、苦手な人にはわかりにくいかもしれませんね。ちょっと言い換えながら読んでみます。

「隠れん坊」とは、「急に一人ぼっちになる・砂漠にポツンと残されるような経験・『もーいいよ』で振り返ったら社会が突然変わってしまう、一瞬に凝縮されて急転する時間のショック、こういう一連の経験を、楽しい遊びの底で、ぼんやりとでも確実に子どもたちが感じ取るようにできている遊びなのだ」。こう理解できます。こんなふうに、ちょっと言い換えて理解する練習をしていくと、読解力はグンとアップしますよ。

続きを見ていきましょう。

2 かくて隠れん坊とは、急激な孤独の訪れ・一種の砂漠経験・社会の突然変異とギョウシュク(ア)された急転的時間の衝撃、といった一連の深刻な経験を、はしゃぎ廻っている陽気な活動の底でぼんやりとしかし確実に感じ取るように出来ている遊戯なのである。すなわち隠れん坊は、こうした一連の深刻な経験を抽象画のように単純化し、細部のごたごたした諸事情や諸感情をすっきりと切り落として、原始的な模型玩具の如き形にまで集約してAそれ自身の中に埋め込んでいる遊戯なのであった。そうしてこの遊戯を繰り返すことを通して、遊戯者としての子供はそれと気附かない形で次第にB心の底に一連の基本的経験に対する胎盤を形成していったことであろう。それは経験そのものでは決してないが、経験の小さな模型なのであり、その玩具的模型をもてあそぶことを通して原物としての経験の持つ或る形質を身に受け入れたに違いない。

「すなわち」は**《言い換えの接続語》**ですから、「かくて」の文を別の表現で説明しています。文末が「〜なのであった」という《文末の強調表現》ですから、やはりこの文も重要な文のようです。その次の文は「傍線部」を含んでいますから無条件で重要。その次の文も「〜に違いない」という《文末の強調表現》です。どうやら、**この段落は重要な文のオンパレードだということです。読解には「強弱をつけること」が大切。ここはしっかり時間をかけて理解してください。**

この段落の各文を丁寧にまとめると、次のような言い換えになっていることがわかります。

隠れん坊とは、
急激な孤独の訪れ・一種の砂漠経験…といった一連の深刻な経験を、

はしゃぎ廻っている陽気な活動の底でぼんやりとしかし確実に感じ取るように出来ている遊戯なのである。
すなわち隠れん坊はこうした一連の深刻な経験を抽象画のように単純化し、…を切り落として、…にまで集約してそれ自身の中に埋め込んでいる遊戯なのであった。
この遊戯を繰り返すことを通して、遊戯者としての子供はそれと気附かない形で次第に心の底に一連の基本的経験に対する胎盤を形成していったことであろう。

「隠れん坊」とは、「一連の深刻な経験」を、楽しい遊びの底で、ぼんやりとでも確実に子どもたちが感じ取るようにできている遊びなのだ。言い換えると、「隠れん坊」は「一連の深刻な経験」を、細部のごちゃごちゃを切り落として単純化して、それ自身の中に埋め込んでいる遊戯なのであった。そういう「隠れん坊」を繰り返すことを通して、子どもは気づかないうちに、一連の経験に対する胎盤を形成していっただろう。そう述べています。

「胎盤」は「妊婦の子宮内に、胎児に血液や酸素や栄養を供給するために作られるもの」ですね。つまり「子どもを産むために作られるもの」です。筆者は、子どもたちが「隠れん坊」をすることによって身につく何かを、「胎盤が形成される」と**〈比喩〉している**んですね。こんな感じです。

隠れん坊を繰り返すことによって、子どもたちは気づかないうちに、

心の底に ｛ 子どもを生むために作られるもの
胎盤
＝
一連の深刻な経験に備えて作られるもの ｝ を形成していった

この段落の最後の文は、隠れん坊は「模型」で、子どもたちはその模型で遊ぶことで「原物としての経験の持つ或る形質」を身に受ける、と述べています。こういうことですね。

ⓐ 原物　ⓑ 経験の持つ或る形質

⇩ 模型にすると

ⓐ' 隠れん坊　ⓑ' こうした一連の深刻な経験（急激な孤独の訪れ・一種の砂漠経験、など）

＊ⓐの模型であるⓐ'で遊ぶことでⓑ'を体験し、ⓑという実物に備える土台を作る！

模型の車が「本物の車」の写しであるように、「隠れん坊で子供たちが体験する一連の深刻な経験ⓑ'」も「本物の深刻な経験ⓑ」の写しとしてある。模型としての「隠れん坊ⓐ'」で遊ぶことを通して、「本

物の深刻な経験ⓑ」に備える土台を作っているのだ、と言っているわけです。

第3段落では、その「原物」つまり「本物」は一体何なのか、という説明がなされています。

③ 遊戯上のこの経験の核心の部分に影絵のように映っている「実物」は一体何か。すなわち隠れん坊の主題は何であるのか。窪田富男氏が訳業の労をとられたG・ロダーリの指摘に従って端的に言うならば、この遊戯的経験の芯に写っているものは「迷い子の経験」なのであり、自分独りだけが(イ)カクリされた孤独の経験なのであり、社会から追放された流刑の経験なのであり、たった一人でさまよわねばならない彷徨の経験なのであり、人の住む社会の境を越えた所に拡がっている荒涼たる「森」や「海」を目当ても方角も分からぬままに何かのために行かねばならぬ旅の経験なのである。そして、そういう追放された彷徨の旅の世界が短い瞑目の後に突然訪れて来るところに、或る朝眠りから醒めると到来しているかもしれない日常的予想を遥かに超えた出来事の想像がその影を落としている。

みなさんは、右の本文にチェックした対応は意識できていましたか？**《問題・話題の提起→解決・応答》**という〈Q→A〉の流れですよ。これもCHAPTER1で学んだ《読解の基本アイテム》です。提起で「影絵のように映っている『実物』は何か？」と問うたから、応答部分では「〜が影を落としている」と答えたわけです。ちゃんと呼応していますね。

問題の提起	影絵のように映っている「ⓧ」は一体何か。	
⇧	↑	
解決・応答	ⓧがその影を落としている。	

という対応です。ⓧ部分を補うとこうなります。

問題の提起	影絵のように映っている「実物」すなわち隠れん坊の主題は何か。	
⇧	↑	
解決・応答	或る朝眠りから醒めると到来しているかもしれない日常的予想を遥かに超えた出来事の想像がその影を落としている	

つまり、「実物／隠れん坊の主題」は、「或る朝眠りから醒めると到来しているかもしれない日常的予想を遥かに超えた出来事の想像」だということになります。

子どもたちの将来に、どんな出来事があるかはわかりません。ある日突然、予想を遥かに超えた出来事が起こるかもしれない。朝起きたら会社が倒産しているかもしれないし、急に自然災害が起こるかもしれない。仕事が終わって家に帰ったら「実家に帰ります。さようなら」なんて置き手紙とともに、嫁さんも子どももいなくなっているかもしれません（笑）。現実に突然訪れる、急に一人ぼっちになって

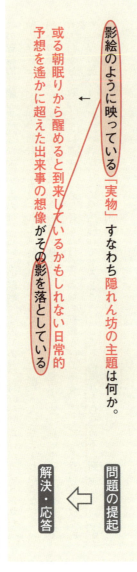

しまう経験。その経験のための備えを、子どものうちに「隠れん坊」という「模型」で身につけているのだ、そう述べているわけですね。

最終第4段落は、冒頭の一文が《括進法》です。重要な文ですから、注目します。「おとぎ話」という話題が新たに登場して、「隠れん坊」の世界と同じ主題をもって対応している、と述べられています。同じ主題ですから、もちろん「或る朝眠りから醒めると到来しているかもしれない日常的予想を遥かに超えた出来事の想像」です。「おとぎ話」も「隠れん坊」と同じように、子どもたちに「ある朝起きたら突然訪れているかもしれない想像を超えたショックな出来事」を伝えようとしている、ということですね。

4 こうして、「親指太郎」の世界と「隠れん坊」の世界とは全く同じ主題をもって対応しているのであった。違いは、一方が言葉で話され耳で聞く（或は読む）のに対して、他方は仲間と一緒に身体を使って行為することにあり、従ってまた一方が主として家の内部を場とするのに対して他方は外の行動的世界を場とする点で異なり、一方が多くの場合老人である一人の話し手を必要とするのに対して他方は同輩の集団だけを必要とする点で異なっていたに過ぎなかった。両者は同じ主題が形態を全く異にして現れたものに他ならなかった。遊戯としての「隠れん坊」は、聞き覚えた「おとぎ話」の寸劇的翻案なのであり、身体の行為で集団的に再話した「おとぎ話」なのであり、遊戯の形で演じられた「おとぎ話」の実践版なのであった。その「小演劇」が舞台装置や衣装や化粧や小道具やそして科白までを一切必要としていないところに、いかにも「おとぎ話」の実践版にふさわしい空想的想像力が現れていると言えるであろう。

段落の中盤で、「隠れん坊」と「おとぎ話」の違う部分が色々と挙げられていますが、「〜に過ぎなかった」という〈文末表現〉が示すように大した違いではないと筆者は考えています。両者は同じ主題が違う形で現れたものに「他ならなかった」わけです。**《文末の強調表現》**ですね。「おとぎ話」を寸劇［＝短い劇］にして実演した実践版が「隠れん坊」だと述べています。

結局、この段落は最後まで「隠れん坊」と「おとぎ話」は同じ主題をもって対応しているということを言い換えていただけでした。**《1¶＝1idea》**ですね。冒頭が《括進法》の重要な文だったわけですから、「きっと《1¶＝1idea》だろうな」と思いながら読むことができれば、**読解のスピードアップができます。**もちろん例外もありますが、先を予想すること自体は悪いことではありません。意識していってください。

最後の一文が、苦手な人はわかりにくかったかもしれませんね。「おとぎ話」を読むためには空想世界を想像する力が必要です。お話の中に、巨人が出てきたり、妖精が出てきたりするわけですから、その世界を理解するためには空想力が必要です。そんな「おとぎ話」の世界を寸劇にした「隠れん坊」には、劇なのに衣装もなければセリフもありません。ないということは空想する力が必要です。このように「どちらも空想的な想像力が必要だ」という意味で、やっぱり「隠れん坊」は「おとぎ話」の実践版にふさわしい、と言っているわけです。

今、最後の文を詳しく説明しましたが、この段落のメインは「隠れん坊」と「おとぎ話」の世界は、同じ主題をもって対応している、の部分です。それがわかっていれば大丈夫。隅々までわかっているに越したことはありませんが、文章の**論の根幹をつかみ取る意識**で読んでいきましょう。以上が【文章Ⅰ】のポイントです。

【文章Ⅱ】の本文解説

次に【文章Ⅱ】のポイントを解説していきます。【文章Ⅰ】よりはこちらの方が読みやすかったのではないでしょうか。再度強調しておきますが、**共通テストでは細かな表現の理解が問われているわけではありません。「大きく論旨がつかめているか」、「それを他の文章や資料と比較・検討できるか」が重要です。**だから視点を大きく持って大丈夫。論旨を追いかけていきましょう。

第1段落では、筆者の住む地域では、子どもたちが「普通の隠れん坊」をしなくなって「変形した隠れん坊」「複数オニ・陣オニ」をするようになった、と述べています。

1 私の住む東京都品川区の旗の台の近辺では子どもたちが普通の隠れん坊をすることはほとんどない。そのかわりに変型した隠れん坊はしばしばおこなわれている。商店街の裏手の入り組んだ路地や、整地中の小工場の跡地や、まだ人の入っていない建て売り住宅の周りや、周囲のビルに押しつぶされそうな小公園で、子どもたちの呼び方では「複数オニ」とか「陣オニ」といった隠れん坊の変り種が生き延びている。その変り種のなかでも、かんけりは子どもたちに好まれている。

これは単に「事実」が述べられているだけで「筆者の主張」ではありません。主張を探して先を読み進めます。

ところで、みなさんは文章を読む時に、書かれていることが**「事実」なのか「主張」なのかという区別**を意識していますか？

そこに書かれていることが「事実（fact）」なのか、それとも「筆者の意見（opinion）」なのかを区別することはとても大切です。**特にみなさんが「探究活動」を進めていく過程ではそうです。**ある文献を「資料」として使って自分の考えを深めたり、意見を発表したりするような時には、この区別が非常に重要になります。「事実」は客観的なものですが、「意見」はそれがいかに客観性を保とうとしたものであっても「その文献の筆者の見方」だからです。「資料」として用いる以上、そのことは意識しておく必要があります。**だから、こうした区別をする力は、「新しい学び」において教科を超えて重要になるんです。**たとえば、みなさんは次の英語の試行調査問題（共通テストのモデル問題です）を解いたことがあるでしょうか。

第 2 問 （配点 20）

A You are a member of the cooking club at school, and you want to make something different. On a website, you found a recipe for a dish that looks good.

EASY OVEN RECIPES

Here is one of the top 10 oven-baked dishes as rated on our website. You will find this dish healthy and satisfying.

Meat and Potato Pie

Ingredients (serves about 4)

A	1 onion	2 carrots	500g minced beef
	× 2 flour	× 1 tomato paste	× 1 Worcestershire sauce
	× 1 vegetable oil	× 2 soup stock	salt & pepper
B	3 boiled potatoes	40g butter	
C	sliced cheese		

Instructions

Step 1: Make A

1. Cut the vegetables into small pieces, heat the oil, and cook for 5 minutes.
2. Add the meat and cook until it changes color.
3. Add the flour and stir for 2 minutes.
4. Add the soup stock, Worcestershire sauce, and tomato paste. Cook for about 30 minutes.
5. Season with salt and pepper.

Step 2: Make B

1. Meanwhile, cut the potatoes into thin slices.
2. Heat the pan and melt the butter. Add the potatoes and cook for 3 minutes.

Step 3: Put A, B, and C together, and bake

1. Heat the oven to 200℃.
2. Put A into a baking dish, cover it with B, and top with C.
3. Bake for 10 minutes. Serve hot.

REVIEW & COMMENTS

cooking@master *January 15, 2018 at 15:14*
This is really delicious! Perfect on a snowy day.

Seaside Kitchen *February 3, 2018 at 10:03*
My children love this dish. It's not at all difficult to make, and I have made it so many times for my kids.

問 4 According to the website, one fact (not an opinion) about this recipe is that it is [9].

① highly ranked on the website
② made for vegetarians
③ perfect for taking to parties
④ very delicious

問 5 According to the website, one opinion (not a fact) about this recipe is that [10].

① a parent made this dish many times
② it is easy to cook
③ it is fun to cook with friends
④ the recipe was created by a famous cook

ウェブサイトに掲載されている情報が「事実（fact）」なのか「意見（opinion）」なのかを判断させる問題です。**まさに教科の違いを超えて、新しい学びに向かっている**ことの証しですね。共通テストはこうして、**テストを変えることによって高校での学びの変革を促していこうとしている**わけです。

本文に戻ります。第１段落で、子どもたちが「普通の隠れん坊」をしなくなって「変形した隠れん坊」である「複数オニ・陣オニ」をするようになったと述べた後、第２・３段落は、「複数オニ」や「陣オニ」がどういうものなのかを説明していました。

第４段落に入って、いよいよ筆者の主張が出てきます。

4 子どもたちが集まって何かして遊ぼうとするときに、隠れん坊をしないで「複数オニ」や「陣オニ」をすることには見過ごし難い意味がありそうだ。（隠れん坊は、藤田省三が「或る喪失の経験――隠れん坊の精神史――」という論文（『精神史的考察』平凡社、一九八二年、所収）で述べたように、人生の旅を凝縮して型取りした身体ゲームである。オニはひとり荒野を彷徨し、隠れる側はどこかに「籠る」という対照的な構図はあるけれども、いずれも同じ社会から引き離される経験であり、オニは隠れていた者を見つけることによって仲間のいる社会に復帰し、隠れた者もオニに見つけてもらうことによって擬似的な死の世界から蘇生して社会に戻ることができる。）隠れん坊が子どもの遊びの世界から消えることは、子どもたちが相互に役割を演じ遊ぶことによって自他を再生させつつ社会に復帰する演習の経験を失うということである。D たしかに「複数オニ」や「陣オニ」はおこなわれているけれども、それらはもはや普通の隠れん坊の退屈さを救うためにアクセントをつけた、といったていどのことではない。

1文目で、隠れん坊をしないで複数オニ・陣オニをすることには「見過ごし難い意味がありそうだ」と述べています。「見過ごせない」と言っているんですから**《文末の強調表現》**です。それほど両者の間には違いがあるということですね。段落頭の一文が強調された重要な文ですから、この段落の続きは「言い換えかな」と予想してください。《1¶＝1idea》です。予想通り、段落末の傍線部Dでも、「（両者の違いは）アクセントをつけた、といったていどのことではない」と言っていますから、違いはかなり大きい、ということを繰り返しています。

段落の（中間部分）では「普通の隠れん坊」について藤田省三『精神史的考察』の主張を用いながら説明しています。気づきましたか？　そうです。**【文章Ⅰ】の本を用いている**んですね。まとめてみましょう。

隠れん坊 … 人生の旅を凝縮して型取りした身体ゲーム

＝

オニ　ひとり荒野を彷徨《さまよ》う
隠れる者　どこかに籠《こも》る
→ いずれも社会から引き離される経験

⇦

オニ　見つけることで
隠れた者　見つけてもらうことで
→ 自他ともに社会復帰する経験

オニはひとりで彷徨《さまよ》う、隠れたものはどこかに籠るという違いはあるけれど、どちらも一人ぼっちになる点では同じです。そんな「一人ぼっち＝社会から引き離された状態」から、オニは隠れた者を見つけることで、隠れた者はオニに見つけられることで、一人ぼっちではなくなって社会に復帰する。こんなふうに「自他ともに再生させつつ社会復帰する」「演習の経験」が「隠れん坊」だと述べています。

隠れん坊 ↔ **隠れん坊の変形**

＝

子どもたちが相互に役割を演じ遊ぶことによって自他を再生させつつ社会復帰する演習の経験

これに対する「変形の隠れん坊」については、続く第5・6・7段落で説明されています。

5 小学六年生の男の子から聞いた話を翻案すれば、「複数オニ」の演習の主題は裏切りである。オニが目をつぶってかぞえている間に子どもたちはいっせいに逃げる。それぞれ隠れ場所を工夫しても、同じ方向に逃げれば、近くにいる者同士は互いにどの辺に隠れているかを知っている。そのとき一方が見つかれば即座にオニという名のスパイに変じて、寸秒前に仲間だった者の隠れ家をあばくことになる。近くに隠れた者との仲間意識は裏切り・裏切られる(ウ)コウジョウ的な不安によって脅かされている。連帯と裏切りとの相互(エ)ヘンカンが半所属の不安を産み出し、その不安を抑えこもうとして、裏切り者の残党狩りはいっそう苛酷なものになる。オニは聖なる媒介者であることをやめて秘密警察に転じ、隠れる側も一人ひとりが癒し難い離隔を深めつつ、仲間にスパイを抱えた逃亡者集団と化す。

6 「陣オニ」について、さきほどの少年は「自分だけ助かればよい」ゲームだという。「陣オニ」の本質をいいつくした説明であろう。「陣」になる木や石は、元来呪的な意味をもち、集団を成り立たせる中心であった。だが今日子どもたちのおこなう「陣オニ」では、「陣」は社会秩序そのものであり、「陣」に触れることは、自分を守ってくれる秩序へのコミットメントを競争場裡で獲得すること、選良の資格を手にすることである。社会秩序の中心と私的エゴイズムとを結びつけるための単独行的な冒険ということが、「陣オニ」の演習の本義なのだ。

7 隠れん坊の系譜をはずれた身体ゲームのなかで子どもたちに好まれている遊びは「高オニ」である。「高オニ」は、土の盛り上がったところ、石段の上部、ブロック塀の上など、オニの立った平面よりもより高い位置に立つことによってオニになることを免れる遊びで、鬼ごっこの一種と考えられる。この遊びの演習課題は、人より高い位置に立つこと、より高みをめざすことがポイントである。

「複数オニ」「陣オニ」「高オニ」について、一つの段落で一つずつ説明されています。《1¶＝1idea》になっていますね。「複数オニ」は「裏切り」が主題、「陣オニ」は「自分さえ助かればよい」ゲーム、「高オニ」は人より高い位置に立つことを目指すことがポイントのゲームだと述べています。

このようにまとめられます。

隠れん坊 ←→ 隠れん坊の変形

＝

子どもたちが相互に役割を演じ

「複数オニ」 主題は裏切り

遊ぶことによって自他を再生させつつ社会復帰する演習の経験　「陣オニ」「高オニ」

自分だけ助かればよいゲーム
人より高い位置に立つことを目指す

両者を比べたことで、色をつけた文字の部分が比較の焦点だとわかります。「隠れん坊」が「自他を再生させる」のに対して、「変形の隠れん坊」の方は、友達を「裏切って」「自分だけ助かって」「人より高い位置に立つ」ことを目指すようなものです。自分も他人も助かるか、自分だけ助かればよいか。筆者が言うように、両者はまったく違っていますね。

第8・9段落では、このような「複数オニ」「陣オニ」「高オニ」の延長上にあるのが人生ゲームだと述べたあとで、こうした遊びのありようは大人のコスモロジー〔＝世界観。世界をどのように見るか〕の模型だと述べています。

9 「複数オニ」「陣オニ」「高オニ」の行き着く先が「人生ゲーム」といえるのではないか。これらのすべての身体ゲームが共通のコスモロジーをもっている。それは、私生活主義と競争民主主義に主導された市民社会の模型としてのコスモロジーであり、また、産業社会型の管理社会の透視図法を骨格にもつコスモロジーでもある。これらの身体ゲームを通して、子どもたちは現実の社会への適応訓練をおこない、おとなの人生の写し絵を身体に埋め込むのである。

「周囲を蹴落として、自分がのし上がればいい」。そんな社会を大人たちが生きている。子どもの遊びはその模型だと、筆者は考えているということです。本文の最後では、子どもたちはこうした遊びを通して、そうした大人の社会への適応訓練をおこなっているのだ、と述べています。「遊び」を「社会への適応訓練をさせるもの」と捉える点では【文章Ⅰ】と同じ見方です。以上が【文章Ⅱ】のポイントとなります。

＊リーディングスキルテスト（ＲＳＴ）

国立情報学研究所の新井紀子教授を中心とした研究チームが、大学入試を突破する人工知能（ＡＩ）の研究を通して開発した、基礎的読解力を科学的に測定するためのテスト。「日本語のルールに従って教科書の文章を読むことができない生徒がいるのではないか」という仮説からスタートしている。

設問分析

問1

漢字で失点するのはもったいない。たとえば「(オ)なんて知らないよー」という人は単なる練習不足です。難しい表現でも「出るものは出る！」。(オ)が出たら「もらった！」と思ってニヤッと笑えるように、コツコツ覚えておこう。

(ア)「**凝**縮」（①仰天、②形相、③業績、④**凝**視、⑤苦行）正解は④です。
(イ)「**隔**離」（①合格、②遠**隔**、③革新、④的確、⑤獲得）正解は②です。
(ウ)「**恒**常的」（①**恒**例、②貢献、③振興、④均衡、⑤小康）正解は①です。
(エ)「変**換**」（①勧誘、②寛大、③鑑定、④帰還、⑤**換**気）正解は⑤です。
(オ)「多**寡**」（①豪華、②負荷、③**寡**黙、④貨物、⑤過分）正解は③です。

問2

近年のセンター試験では姿を消していた【指示語の指示内容を単純に問う問題】ですが、今後は復活する可能性があると思います。各方面から注目されているリーディングスキルテスト［＊前ページ］の受検結果を見ても、「係り受け解析（SV関係や修飾関係など文の基本構造の把握）」や「照応解決（指示語などの代名詞が指示する内容の把握）」ができない高校生が一定数存在することがわかっています。苦手な人は、文構造や指示語の指示する内容などを意識して読む習慣をつけていきましょう。

この問題も、基本的な文構造の把握がポイントです。

主語 隠れん坊は、
こうした一連の深刻な経験を…単純化し、…を切り落として、…集約して、
述語 それ自身の中に埋め込んでいる遊戯なのであった。

「隠れん坊」は「遊戯なのであった」というSV関係です。それが押さえられれば、「隠れん坊は、それ自身（隠れん坊自身）の中に埋め込んでいる遊戯なのであった」という文の係り受けになるので、**解答は④**に決まります。

問3

傍線部Bの説明問題です。本文解説の80〜82ページで丁寧に説明したところです。傍線部を次のように置き換えることができますね。

この遊戯を繰り返すことを通して、遊戯者としての子供はそれと気附かない形で次第に心の底に一連の基本的経験に対する胎盤を形成していったことであろう。

一連の基本的経験 → 一連の深刻な経験
胎盤 → その経験に備える土台

これを踏まえて、選択肢を見ていきましょう。

①　次第に量的に増大していく経験のために、まず、いかなる経験にも耐えられるように肉体を鍛えあげるということ。

②　やがて遭遇するであろう数々の経験に対して、それを受け入れる構えのようなものを身につけていくということ。

③　やがて経験を通して習得する行動の手順を、前もって遊戯という基礎訓練によって学んでいくということ。

④　やがて遭遇するであろう深刻な経験を想定して、そのための基本的知識を身につけていくということ。

⑤　遊戯をくり返すことによって、将来の経験のために社会生活のルールを身体でもって覚えていくということ。

「一連の基本的経験」の説明は④がいいのですが、④は他の部分が違っています。まず「想定して」が×。傍線部の直前に「子供はそれと気附かない形で」とありますから、将来の深刻な経験を「想定して」いたという説明はダメです。さらに「基本的知識を身につけていく」というのも「胎盤を形成」の説明として×です。

「胎盤」という比喩の説明部分を見ていくと、選択肢①「肉体」、選択肢③「行動の手順」、選択肢⑤「社会生活のルール」ですべて×。②の「それを受け入れる構えのようなもの」は「今の自分が将来の経験を受け入れるためのもの」ということですから「胎盤」という比喩の説明ができています。

以上より、**解答は②**に決定します。

問4

傍線部Cを説明する問題です。本文解説の85ページで説明したところですね。

遊戯上のこの経験の核心の部分に影絵のように映っている「実物」は一体何か。すなわち隠れん坊の主題は何であるのか。

或る朝眠りから醒めると到来しているかもしれない日常的予想を遙かに超えた出来事の想像がその影を落としている。

「親指太郎」の世界と「隠れん坊」の世界とは全く同じ主題をもって対応しているC

と傍線部を置き換えできますね。選択肢を見ていきましょう。

① 両者には「聞く」ことと「演ずる」ことという次元の違いはあるが、どちらも集団遊戯を主題としている。×

② 一方は大人が関与し、もう一方は子供に限定されるという違いはあるが、どちらも空想的な世界を主題としている。×

③　大人の世界にも共通するものがあるかどうかという点で異なるが、どちらも想像力による遊戯を主題としている。×

④　両者は言葉と行動という異なる世界に属しているが、どちらも日常的予想を超えた経験を主題としている。○

⑤　一方は大人の世界にも通じ、他方は子供の世界に限定されるが、どちらも日常生活に潜む孤独を主題としている。×

解答は④で即決です。「主題」の説明がきちんとできているものは、これしかありません。迷った人がいるとすれば、**選択肢を本文に照らし合わせて「本文に書いてあるかないか」を見て○×をしている人**ではないでしょうか。たとえば、「③の想像力っていうのも本文に書いてあるなー」とか、「⑤の孤独も書いてあったよなー」とか。単語や表現だけを見て○×をするのではなく、きちんと読解から考える習慣をつけていってください。今回説明すべきは［　　］。その説明ができているのは④だけです。

問5

傍線部Dを説明する問題です。本文解説の90ページで説明したところですね。

隠れん坊
＝
子どもたちが相互に役割を演じ遊ぶことによって自他を再生させつつ社会復帰する演習の経験

↕

隠れん坊の変形

「複数オニ」　主題は裏切り
「陣オニ」　自分だけ助かればよいゲーム
「高オニ」　人より高い位置に立つことを目指す

ここでの**〈対比の焦点〉**は色のついた部分、「隠は自分も他人も助かるが、変は自分だけが助かればよい」でしたね。選択肢を見ていきましょう。

選択肢冒頭の「……点で」という部分で〈対比の焦点〉が説明されています。ほとんどの選択肢で〈対比の焦点〉がずれていることに気づいたでしょうか。

① 「複数オニ」や「陣オニ」は、子どもたちがいくつもの役割を相互に演じ遊ぶ点で、× ……

② 「複数オニ」や「陣オニ」は、オニに捕まった者も助かる契機が与えられている点で、× ……

③ 「複数オニ」や「陣オニ」は、オニも隠れた者も仲間のもとに戻ることが想定されていない点で、○

④ 「複数オニ」や「陣オニ」は、子どもたちの自由を制限するさまざまなルールが付加されている点で、×

⑤ 「複数オニ」や「陣オニ」は、隠れた者も途中でオニに転じることになっている点で、×

こんなふうに〈焦点化〉して見ることができていれば、説明すべきことは「自分も他人も社会復帰できる（助かる）かどうか」ですから、この時点で③しか残らないんです。

ところが苦手な人は「選択肢を一つずつ本文に照合」して「本文に書いてあるかないか」をチェックしてしまう。**文脈ではなくて「単語」や「フレーズ」レベルで照らし合わせている。それでは「視力検査」です。**そうではなくて「今ここで筆者が論じていることの〈焦点〉は何か」をきちんと「読んで」いく意識を持ってください。そうすれば選択肢を切るスピードも上がります。

選択肢③の後半を確認しておくと、

③　…点で、従来の隠れん坊の本質であった、社会から離脱し復帰する要素を完全に欠いてしまっているということ。

で、後半も「自分も他人も社会復帰できる（助かる）かどうか」が焦点になっていますね。内容も社会復帰できる要素を「欠いている」なので、本文に合致しています。

他の選択肢の後半部分も、確認しておくことにしましょう。

①　…点で、従来の隠れん坊の枠をこえた、人生の行程が凝縮して経験される苛酷な身体ゲームになってしまっているということ。

②　…点で、従来の隠れん坊にはなかった、擬似的な死の世界から蘇生する象徴的意味を内包してしまっているということ。

④　…点で、従来の隠れん坊とは異質な、管理社会のコスモロジーに主導された遊びに変質してしまっ

ているということ。○

⑤ …点で、従来の隠れん坊の本義であった、相互の役割を守りつつ競い合う精神からは逸脱してしまっているということ。×

選択肢①は、「人生の行程が凝縮して経験される苛酷な身体ゲーム」が×です。「複数オニ」や「陣オニ」のことを「苛酷な身体ゲーム」とは言っていません（身体的にハードなわけではないですよね）。

選択肢②は、「従来の隠れん坊にはなかった、擬似的な死の世界から蘇生する象徴的意味」が×です。第4段落にあったように、むしろ「擬似的な死の世界から蘇生する」のは「従来の隠れん坊」の方です。

選択肢④は、「管理社会のコスモロジーに主導された遊びに変質してしまっている」という部分は、第9段落の内容に合致していますから、そういう意味では○です。でも繰り返しているように、ここでの焦点は「自他ともに社会復帰できるか否か」であって「ルールによって管理されているか否か」ではありません。ですから④は×です。

選択肢⑤は、「従来の隠れん坊の本義であった、相互の役割を守りつつ競い合う精神」が×です。「競い合う」のは「変形の隠れん坊」の方ですね。以上より、**解答は③**に決定します。

問6

【資料】の内容を理解した上で、【文章Ⅰ】と【文章Ⅱ】との三者関係を説明する問題です。探究活動をモチーフにした出題ですね。

まずは【資料】の内容を確認してみましょう。

（前略）こうして遊びは、現実の社会生活の模型として、その準備、模擬学習の場であり、あるいは逆に、現実の社会行動、言語的コミュニケーション、競争としての経済活動や法活動、ときには戦争さえも、一種の遊びと見なされることにもなる。だがそうだとして、いったい、われわれがよく知っている、かくれんぼという遊び行動と現象を染めあげている色合い、つまり、どこまでもおたがいに呼びかけ、わらいかけあいつつ、どこにむかうでもなく追いつ追われつするシーソー・ゲームの、晴れやかで軽快な同調の動きは、どこにいってしまったのだろうか。

「遊び」をⓐと考えたり、ⓑとみなしたりする場合があるが、それらの捉え方では、われわれがよく知っている「かくれんぼ」という遊びの色合い［＝かくれんぼという遊びの感じ］はいったいどこにいってしまったのだろうか、と述べています。要はⓐやⓑのような考え方では「かくれんぼ」という遊びの持つ感じを捉えられない、と言っているわけです。

では、【資料】の筆者は「かくれんぼ」をどのように捉えるべきだと考えているのでしょうか。

遊びの現象の単純さを、そのままにつかみとるためには、われわれはもういちど、かくれんぼという一個の具体的な行動を、その独自の構造、独特の現象様態において見きわめる必要がある。そのためにはまた、おたがいにむきあって「いない・いないばあ」とわらいあう母と子のきわめて単純な行動パターンとチェスやスポーツのゲームの高度に複雑化したルールとをつらぬく共通性と固有性、呪具や道具ともことなる玩具の玩具性、ままごとに見られる役割に扮する行動や意識の独特の様態、またシーソーやブランコに身をあずけ、あるいは遭運の天びんに自身のチャンスを賭けるときの、一種独特の浮遊感覚などについて、これも現象の事実性に即して、つぶさに見てみなければならない。遊びの現象学がめざすのは、遊び一般を他の諸行動を基準として対比することで、結局は、遊びをこれらに解消し、とりにがしてしまうのではなく、あくまでも、個々の行動の記述・分析をつうじて、はたしてそれらのあいだに、「遊び」というひとつのことばで名づけられることができるような共通の構造なり骨格なりが、見いだされないものかどうかをさぐることにある。

ⓐやⓑのように「遊び」を「現実社会」や「現実社会での行動」との関係で捉えるのではなく、【資料】の筆者は「かくれんぼ独自の構造」を見きわめる必要がある、と述べています。**《文末の強調表現》**ですね。「遊び」を「現実社会の模型だ」と捉えてしまうと、結局遊び独自の感じを取り逃してしまう。そうではなくて、あくまで「遊びそのものの現象様態〔＝あり方〕」を見つめることで、遊びを捉えていこう、と述べています。まとめてみましょう。

ⓐやⓑ
＝
遊びを現実社会との関係で捉えようとする

↕

【資料】の筆者
＝
遊びそのものを見つめることで遊びという現象の単純さを捉えよう

以上で【資料】の内容は理解できました。

では、設問の吟味に入ります。【文章Ⅱ】の本文解説の最後でも触れたように、【文章Ⅰ】と【文章Ⅱ】

は「遊び」を「現実社会の模型」と捉える点では共通でした。つまりⓐの捉え方です。ということは、【資料】との三者は次のような関係になります。

【文章Ⅰ・Ⅱ】
＝
遊びを現実社会との関係で捉えようとする

↕

【資料】の筆者
＝
遊びそのものを見つめることで遊びという現象の単純さを捉えよう

選択肢を見ていきましょう。

① 【文章Ⅰ】が「隠れん坊」の意義を積極的に評価しているのに対し、【文章Ⅱ】は「隠れん坊」の子供たちへの影響を否定的に捉えている点で両者は異なっている。その点で【資料】は、【文章Ⅱ】の筆者の立場に近い主張内容だと言える。

② 【文章Ⅱ】では、「隠れん坊」についての筆者の主張とは対立的な考察として【文章Ⅰ】を援用している。【資料】は、【文章Ⅰ】と【文章Ⅱ】の主張内容を包括的に考察しており、両方の意見を弁証法的に昇華する内容であると言える。

③ 【文章Ⅱ】や【資料】における「隠れん坊」についての考察は、いずれも【文章Ⅰ】における藤田省三の主張を基盤にしていると考えられる。その点で三つの文章は、表面的な違いはあるものの、その主張の根幹は共通していると言える。

④ 【文章Ⅰ】は「隠れん坊」を「おとぎ話」との類比から、【文章Ⅱ】はゲームとの類比から捉えている。【資料】では、「隠れん坊」を現実の社会生活との類比で捉えるべきだと論じており、その点で両者とは異なる視点からの考察だと言える。

【文章Ⅰ】と【文章Ⅱ】に共通点があり、【資料】はそれとは異なるという三者関係ですから、選択肢①は【文章Ⅰ】と【文章Ⅱ】の「両者は異なっている」が×です。さらに後半の「その点で【資料】は、【文章Ⅱ】の筆者の立場に近い」も×ですね。

選択肢②も同様に、【文章Ⅱ】と「対立的な考察」として【文章Ⅰ】を捉えている点が×です。

選択肢③は、【文章Ⅱ】や【資料】を「いずれも【文章Ⅰ】における藤田省三の主張を基盤にしていると考えられる」としている点や「その主張の根幹は共通している」と述べている点が×です。

選択肢④は、【資料】では「『隠れん坊』を現実の社会生活との類比で捉えるべきだと論じており」が×ですね。むしろ正反対です。

選択肢⑤は、前半で【文章Ⅰ】と【文章Ⅱ】の共通点をきちんと説明できていますし、後半では、それらに対して【資料】は「現実の社会生活に還元できない遊びの独自性を認めるべきだ」と考えているということが、きちんと説明できています。

⑤ 【文章Ⅰ】と【文章Ⅱ】はいずれも、子供たちが遊びを通して現実社会やそこでの経験に適応する訓練を行っていると捉える点で共通している。【資料】は現実の社会生活に還元できない遊びの独自性を認めるべきだとする点で、両者とは対立的な考察と言える。

以上より、**正解は⑤**となります。

この問題の解説は以上で終了です。複数のテクスト（文章）を比較・検討するという意味が理解できたでしょうか。まずは個々の文章の論旨をきちんと読み取れる力をつけること。個々の文章の論旨がわからなければ、比較のしようがありません。その上で、様々な問題に積極的に取り組んで、複数テクストを比較する共通テストタイプの問題にも慣れていってください。

解説で、なんとなく読み流した部分がある人は、必ずしっかりと読み直して、ばっちりわかった状態にしてくださいね。何度も言いましたが、大切なのは「答えが正解した」ことではなくて、読解や共通テストへの《思考回路》が固まっているかどうかです。

例題 6

目標解答時間 20分

次の【資料Ⅰ】は、【資料Ⅱ】と【文章】を参考に作成しているポスターである。【資料Ⅱ】は著作権法（二〇一六年改正）の条文の一部であり、【文章】は名和《なわ》小太郎《こたろう》の『著作権2.0 ウェブ時代の文化発展をめざして』（二〇一〇年）の一部である。これらを読んで、後の問い（問1～6）に答えよ。なお、設問の都合で【文章】の本文の段落に1～18の番号を付し、表記を一部改めている。

【資料Ⅰ】

著作権のイロハ

著作物とは（「著作権法」第二条の一より）

- ☑「思想または感情」を表現したもの
- ☑思想または感情を「創作的」に表現したもの
- ☑思想または感情を「表現」したもの
- ☑「文芸、学術、美術、音楽の範囲」に属するもの

著作物の例

言語	音楽
・小説 ・脚本 ・講演　等	・楽曲 ・楽曲を伴う歌詞　等

舞踏・無言劇	美術	地図・図形
・ダンス ・日本舞踊 ・振り付け　等	・絵画 ・版画 ・彫刻　等	・学術的な図面 ・図表 ・立体図　等

著作権の例外規定（権利者の了解を得ずに著作物を利用できる）

〈例〉市民楽団が市民ホールで行う演奏会

【例外となるための条件】

a

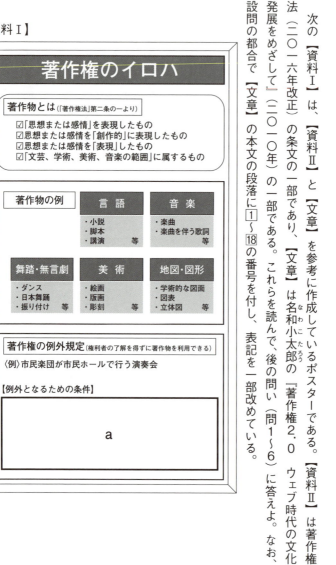

【資料Ⅱ】

「著作権法」（抄）

（目的）
第一条　この法律は、著作物並びに実演、レコード、放送及び有線放送に関し著作者の権利及びこれに隣接する権利を定め、これらの文化的所産の公正な利用に留意しつつ、著作者等の権利の保護を図り、もつて文化の発展に寄与することを目的とする。

（定義）
第二条　この法律において、次の各号に掲げる用語の意義は、当該各号に定めるところによる。
一　著作物　思想又は感情を創作的に表現したものであつて、文芸、学術、美術又は音楽の範囲に属するものをいう。
二　著作者　著作物を創作する者をいう。
三　実演　著作物を、演劇的に演じ、舞い、演奏し、歌い、口演し、朗詠し、又はその他の方法により演ずること（これらに類する行為で、著作物を演じないが芸能的な性質を有するものを含む。）をいう。

（技術の開発又は実用化のための試験の用に供するための利用）
第三十条の四　公表された著作物は、著作物の録音、録画その他の利用に係る技術の開発又は実用化のための試験の用に供する場合には、その必要と認められる限度において、利用することができる。

（営利を目的としない上演等）
第三十八条　公表された著作物は、営利を目的とせず、かつ、聴衆又は観衆から料金（いずれの名義をもつてするかを問わず、著作物の提供又は提示につき受ける対価をいう。以下この条において同じ。）を受けない場合には、公に上演し、演奏し、上映し、又は口述することができる。ただし、当該上演、演奏、上映又は口述について実演家又は口述を行う者に対し報酬が支払われる場合は、この限りでない。

（時事の事件の報道のための利用）
第四十一条　写真、映画、放送その他の方法によつて時事の事件を報道する場合には、当該事件を構成し、又は当該事件の過程において見られ、若しくは聞かれる著作物は、報道の目的上正当な範囲内において、複製し、及び当該事件の報道に伴つて利用することができる。

【文章】

1 著作者は最初の作品を何らかの実体——記録メディア——に載せて発表する。その実体は紙であったり、カンバスであったり、空気振動であったり、光ディスクであったりする。この最初の作品をそれが載せられた実体とともに「原作品」——オリジナル——と呼ぶ。

2 著作権法は、じつは、この原作品のなかに存在するエッセンスを引き出して「著作物」と定義していることになる。そのエッセンスとは何か。A記録メディアから剝がされた記号列になる。著作権が対象とするものは原作品ではなく、この記号列としての著作物である。

3 論理的には、著作権法のコントロール対象は著作物である。しかし、そのコントロールは著作物という概念を介して物理的な実体——複製物など——へと及ぶのである。現実の作品は、物理的には、あるいは消失し、あるいは拡散してしまう。だが著作権法は、著作物を頑丈な概念として扱う。

4 もうひと言。著作物は、かりに原作品が壊されても盗まれても、保護期間内であれば、そのまま存続する。また、破れた書籍のなかにも、音程を外した歌唱のなかにも、存在する。現代のプラトニズム、とも言える。

5 著作物は、多様な姿、形をしている。繰り返せば、テキストに限っても——そして保護期間について眼をつむれば——それは神話、叙事詩、叙情詩、法典、教典、小説、哲学書、歴史書、新聞記事、理

キーワード	排除されるもの
思想または感情	外界にあるもの(事実、法則など)
創作的	ありふれたもの
表現	発見、着想
文芸、学術、美術、音楽の範囲	実用のもの

表1 著作物の定義

工系論文に及ぶ。いっぽう、表1の定義にガッチ(ア)するものを上記の例示から拾うと、もっともテキゴウ(イ)するものは叙情詩、逆に、定義になじみにくいものが理工系論文、あるいは新聞記事ということになる。理工系論文、新聞記事には、表1から排除される要素を多く含んでいる。

6 ということで、著作権法にいう著作物の定義は叙情詩をモデルにしたものであり、したがって、著作権の扱いについても、その侵害の有無を含めて、この叙情詩モデルを通しているのである。それはテキストにとどまらない。地図であっても、伽藍《がらん》であっても、ラップであっても、プログラムであっても、それを叙情詩として扱うのである。

	叙情詩型	理工系論文型
何が特色	表現	着想、論理、事実
誰が記述	私	誰でも
どんな記述法	主観的	客観的
どんな対象	一回的	普遍的
他テキストとの関係	なし（自立的）	累積的
誰の価値	自分	万人

表2　テキストの型

7 だが、ここには無方式主義(注1)という原則がある。このために、著作権法は叙情詩モデルを尺度として使えば排除されてしまうようなものまで、著作物として認めてしまうことになる。

8 叙情詩モデルについて続ける。このモデルの意味を確かめるために、その特性を表2として示そう。比較のために叙情詩の対極にあると見られる理工系論文の特性も並べておく。

9 表2は、具体的な著作物——テキスト——について、表1を再構成したものである。(B) ここに見るように、叙情詩型のテキストの特徴は、「私」が「自分」の価値として「一回的」な対象を「主観的」に「表現」として示したものとなる。逆に、理工系論文の特徴は、「誰」かが「万人」の価値として「普遍的」な対象について「客観的」に「着想」や「論理」や「事実」を示すものとなる。

10 話がくどくなるが続ける。二人の詩人が「太郎を眠らせ、太郎の屋根に雪ふりつむ。」(注2)というテキストを同時にべつべつに発表することは、確率的に見てほとんどゼロである。このように、叙情詩型のテキストであれば、表現の希少性は高く、したがってその著作物性——著作権の濃さ——は高い。

11 いっぽう、誰が解読しても、特定の生物種の特定の染色体の特定の遺伝子に対するDNA配列は同じ表現になる。こちらの著作物性は低く、したがって著作権法のコントロール領域の外へはじき出されてしまう。その記号列にどれほど研究者のアイデンティティが凝縮していようと、どれほどコストや時間が投入されていようと、どれほどの財産的な価値があろうとも、である。じつは、この型のテキストの価値は内容にある。その内容とはテキストの示す着想、論理、事実、さらにアルゴリズム(注3)、発見などに及ぶ。

12 多くのテキスト——たとえば哲学書、未来予測シナリオ、歴史小説——は叙情詩と理工系論文とをリョウタン(ウ)とするスペクトル(注4)のうえにある。その著作物性については、そのスペクトル上の位置を参照すれば、およその見当はつけることができる。

13 表2から、どんなテキストであっても、「表現」と「内容」とを二重にもっている、という理解を導くこともできる。それはフェルディナン・ド・ソシュール(注5)の言う「記号表現」と「記号内容」に相当する。叙情詩尺度は、つまり著作権法は、このうち前者に注目し、この表現のもつ価値の程度によって、その記号列が著作物であるのか否かを判断するものである。ここに見られる表現の抽出と内容の排除とを、法学の専門家は「表現／内容の二分法」と言う。

14 いま価値というあいまいな言葉を使ったが、およそ何であれ、「ありふれた表現」でなければ、つまり希少性があれば、それには価値が生じる。著作権法は、テキストの表現の希少性に注目し、それが際立っているものほど、そのテキストは濃い著作権をもつ、逆であれば薄い著作権をもつと判断するのである。この二分法は著作権訴訟においてよく言及される。争いの対象になった著作物の特性がより叙情詩型なのか、そうではなくてより理工系論文型なのか、この判断によって侵害のありなしを決めることになる。

利用目的＼著作物		固定型	散逸型	増殖型
そのまま		展示	上映、演奏	——
複製		フォトコピー	録音、録画	デジタル化
移転		譲渡、貸与	放送、送信、ファイル交換	
二次的利用	変形	翻訳、編曲、脚色、映画化、パロディ化 リバース・エンジニアリング（注６）		
	組込み	編集、データベース化		

表３　著作物の利用行為（例示）

15 著作物に対する操作には、著作権に関係するものと、そうではないものとがある。前者を著作権の「利用」と言う。そのなかには多様な手段があり、これをまとめると表３となる。「コピーライト」という言葉は、この操作をすべてコピーとみなすものである。その「コピー」は日常語より多義的である。

16 表３に示した以外の著作物に対する操作を著作物の「使用」と呼ぶ。この使用に対して著作権法ははたらかない。何が「利用」で何が「使用」か。その判断基準は明らかでない。

17 著作物の使用のなかには、たとえば、書物のエツラン(エ)、建築への居住、プログラムの実行などが含まれる。したがって、海賊版の出版は著作権に触れるが、海賊版の読書に著作権は関知しない。じつは、利用や使用の事前の操作として著作物へのアクセスという操作がある。これも著作権とは関係がない。

18 このように、著作権法は「利用／使用の二分法」も設けている。この二分法がないと、著作物の使用、著作物へのアクセスまでも著作権法がコントロールすることとなる。このときコントロールはカジョウ(オ)となり、正常な社会生活までも抑圧してしまう。たとえば、読書のつど、居住のつど、計算のつど、その人は著作者に許可を求めなければならない。ただし、現実には利用と使用との区別が困難な場合もある。

（名和小太郎『著作権2.0 ウェブ時代の文化発展をめざして』による）

（注）1 無方式主義 —— 著作物の誕生とともに著作権も発生するという考え方。

2 「太郎を眠らせ、太郎の屋根に雪ふりつむ。」 —— 三好達治「雪」の一節。

3 アルゴリズム —— 問題を解決する定型的な手法・技法や演算手続きを指示する規則。

4 スペクトル —— 多様なものをある観点に基づいて規則的に配列したもの。

5 フェルディナン・ド・ソシュール —— スイス生まれの言語学者（一八五七〜一九一三）。

6 リバース・エンジニアリング —— 一般の製造手順とは逆に、完成品を分解・分析してその仕組み、構造、性能を調べ、新製品に取り入れる手法。

問1　傍線部(ア)〜(オ)の漢字と同じ漢字を含むものを、次の各群の①〜⑤のうちから、それぞれ一つずつ選べ。

(ア)　ガッチする
① チメイ的な失敗
② 火災ホウチ器
③ チセツな表現
④ チミツな頭脳
⑤ 再考のヨチがある

(イ)　テキゴウする
① プロにヒッテキする実力
② テキドに運動する
③ 窓にスイテキがつく
④ ケイテキを鳴らす
⑤ 脱税をテキハツする

(ウ)　リョウタン
① タンセイして育てる
② 負傷者をタンカで運ぶ
③ 経営がハタンする
④ ラクタンする
⑤ タンテキに示す

(エ) エッラン
① 橋のランカンにもたれる
② シュツランの誉れ
③ ランセの英雄
④ イチランに供する
⑤ 事態はルイランの危うきにある

(オ) カジョウ
① ジョウヨ金
② ジョウチョウな文章
③ 米からジョウゾウする製法
④ 金庫のセジョウ
⑤ 家庭のジョウビ薬

問2 傍線部A「記録メディアから剝がされた記号列」とあるが、それはどういうものか。【資料Ⅱ】を踏まえて考えられる例として最も適当なものを、次の①～⑤のうちから一つ選べ。

① 実演、レコード、放送及び有線放送に関するすべての文化的所産。
② 小説家が執筆した手書きの原稿を活字で印刷した文芸雑誌。
③ 画家が制作した、消失したり散逸したりしていない美術品。
④ 作曲家が音楽作品を通じて創作的に表現した思想や感情。
⑤ 著作権法ではコントロールできないオリジナルな舞踏や歌唱。

問3　【文章】における著作権に関する説明として最も適当なものを、次の①～⑤のうちから一つ選べ。

① 著作権に関わる著作物の操作の一つに「利用」があり、著作者の了解を得ることなく行うことができる。音楽の場合は、そのまま演奏すること、録音などの複製をすること、編曲することなどがそれにあたる。

② 著作権法がコントロールする著作物は、叙情詩モデルによって定義づけられるテキストである。したがって、叙情詩、教典、小説、歴史書などがこれにあたり、新聞記事や理工系論文は除外される。

③ 多くのテキストは叙情詩型と理工系論文型に分類することが可能である。この「二分法」の考え方に立つことで、著作権訴訟においては、著作権の侵害の問題について明確な判断を下すことができている。

④ 著作権について考える際には、「著作物性」という考え方が必要である。なぜなら、遺伝子のDNA配列のように表現の希少性が低いものも著作権法によって保護できるからである。

⑤ 著作物にあたるどのようなテキストも、「表現」と「内容」を二重にもつ。著作権法は、内容を排除して表現を抽出し、その表現がもつ価値の程度によって著作物にあたるかどうかを判断している。

問4 傍線部B「表2は、具体的な著作物――テキスト――について、表1を再構成したものである。」とあるが、その説明として最も適当なものを、次の①〜⑤のうちから一つ選べ。

① 「キーワード」と「排除されるもの」とを対比的にまとめて整理する表1に対し、表2では、「テキストの型」の観点から表1の「排除されるもの」の定義をより明確にしている。

② 「キーワード」と「排除されるもの」の二つの特性を含むものを著作物とする表1に対し、表2では、叙情詩型と理工系論文型とを対極とするテキストの特性によって著作物性を定義している。

③ 「キーワード」や「排除されるもの」の観点で著作物の多様な類型を網羅する表1に対し、表2では、著作物となる「テキストの型」の詳細を整理して説明をしている。

④ 叙情詩モデルの特徴と著作物から排除されるものとを整理している表1に対し、表2では、叙情詩型と理工系論文型の特性の違いを比べながら、著作物性の濃淡を説明している。

⑤ 「排除されるもの」を示して著作物の範囲を定義づける表1に対し、表2では、叙情詩型と理工系論文型との類似性を明らかにして、著作物と定義されるものの特質を示している。

問5 【文章】の表現に関する説明として適当でないものを、次の①〜⑤のうちから一つ選べ。

① 第1段落第一文と第3段落第二文で用いられている「――」は、直前の語句である「何らかの実体」や「物理的な実体」を強調し、筆者の主張に注釈を加える働きをもっている。

② 第4段落第一文「もうひと言。」、第10段落第一文「話がくどくなるが続ける。」は、読者を意識した親しみやすい口語的な表現になっており、文章内容のよりいっそうの理解を促す工夫がなされている。

③ 第4段落第四文「現代のプラトニズム、とも言える」、第13段落第二文「フェルディナン・ド・ソシュールの言う『記号表現』と『記号内容』に相当する」という表現では、哲学や言語学の概念を援用して自分の考えが展開されている。

④ 第5段落第二文「叙情詩」や「理工系論文」、第13段落第一文「表現」と「内容」、第15段落第一文「著作権に関係するものと、そうではないもの」という表現では、それぞれの特質を明らかにするための事例が対比的に取り上げられている。

⑤ 第16段落第二文「はたらかない」、第四文「明らかでない」、第17段落第二文「関知しない」、第四文「関係がない」という否定表現は、著作権法の及ばない領域を明らかにし、その現実的な運用の複雑さを示唆している。

問6 【資料Ⅰ】の空欄 a に当てはまるものを、次の①～⑥のうちから三つ選べ。ただし、解答の順序は問わない。

① 原曲にアレンジを加えたパロディとして演奏すること
② 楽団の営利を目的としていない演奏会であること
③ 誰でも容易に演奏することができる曲を用いること
④ 観客から一切の料金を徴収しないこと
⑤ 文化の発展を目的とした演奏会であること
⑥ 演奏を行う楽団に報酬が支払われないこと

分析 共通テストへの指針2

共通テストにおける「資料問題」の意味

共通テストでなぜ「資料問題」が出題されるのか。これについては、オリエンテーションを始めこれまで何度も説明してきた、共通テストが実施される理由と重なります。「資料問題」が出題される理由、それは**共通テストが高校での新しい学びに対応したテストだから**です。そして、その新しい学びの象徴が**「探究学習」**だと説明してきました。「探究学習」とは、

【みなさんが自ら課題を設定し】→【解決のための情報を収集し】→【整理・分析した結果を】→【まとめて発表する】

という探究プロセスをベースにした学び、もともとある決まった答えを出す「解内在型」の学びではなくて、自ら新しい解答を考え出していく、**「問題解決型」の学習活動**でしたね。新指導要領では、新しい国語は、「こうした活動のベースとなる言語能力を養成する科目」と位置付けられています。つまり**「国語科」の役割が変わった**。**これが戦後最大の国語科改革と言われる理由**でした。

共通テストの国語に「資料問題」が出題されるのは、これを反映していると考えられます。

みなさんが「探究学習」の過程で情報を収集すると、そこには文献とともに様々な「資料」や「図表」が含まれているはずです。目的に向かって、複数の資料や図表を比較検討しながら必要な情報をピック

アップする場面も何度も経験するでしょうし、そういったことを繰り返すうちに、次第に資料の分析力もついてくるはずです。**高校での「探究的な学び」を通してそういう力が身についていれば、共通テストの「資料問題」に自然と対応できる。**そんなイメージで入試問題が作成されているわけです。そして、そうした出題が、逆に高校での学びを変えていくことにつながる、というサイクルが想定されています（本当は入試を変えることで高校での学びを変革しようとする方が先なのですが）。こうした、高等学校教育改革・大学入学者選抜改革・さらに大学教育改革までを一体的に行う改革が今回の改革なのです。

こういう解き方は禁物！

さあ、それを踏まえて、みなさんの解き方をチェックします。たとえばみなさんは、この例題をこんなふうに解いていませんか？

【資料Ⅰ】【資料Ⅱ】はチラっと見ただけで、いきなり【文章】を読みだす。

という解き方です。

時間がないからできるだけ早く【文章】に入りたい気持ちはわかる。確かに【文章】は大切ですから、文章そのものをきちんと読むのは当然のことです。**でも、ちょっと待ってください。その解き方は「共通テストの本質がわかっていない人の解き方」なんです。**問題に臨む意識が「文章重視」で、これまでのセンター試験と何ら変わっていません。つまりこの改革の本義がわかっていない。

「資料問題が出題される意味」を思い出してください。リード文にはこう書いてあります。

> **次の【資料Ⅰ】は、【資料Ⅱ】と【文章】を参考に作成しているポスターである。**

何気なく書かれた一文ですが、とても重要なヒントをくれています。いいですか。もう一度、よく見てください。

君が「探究学習」で【資料Ⅰ】のポスターを作成していると考えてください。【資料Ⅱ】と【文章】を参考にしてこのポスターにまとめた、そう書いてある。ということは、**大事なことは、当然、このポスターにまとめてある。**そういうことです。

それならば、みなさんが**【文章】を読む時は、逆にこのポスターを利用できる。**まとめが全部書いてあるのですから、参考にしながら読めば速い。そういうことです。

それなのに、【資料Ⅰ】のポスターはチラッと見ただけですぐ【文章】にいってしまうなんて、もったいない。これまでの「文章中心主義」の国語の解き方になってしまっています。

左の図に書き込んだ矢印を見てください。ポスターの「著作物とは」の欄でまとめられている内容が、そのまま【文章】の表1と対応していますね。「～とは」が〈定義語〉だということは、CHAPTER1で学んだし、これまで何度も出てきました。表1のタイトルは「著作物の定義」ですから、ぴったり対応しています。当然、【文章】で論じられている内容も「著作物の定義」について、「著作物とは□なものだ」という話をしているだろうと予想できます。

【資料Ⅰ】

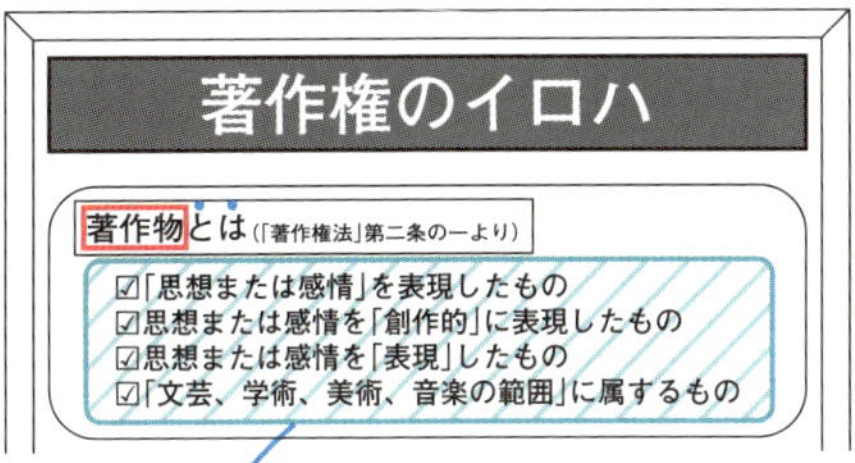

キーワード	排除されるもの
思想または感情	外界にあるもの（事実、法則など）
創作的	ありふれたもの
表現	発見、着想
文芸、学術、美術、音楽の範囲	実用のもの

表1　著作物の定義

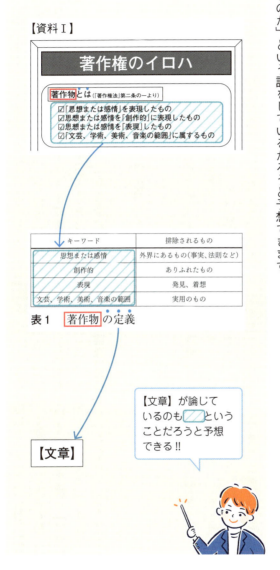

いいですか。これは些末《さまつ》な［＝つまらない／ちっぽけな］テクニックなんかではありません。君が**「探究活動」でこのポスターを作っている。その時【資料Ⅱ】と【文章】を参考にしてまとめた。そう考えれば【資料Ⅰ】のポスターに大事なポイントがまとめられていて、それを逆に【文章】や【資料Ⅱ】に展開できるということは、当然のことなのです。**そして、みなさんが「探究学習」にきちんと取り組んでいれば、問題を見た瞬間に、これくらい臨機応変に考えられる力は、必ず身についているはずなのです。

以上のポイントを設問にしたのが**問2**です。

問2

傍線部説明ですから、前後を見る前に、まずは傍線部自体を理解します。傍線部Aは「記録メディア（＝文章なら紙、絵ならカンバス、映像なら光ディスクなど）」から「剥がされた記号列」ですから、たとえば小説なら紙という実体を除いた書かれている内容、というような意味でしょう。これを第②段落では「原作品（作品と実体の全体）のなかに存在する「エッセンス［＝本質］」と言い換えています。「著作権法」は、作品からそのエッセンスだけを引き剥がして「著作物と定義」しているわけです。

> ① 著作者は最初の作品を何らかの実体――記録メディア――に載せて発表する。その実体は紙であったり、カンバスであったり、空気振動であったり、光ディスクであったりする。この最初の作品をそれが載せられた実体とともに「原作品」――オリジナル――と呼ぶ。
>
> ② 著作権法は、じつは、この原作品のなかに存在するエッセンスを引き出して「著作物」と定義していることになる。そのエッセンスとは何か。[A]記録メディアから剥がされた記号列になる。著作権が対象とするものは原作品ではなく、この記号列としての著作物である。

ということは、「傍線部＝著作物の定義」ということですね。そうつかめた瞬間、答えがわかりましたね。「著作物の定義」を答えるんですから、答えは123ページの□で囲んだ部分です。
これで選択肢を見たいところですが、その前に、この設問には「【資料Ⅱ】を踏まえて」という条件がありましたから、【資料Ⅱ】を見ておきます。ここも【ポスター】→【資料Ⅱ】ですよ。左の図の□→部分を見てください。

【資料Ⅰ】

著作権のイロハ

著作物とは（「著作権法」第二条の一より）

☑「思想または感情」を表現したもの
☑思想または感情を「創作的」に表現したもの
☑思想または感情を「表現」したもの
☑「文芸、学術、美術、音楽の範囲」に属するもの

【資料Ⅱ】

「著作権法」（抄）

（目的）
第一条　この法律は、著作物並びに実演、レコード、放送及び有線放送に関し著作者の権利及びこれに隣接する権利を定め、これらの文化的所産の公正な利用に留意しつつ、著作者等の権利の保護を図り、もつて文化の発展に寄与することを目的とする。

（定義）
第二条　この法律において、次の各号に掲げる用語の意義は、当該各号に定めるところによる。
一　著作物　思想又は感情を創作的に表現したものであつて、文芸、学術、美術又は音楽の範囲に属するものをいう。
二　著作者　著作物を創作する者をいう。
三　実演　著作物を、演劇的に演じ、舞い、演奏し、歌い、口演し、朗詠し、又はその他の方法により演ずること（これらに類する行為で、著作物を演じないが芸能的な性質を有するものを含む。）をいう。

（技術の開発又は実用化のための試験の用に供するための利用）
第三十条の四　公表された著作物は、著作物の録音、録画その他の利用に係る技術の開発又は実用化のための試験の用に供する場合には、その必要と認められる限度において、利用することができる。

（営利を目的としない上演等）
第三十八条　公表された著作物は、営利を目的とせず、かつ、聴衆又は観衆から料金（いずれの名義をもつてするかを問わず、著作物の提供又は提示につき受ける対価をいう。以下この条において同じ。）を受けない場合には、公に上演し、演奏し、上映し、又は口述することができる。ただし、当該上演、演奏、上映又は口述について実演家又は口述を行う者に対し報酬が支払われる場合は、この限りでない。

（時事の事件の報道のための利用）
第四十一条　写真、映画、放送その他の方法によつて時事の事件を報道する場合には、当該事件を構成し、又は当該事件の過程において見られ、若しくは聞かれる著作物は、報道の目的上正当な範囲内において、複製し、及び当該事件の報道に伴つて利用することができる。

ほら、ポスターが【資料Ⅱ】のどこを見ればいいか、教えてくれていますね。【資料Ⅱ】には著作権法の複数の条文が掲載されていますが、ピンポイントでどこを見ればいいかすぐわかります。書かれていた内容はというと、ポスターにまとめてあることと全く同じです。これで【資料Ⅱ】は確認できました。

設問に凝らされた出題の工夫

さて、ここでポイント。今確認したように、【資料Ⅱ】の内容はポスターと同じですから、事実上【資料Ⅱ】を見る必要はありません。では、なぜ見る必要がないようなものをわざわざ設問に条件までつけて確認させたのでしょうか。**ここに出題者の意図が表れていると考えられます。**

みなさんの「資料参照能力」、すなわち「さっと複数の資料を比較・検討できる力」があるかどうか、それを見たい。だからこの条件をつけた。学校で「探究活動」に積極的に取り組んでいれば、このくらいの力はついているはずだ。それを確認したい。そして、こういう問題を出すことによって、逆に高校での学びの変革を促したい、そう考えているわけです。

では、選択肢を見ていきましょう。答えるべき内容は、「著作物の定義＝▨部分」を「例」にしたものですね。かりに記述でまとめてみると、たとえばこんな解答になるでしょうか。

> **絵画の中に創作的に表現した思想または感情。**○
> （思想または感情を創作的に表現した絵画。×）

もちろん「絵画」の部分は、小説でも、曲でも適当な例に置き換えても構いません。

さて、みなさんは後者が×である理由はわかるでしょうか。傍線部Aは「記録メディア（実体）から剥がされた記号列」です。つまり、「絵画というモノ＝記録メディア・実体」を答えるのではなく、そこから剥がされた「内容＝思想や感情」の方が答えです。だから後者の書き方ではダメなんですね。

こう考えた上で選択肢を見れば、**解答は④に即決**です。必要な要素をバッチリ説明できていますね。

④　作曲家が音楽作品を通じて創作的に表現した思想や感情。○

他の選択肢を見ておきましょう。

①　実演、レコード、放送及び有線放送に関するすべての文化的所産。×
②　小説家が執筆した手書きの原稿を活字で印刷した文芸雑誌。×
③　画家が制作した、消失したり散逸したりしていない美術品。×
⑤　著作権法ではコントロールできないオリジナルな舞踏や歌唱。×

①②③⑤の選択肢は、すべて「エッセンス」ではなく「もの／実体」の方の説明になっています。先の解答の後者と同じですね。当然×となります。

⑤の「舞踊や歌唱」が「もの」だと言われてピンとこない人は、第1段落に戻ってみましょう。「実体」の例として、文章にとっての「紙」や、絵の「カンバス」と並んで、「空気振動」を挙げていますね。たとえば「心の中の想い（思想）」を「歌＝声（空気の振動）」にして他者に伝える、という感じです。その時のエッセンスは「心の中の想い」の方であって「歌唱＝空気振動」の方ではありません。したがって×です。以上より、解答は④に決定します。

問2は「文章と資料を照合させる問題」でしたが、共通テストの「資料・図表」問題では、他に次のようなタイプの出題が考えられます。まとめておきましょう。

POINT

「資料・図表」問題の〈設問タイプ〉

共通テストの「資料・図表」問題では、次の三つのタイプの出題が考えられる。

❶「文章」と「資料・図表」を照合させる問題
❷「資料・図表」どうしを比較検討させる問題
❸「文章」の読解問題

＊❶・❷については、焦点を絞り込んで素早くフォーカスできるように練習しておこう。

この例題でいうと、

問2 ❶タイプ（文章と資料の照合）	問3 ❸タイプ（文章の読解）
問4 ❷タイプ（資料どうしの照合）	問6 ❷タイプ（資料どうしの照合）

となります。

問4

表1と表2の関係を問う問題です。傍線部問題ですから、まずは傍線部をきちんと分析します。

B
表2は、具体的な著作物——テキスト——について、表1を再構成したものである。

表2は表1を構成し直したものだと述べています。じゃあ、どう違うのかというと、表2は「具体的な著作物について」の表だと述べています。**気づいてください。両者は「抽象→具体」の関係です。**表1の抽象的な「キーワード」を、具体的な「テキストの型」を挙げて説明し直したのが表2だということです。

抽

ⓐ キーワード	ⓑ 排除されるもの
思想または感情	外界にあるもの(事実、法則など)
創作的	ありふれたもの
表現	発見、着想
文芸、学術、美術、音楽の範囲	実用のもの

表1　著作物の定義

再構成

具

	ⓐ′ 叙情詩型	ⓑ′ 理工系論文型
何が特色	表現	着想、論理、事実
誰が記述	私	誰でも
どんな記述法	主観的	客観的
どんな対象	一回的	普遍的
他テキストとの関係	なし（自立的）	累積的
誰の価値	自分	万人

表2　テキストの型

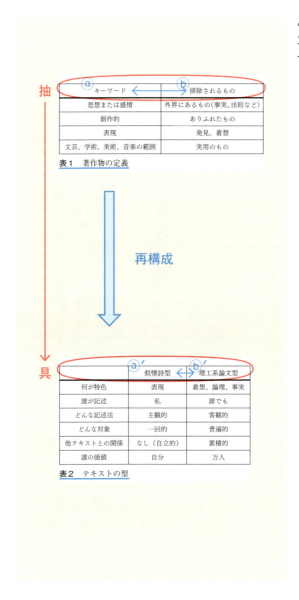

表1は「著作物を定義するキーワードⓐ」と「そこから排除されるものⓑ」を対比的にまとめています。

表2は、「叙情詩」や「理工系論文」という「具体的なテキスト」について、表1を再構成しています。「定義／キーワードになじむ叙情詩ⓐ′」と「なじまない理工系論ⓑ′」の対比という関係ですね。

「叙情詩」と「理工系論文」の関係については、【文章】の第5段落でも次のように説明されていました。

> **「叙情詩」……表1の「著作物の定義」に最もなじむ**
> ↕
> **「理工系論文」……最もなじまない**
> **定義から排除されるものを多く含む**

選択肢を見ていきましょう。選択肢は前半部分が**表1**、後半部分が**表2**の説明になっていますから、分割して吟味します。

表1は、著作物の定義について、「キーワード」と「（著作物から）排除されるもの」を対比的にまとめたものでした。この点で①④⑤は○ですが、②③は×です。

① 「キーワード」と「排除されるもの」とを対比的にまとめて整理する○**表1**に対し、
② 「キーワード」と「排除されるもの」の二つの特性を含むものを著作物とする×**表1**に対し、
③ 「キーワード」や「排除されるもの」の観点で著作物の多様な類型を網羅する×**表1**に対し、

④ 叙情詩モデルの特徴と著作物から排除されるものとを整理している表1に対し、○
⑤ 「排除されるもの」を示して著作物の範囲を定義づける表1に対し、○

選択肢②は、「二つの特性を含むものを著作物とする」が×です。当然ですが、「排除されるもの」の方は、著作物の特徴ではありません。

選択肢③は「著作物の多様な類型を網羅する」が×です。みなさんは「多様な類型」という意味がわかっていますか。「類型」とは「型」または「その型に属するもの」という意味の語です。

前者の「型」という意味だとしたら、この時点で選択肢は×です。挙げているのは**表1**ではなく**表2**の方ですね。（ちなみに表2の説明としても×です。挙げられている「型」は「叙情詩型」と「理工系論文型」の二種類ですから「多様〔＝いろいろな〕」とはいえません。）

後者の「型に属する多様なもの」という意味で用いられているとしたら、「型に属する多様なもの」、つまり「型に属しているものの多様な具体例」を挙げている表だという意味です。先に説明したように、**表1**は抽象的なキーワードを説明したものでした。したがって選択肢③は×です。

残った三つの選択肢について、後半を見ていきましょう。

① …**表2**では、「テキストの型」の観点から**表1**の「排除されるもの」の定義をより明確にしている。×
④ …**表2**では、叙情詩型と理工系論文型の特性の違いを比べながら、○著作物性の濃淡を説明している。○
⑤ …**表2**では、叙情詩型と理工系論文型との類似性を明らかにして、×著作物と定義されるものの特質を示している。

選択肢①は、「**表1**の『排除されるもの』の定義をより明確にしている」が×です。**表2**は**表1**を再構成したものですから、「フォーカス［＝焦点化］」しているのは、「排除されるもの」ではなく、「定義」つまり「キーワード」の方です。

選択肢⑤は、「叙情詩型と理工系論文型との類似性を明らかにして」が×。両者は「対極にあるもの」ですから、明確に反しています。

選択肢④は、「叙情詩型と理工系論文型の特性の違いを比べながら」はバッチリ表2と合致していますね。続く「著作物性の濃淡を説明している」ですが、「濃さ」という表現が【文章】の第⑩段落で使われていました。「著作物性が濃い（薄い）＝著作権が認められる度合いが高い（低い）」という意味ですから、表2の内容に合致しています。以上より、**正解は④**に決定します。

問6

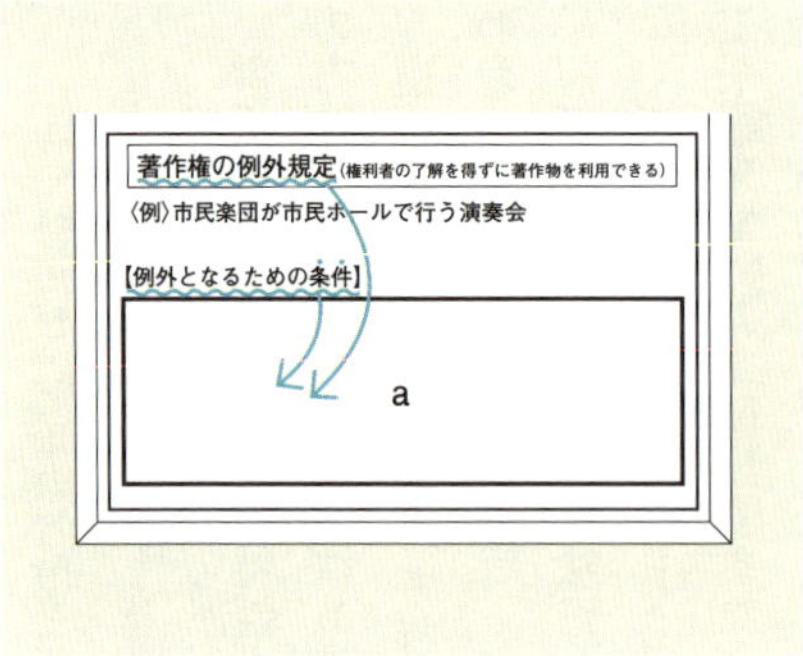

【資料Ⅰ】の[a]を埋める問題です。【資料Ⅱ】を根拠にして解答が決まる「資料どうしを比較・検討する」タイプの問題です。

まずは【資料Ⅰ】を確認しましょう。[a]は、「著作権の例外規定」のまとめ部分に空けられています。「例外」つまり「著作者の了解を得なくても著作物を利用できる」場合です。例として、市民楽団が市民ホールで行う演奏会が挙げられていますね。その下に「例外となるための条件」がまとめられていて、そこが空欄になっています。

これで探すべきポイントが、「著作権の例外となるための条件」

だとわかりました。【文章】と【資料Ⅱ】を見ていきましょう。

まず【文章】の方ですが、第15段落以降の「著作物についての利用／使用」の説明が、内容的に該当する部分です。ところが、最後まで読んでも「例外となるための条件」については書かれていませんでした。

そこで【資料Ⅱ】を見ると、下半分の「第三十条の四」以降の部分が、「著作権法の例外となるための条件」を説明していますから、どうやらここが a の根拠になりそうです。条文のポイントをまとめると、次のようになります。

第三十条の四	技術の開発又は実用化のための試験に使う場合
第三十八条	営利を目的とせず、聴衆・観衆から料金を取らない場合 （ただし、実演家や口述者に対し報酬が支払われない場合に限る）
第四十一条	時事の事件の報道を目的とする場合

では、これを元に選択肢を吟味していきましょう。

① 原曲にアレンジを加えたパロディとして演奏すること ×
② 楽団の営利を目的としていない演奏会であること ○
③ 誰でも容易に演奏することができる曲を用いること ×
④ 観客から一切の料金を徴収しないこと ○
⑤ 文化の発展を目的とした演奏会であること

⑥ 演奏を行う楽団に報酬が支払われないこと○

選択肢②・④・⑥は、条文の内容にそのまま合致していますから、すぐに正解だとわかります。
①や③は、条文に書かれていない内容です。**【資料Ⅰ】**のポスターは**【資料Ⅱ】**や**【文章】**を元にしてまとめたものでしたね。ですから書かれていないことは×です。
⑤は「文化の発展」が×。条文に書かれていたのは「録音や録画の技術の開発」でした。
以上より、**解答は②・④・⑥**に決定します。

文章読解型の「新傾向問題」

以上の**問2・4・6**が、「資料・図表」タイプの新傾向問題ですが、共通テストではもう一つ、「文章読解型」の問題でも新傾向の出題が予想されます。それが**問3**のような問題です。

問3

【文章】から読み取れる内容を選択肢から選ぶシンプルな問題ですが、共通テストでは、この**問3**のように「傍線部が付加されていない問題」の出題が考えられます。それは、この本で何度も繰り返してきたように、学びの質が変化していこうとしているからです。

今の受験生の現代文問題の解き方

文章全体はざっと読んで、傍線部の周りだけ丁寧に読む。

・傍線部の対応語句を探して結ぶ。読解というより「解く技術」になっている

共通テストの目指すもの

文脈から**自分で「論旨」を汲み取り、要点をまとめる**。

・「部分把握」から、全体的な「要旨把握力／要約力（表現力）」を求めるものへ

多くの現代文の受験参考書が象徴しているように、現在の現代文問題の解き方は「傍線部中心」です。文章の読み取りにウエイトを置いた〈従来型タイプの問題〉をこれからも出題する大学の問題であれば、今後もそのような解き方が有効であることは変わりません。

しかし共通テストはそういうスタイルからの脱却を至上命題としています。文章の読み取りを「探究活動の土台」と位置付けるならば、**文章の「論旨」を「自分の力で」汲み取り、簡潔にまとめる力が求められるようになる**のは当然です。**そういう力を問うために、あえて傍線部を付加せず、受験生が自ら論点を整理する力をチェックしようとしている**と考えられます。その象徴が**問3**です。

【文章】のポイントをまとめると、次のようになります。

第Ⅰ意味段落（1〜7段落）
・著作物の定義 →「表1」 論点①

第Ⅱ意味段落（8〜12段落）
・論点①を「テキストの型」で再構成 →「表2」 論点②

第Ⅲ意味段落（13〜14段落）
・「表現／内容の二分法」 →「表2」を別角度から捉える 論点③

第Ⅳ意味段落（15〜18段落）
・著作物の「利用／使用」 →「表3」 論点④

このように【文章】を整理して理解している眼で見れば、**問3**の選択肢が、右の論点①〜④について問うている、各意味段落の中心論点を問おうとしていることがすぐにわかります。

選択肢を見ていきましょう。

① 著作権に関わる著作物の操作の一つに「利用」があり、著作者の了解を得ることなく行うことができる。× 音楽の場合は、そのまま演奏すること、録音などの複製をすること、編曲することなどがそれにあたる。

③ 多くのテキストは叙情詩型と理工系論文型に分類することが可能である。この「二分法」の考え方に立つことで、著作権訴訟においては、著作権の侵害の問題について明確な判断を下すことができている。×

④ 著作権について考える際には、「著作物性」という考え方が必要である。なぜなら、遺伝子のDNA配列のように表現の希少性が低いものも著作権法によって保護できるからである。×

選択肢①は、論点④の内容です。「利用」は「了解を得ることなく行うことができる」が×ですね。「使用」とは異なり、「利用」は著作権者の了解が「必要」であるという内容が第15段落に書かれていました。

選択肢③は、前半は論点②、後半は論点④の内容です。前半は第12段落に反しています。【文章】では「多くのテキストは叙情詩と理工系論文とを両端とするスペクトルのうえにある」と述べているのに、選択肢は「二分できる」と言っているので×です。「二分」ではなくて、「両者の間のどこかに位置付けられる」という意味でした。後半は第16・18段落末の文に反しています。【文章】では「利用か使用かの判断基準は明らかではない（つまり著作権に反するかどうかはハッキリとは判断できない）」と述べていますから、「著作権の侵害の問題について明確な判断を下すことができている」は×です。

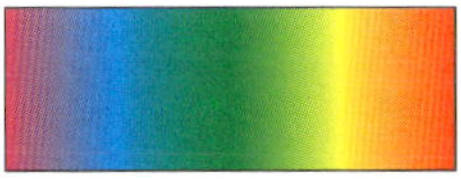
スペクトル

選択肢④は、論点②の内容です。「DNA配列のように表現の希少性が低いものも著作権法によって保護できる」が第11段落に明確に反していますから×です。

残った②と⑤は、迷う人が多い選択肢です。

② 著作権法がコントロールする著作物は、叙情詩モデルによって定義づけられるテキストである。したがって、叙情詩、教典、小説、歴史書などがこれにあたり、新聞記事や理工系論文は除外される。×

⑤ 著作物にあたるどのようなテキストも、「表現」と「内容」を二重にもつ。著作権法は、内容を排除して表現を抽出し、その表現がもつ価値の程度によって著作物にあたるかどうかを判断している。○

選択肢②は、論点①の内容です。第5段落末の「理工系論文、新聞記事には、表1から排除される要素を多く含んでいる」という記述や、第7段落で「無方式主義という原則がある。このために、著作権法は叙情詩モデルを尺度として使えば排除されてしまうようなものまで、著作物として認めてしまうことになる（ということは新聞記事や理工系論文も著作物として認められる）」とあることから、選択肢の「新聞記事や理工系論文は除外される」は×です。迷った人は、この第5・7段落の内容（特に第7段落）がつかめていなかったのではないでしょうか。

選択肢⑤は、論点③です。第13段落の内容に合致していますね。

以上より、**解答は⑤**に決定します。

残った問題を解説しておきます。

問1

(ア)「合**致**」（①**致**命、②報知、③稚拙、④緻密、⑤余地）正解は①です。

(イ)「**適**合」（①匹敵、②**適**度、③水滴、④警笛、⑤摘発）正解は②です。

(ウ)「両**端**」（①丹精、②担架、③破綻、④落胆、⑤**端**的）正解は⑤です。

(エ)「閲**覧**」（①欄干、②出藍、③乱世、④一**覧**、⑤累卵）正解は④です。
(オ)「過**剰**」（①**剰**余、②冗長、③醸造、④施錠、⑤常備）正解は①です。

問5

「表現」の問題です。センター試験では最後の問6で問われていましたが、試行試験の問題でも出題されていました。その点では、共通テストでも出題される可能性があるといえます。

過去問題がないため、センター試験のように「頻出のもの」をまとめたりすることはまだできませんので、一つ一つ本文と照合していってください。ただ、一ついえることは、受験生が考えるほど「紛らわしいひっかけ」はほとんどないということです。特に今回のように「適当でないものを選べ」という場合、答えは「ハッキリと×」である場合がほとんどですので、そのことは知っておいてよいでしょう。

正解は①です。第1段落の第一文や第3段落の第二文の「――」は、直前の語句を「言い換え」たり「例を挙げている」だけで、「強調」しているわけではありませんね。したがって×です。

「時間との戦い」に備える

今解説したように、たとえば**問3**の問題を「自分で各意味段落の論旨をまとめてから→選択肢を順に吟味する」となれば、**それなりの時間がかかることは間違いありません**。**苦手な人ならなおさらでしょう**。それに加えて「資料・図表タイプ」の問題にも時間がかかるとしたら、共通テストでは間違いなく「時間」が大きな敵になります。得意な人にとっては「さっと見ればいいよ」ということになるのでしょうが、一般的な受験生にとってはそうはいきません。過去の「テスト変革期」の状況から考えても、油断から泣きを見る受験生が必ず出る。ましてや「本当は得意なのに」本番で失点するのはあまりにも悲しい。**間違っても「今までのセンター試験の対策とあまり変わらないから大丈夫」なんていう大ウソに騙されてはいけません。**

絶対に油断なく、抜かりなく。「『やりすぎ』って言うくらいやっておいて本当によかったね」と、後になって笑い合えたら、それが最高です。

まずはCHAPTER1で教えた読解のポイントに注意しながら、本文の論旨を的確につかむトレーニングを積む。それがすべての土台です。

次に模試や塾・予備校の授業などあらゆる機会を利用して、複数の「資料」の関係を手早く把握するトレーニングをする。学校の「探究活動」の大切さは、言わずもがなです。この本の内容も、何度も読み返して吸収してください。

もう一度言います。**絶対に油断なく、抜かりなく。**時間の許す限り、対策とトレーニングをしておくことをお勧めします。みなさん、頑張ってください(^^)!

PART 2

共通テスト
文学的な文章（小説）編

CHAPTER 1

文学的な文章（小説）土台となる「読解力」を養成する

入試小説を解くための〈読解の基本アイテム〉

はじめに

共通テストでは、小説問題でも「複数テクストの比較問題」等が出題される可能性がある。しかし論理的な文章同様、土台となる読解力が不可欠であることは言うまでもない。この章では入試小説を解くための〈読解の基本アイテム〉を確認しよう。

1 心情把握の基本〈部分心理〉の把握

共通テストは未知のテストですが、「マーク式の小説問題である」という点はこれまでのセンター試験と変わりません。**マーク式の小説問題にはマーク式ならではの特徴があります。**だから、まずは「マーク式小説問題の特徴を知る」ことから共通テスト対策を始めていきたいと思います。

○ マーク式小説の「宿命」

まずみなさんには、**「マーク式の小説問題は『矛盾』を孕《はら》んだテストである」という大前提**を知っておいてほしいと思います。

どういうことか。

「マーク式問題＝客観テスト」ですから、答えは「客観的に」決まらなければなりません。つまりきちんと読めていれば「誰が解いても同じ答えになる」ということです。ところが「心理」は「主観的なもの」。同じ場所にいて、同じものを見たり聞いたりしても、感じ方は人によって様々に異なります。

心　理　＝　主観的なもの
↕
マークセンス式　＝　客観テスト

もうすこし説明していきましょう。たとえば、僕はよく授業で「失恋」を例に出して説明します。失恋した時、どんな気持ちになるでしょうか。「つらい、悲しい、苦しい、切ない…」。いろんな気持ちが考えられます。当然、人によって感じ方は違うし、同じ人でも時によって、場合によって異なるでしょう。また一つの心理にしぼれるものでもなくて、「切なくてつらい」とか「悲しくって苦しくって…どうしようもない」というような場合もあるでしょう。これらの気持ちは、どれか一つが正解でもなければ、どれが間違いというわけでもありません。どれも失恋の感情として十分にあり得るわけで、間違ってはいないのです。

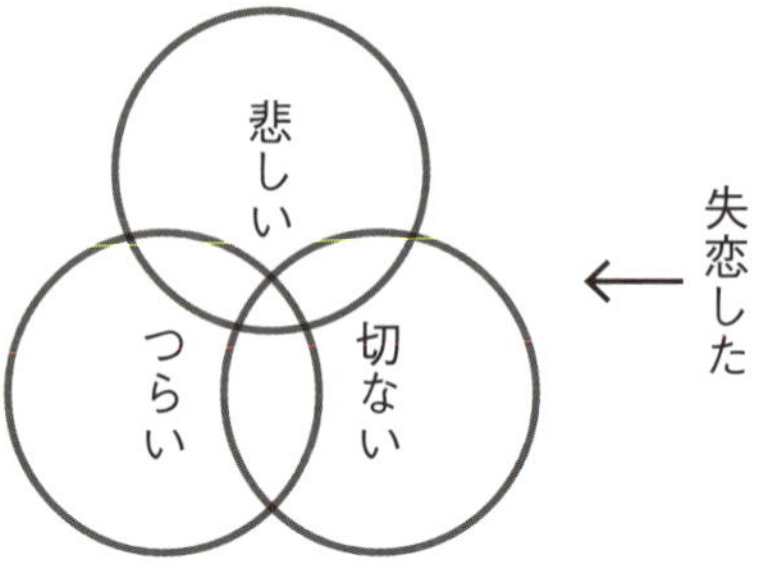

こんなふうに、ある場面や状況における心理は、人によって、また状況によっても違います。だから**他人が推測しようとすると、「だいたいこんな感じの気持ちかな」というぐらいにしか確定できない**ものなんです（もちろん本人がはっきり「悲しい」と言ったり、小説なら「彼女は悲しんだ」とはっきり書いてある場合は「推測」する必要はありませんから別です）。

小説が苦手な人の「誤解」❶

小説が苦手な生徒と話していると、「僕、女子中学生の気持ちになんてなれません」とか「先生、中年のおじさんの気持ちになんて、私なられへんわ（関西弁）」というようなことをよく言います。彼らは、

小説を読むには登場人物の気持ちになりきらないといけないと思っているんですね。そして自分はなりきることができないから小説が苦手なんだと思っている。**でもね、実はそれは大きな勘違い**。今説明したように、他人の気持ちは「だいたいこんな感じかな」と推測することしかできない。ごく一部の特殊な能力がある人を除いて、なりきることなんてできないんです。男子高校生は女子中学生になりきることはできないし、女子高校生が中年のおじさんになんてなれません。当然です。彼らの感想が普通なんです（じゃあどうしてそれでも問題が解けるのかという理由は、これから説明していきます）。

心情を「読む」

では、小説はどうやって読むのか。繰り返しますが、他者に完全になりきることはできなくても、「たぶんこんな気持ちなんだろうな」と**だいたいの気持ちを理解することはできる**はずです。それができなければ、人間の日常生活が成り立ちません。

「友達の普段と違う様子から『何か悩んでいるんじゃないかな』と気づいてあげる」
「好きな人の仕草から、自分のことをどう想っているか感じ取る」
「ふとした息子の表情から、彼の気持ちを察してあげる」

僕らは周囲の人の気持ちを、「たぶんこうなんだろうな」と推測しながら生活しています。この理解ができないと大変です。人に優しくしてあげられないし、恋人だってできない。将来娘に「パパなんて何にもわかってない！」と、無視されてしまうかも知れません。**仕草や振る舞いに現れた気持ちを読む**。小説読解でも、これと同じようなことを求められているんです。

知っておきたい。設問を作る「前提条件」

今説明してきたように、心理は人によってぶれてしまうもので、仕草や表情から「だいたいこんな感じかな」というふうにしか推測できないものです。それなのに、マーク式の問題は「誰が見ても答えが一つになる」ように選択肢を作らないといけない。とはいえ、心理がはっきり書いてあるような問題だと、簡単すぎて入試問題としては意味をなさないわけです。**選択肢を作る側は大変です。**

マーク式の小説問題は、こんな条件下で作られています。**共通テストもマーク式の小説である以上、同じ前提条件・制限の中で選択肢が作られると考えられます。**共通テストがどうなるかは、まだ試行調査の問題から推し量ることしかできませんが、出題がセンター試験をベースにすることは関係者発言からも明らかです。そこでセンター試験をベースに考えるならば、次のような条件の中で選択肢が作られていたと考えられます。

もし「微妙な心理で選択肢の×を作る」とどうでしょうか。人によって答えがずれてしまうので客観テストにはなりませんね。だから「微妙な心理」では選択肢を切る決め手は作れないわけです。もし心理で×を作るなら、「はっきり×とわかるような心理」で作ることになります。［↓条件①］

でも、そのままでは簡単すぎて入試にならないので、どうしてもみんなが悩むような「微妙な心理の選択肢」をも作らないといけない。そこで、心理を微妙なものにした場合は「心理以外のところではっきり選択肢の×を作る」ことになります。［↓条件②］

＊マーク式小説問題　選択肢を作る「前提条件」

条件①　「微妙な心理」では、選択肢を切る決め手は作れない。
　　↓〈心理〉で選択肢を切る場合は「はっきり×」の時のみ！
条件②　「心理を微妙なものにした場合」は、**心理以外の部分に選択肢を切るポイントを作る必要がある。**

小説が苦手な人の「誤解」❷

　でも、僕がこれまでしてきたような説明をすると、今まで結構現代文を勉強してきた生徒は納得がいかないようで、「先生、でも結局は選択肢の重要ポイントは心情ですよね。答えは心理で決まるじゃないですか」と噛みつかれることがあります（笑）。**先入観は恐ろしい。**そんな生徒たちに、僕はよくこんなセンター試験の選択肢の例を見せるんです。

①　「おねえちゃん」と呼ばれて当然だと思っていたが、「おばちゃん」という呼び方に表れた子どもたちの気さくな態度に触れたので、仲間意識の高まりを感じて**嬉しく思っている**。
②　まだ二十代なのに「おばちゃん」と呼ばれるのは不本意ではあるが、自分を頼りにする子どもたちの気持ちが伝わってくるので、保護者になったように感じて**嬉しく思っている**。

③ 子どもたちから「おばちゃん」と呼ばれると年寄り扱いされているようで嫌だったが、陽平さんに近づいたような気がしたので、書道教室を一緒に経営しているように感じて**嬉しく思っている**。
④ 父親の死後、母親とふたりきりで寂しく暮らしていたが、自分になついて遠慮なく振る舞う子どもたちとにぎやかに交流するようになったので、家族に対するような親密さを感じて**嬉しく思っている**。
⑤ 部屋を貸すまで、大人ばかりで静かに暮らしていたが、泣くふりをすると喜ぶ生意気盛りの子どもたちが出入りするようになったので、以前の活気がよみがえったように感じて**嬉しく思っている**。
［07年 センター試験］

選択肢の心理は全部同じです。ということは、**ポイントは当然心理以外のところにある**ということです。他にも例はいくらでもあります。

① 父には頼らない生活を始めるという母の決意を頼もしく受け止めたが、今後も父親からの金銭的援助をあてにしている自分を思い出し、母の決意とかけ離れている**自分を恥ずかしく感じたから**。
② 父との決別による困窮を覚悟する母に同調せざるを得なかったが、短篇の執筆にかまけるなど母に頼るばかりの自分の生活を改めて意識し、経済的に自立できていない**自分を恥ずかしく感じたから**。
③ 新たな生活をしようとする母を支えていくと宣言したが、夢想がちであった子ども時代の思い出に浸り続けていたことを思い返し、過去にばかりとらわれ現実を直視できない**自分を恥ずかしく感じたから**。
④ ひとりで家を支えていくという母の覚悟に心を大きく動かされたが、短篇の中に不在の父を思う温かな家族の姿を描いたことを改めて意識し、感情に流されやすく態度の定まらない**自分を恥ずかしく感じたから**。

⑤　母を苦しめる父を拙《つたな》い言葉を用いてののしったが、大人に褒められたいとばかり考えていた幼い自分を短篇の中に描いたことを思い出し、いつまでも周囲に媚《こ》びる癖の抜けない**自分を恥ずかしく感じたから**。
［13年　センター試験］

これも心理は全部同じ。最後にもう一つ。

①　健三は、夫婦にとってよりも実家にとってこそ大切な一人っ子であったので、いつかは夫婦のもとから実家に帰ってしまうのではないかと**気がかりだった**のである。
②　健三は、夫婦から大切に育てられたが、感受性が鋭く正義感も強かったので、彼らはその愛情の裏にある意図を見破られてしまうのではないかといつも**心配だった**のである。
③　健三は、子供ながらに自分が養子でしかないことを十分に知っており、そのことが夫婦の将来の生活への見通しに対して無言の圧迫を与えてしまっていたのである。
④　健三は、神経質で頭のよい少年だったので、夫婦がいくら高価なおもちゃなどを与えても、いつもその魂胆が見透かされているのではないかと、**気がかりだった**のである。
⑤　健三は、夫婦にとってよそからもらい受けた大切な一人っ子であったが、自分たちを父母として本当に認めているかどうか確信が得られず、いつも**心配だった**のである。
［91年　センター試験］

これは「気がかりだった」と「心配だった」で一見〈心理〉が違っていますが、「気がかり」は「心配」という意味ですから、結局同じです。３つの例を幅広い年度から挙げたのは、**センター試験の三〇年間の歴史の中で、どの年代にもこういう選択肢がある**ことを示すためです。

これらの例を挙げたのは、もちろん**〈心理〉が大切ではないと言いたいわけではありません**。

次のステップで講義するように、小説読解にとって心情把握はとても大切です。ただ、**マーク式（客

観式）のテストで心理を問うことの制約・前提条件を考えるならば、「選択肢を分析する時には心理以外の要素にも注目しよう」と言いたいのです。それをせずに「迷ったらフィーリングで、心理がしっくりくる方を選ぶ」解き方で、選択肢に引っかかってしまう生徒があまりにも多いからです。

部分心理〈分析の思考回路〉

今「心理以外の部分に注目する」と言いました。ではどんな要素に注目すればいいのか。次の例で考えてみましょう。

（例①）

「二人の間には何の心の溝もないんだ」と思って長い間付き合ってきたのに、彼女から「ごめんなさい。実はあなたとは合わないとずっと思ってたの。許して」と突然別れを切り出された

↑ので

悲しい

↑

彼は一週間、食事も喉《のど》を通らず、塞《ふさ》ぎ込んでしまった。

〈例②〉

今まで何回も付き合っては別れ、また付き合ってということを繰り返していた中学生のカップルだったが、彼に「そろそろ高校入試も近いし、別れて、真面目に勉強しようよ」と別れを切り出された

←ので

←

「わたしもそう思っていたけど…」そう呟《つぶや》いて、彼女はちょっと唇《くちびる》をかみしめた。

〈例①〉〈例②〉の〈心理〉はどちらも「悲しい」です。でも、**同じ「悲しい」でも、〈心理になる原因〉や〈心理から出た反応〉を加えると、二つの「悲しい」の違いがわかるはずです。**

〈例①〉では、彼は「俺たちの間には何の心の溝もないんだ」と思っていたのに、彼女に「ずっと前から合わないと思っていた」と言われて突然別れを告げられたんだから、「きっとショックは大きいだろうな」と推測できます。案の定、〈反応〉は「一週間も食事が喉《のど》を通らなかった」んですから、推測が正しかったことがわかります。

〈例②〉は、「今まで何度も付き合っては別れてを繰り返してきている」んだから、「今回別れようと言われてもそれなりに免疫はあるはずだろうな」と推測できます。〈反応〉は予想通り「ちょっと唇《くちびる》をかみしめた」程度です。「ちょっと」ですから、この悲しみは〈例①〉ほど深くはないと推測できます。

一般化してまとめてみましょう。

POINT

部分心理〈分析の思考回路〉

人間は「ある原因があった」から「ある気持ち」になります。そしてそのあと「何らかの反応」をします。この時**「心理の原因」のことを〈事態〉、「心理から出た反応」のことを〈行動〉と呼びます。**

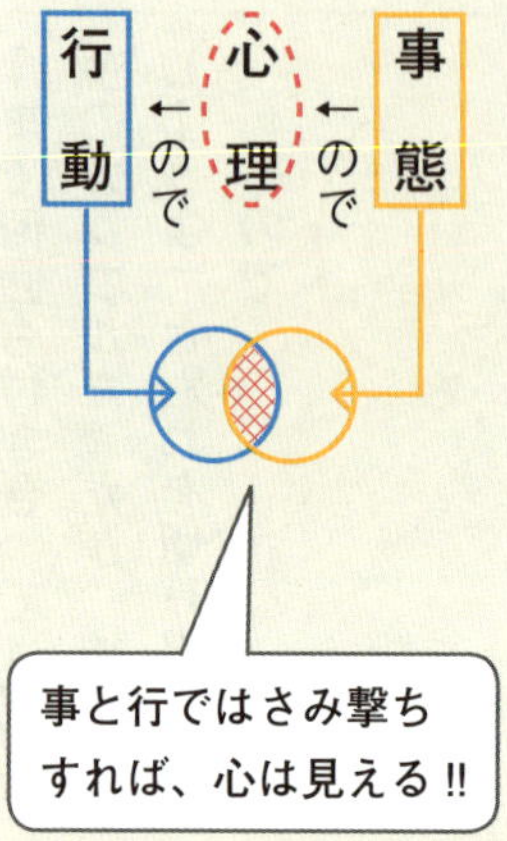

〈心理〉は〈事態〉と〈行動〉から推測できます。「どんな転び方をしたか」と「どんな泣き方をしているか」の両方から考えれば「どの程度の痛みなのか」は推測できますね。つまり、**「心理」は「事**

態と行動」ではさみ撃ちすればいいわけです。

☆「心理」は「事・行」ではさみ撃ち！

※ 語句の意味からいえば、「行動＝実際に何かをすること」ですが、ここでは「心理に対する反応」はすべて〈行動〉と呼びます。たとえば「彼に冷たくされて↓悲しい↓黙り込んだ」の「黙り込んだ」は何も動きをしていませんが〈行動〉と呼びます。ですから「『黙り込む』っていうのは動作をしていないから『行動』じゃないんじゃないか？」とは考えないようにしてください。

では、実際の問題を使って**〈分析の思考回路〉**を説明してみましょう。基本的な問題ですが、次の問題を解いてみてください。

心理以外の
要素に注目して
心理を推測しよう！

例題 1

目標解答時間 1分

次の文章は、夏目漱石の小説『道草』の一節である。これを読んで、後の問いに答えよ。

島田は吝嗇《りんしょく》な男であった。妻《さい》のお常は島田よりもなお吝嗇であった。

「爪《つめ》に火を点《とも》すってえのは、あの事だね」

彼が実家に帰ってから後、こんな評が時々彼の耳に入った。しかし当時の彼は、お常が長火鉢のそばへすわって、下女に味噌汁《おつけ》をよそってやるのを何の気もなくながめていた。

「それじゃ何ぼ何でも下女がかわいそうだ」

A彼の実家のものは苦笑した。

問　傍線部A「彼の実家のものは苦笑した」とあるが、なぜ苦笑したのか。その説明として最も適当なものを、次の①～⑤のうちから一つ選べ。

① お常が、実家のものの前で、これ見よがしに下女に味噌汁をよそっていたから。
② 主人の妻から味噌汁をよそってもらっている下女が、いかにも恐縮していたから。
③ 主人から冷遇されている下女に対して、健三がほとんど無関心な態度を示したから。
④ お常が、主人の妻という身分でありながら、健三の前で下女に味噌汁をよそったから。
⑤ お常が、下女に手ずから味噌汁をよそってやったのは、その量を惜しんでのことだから。

分析

〈事態→心理→行動〉を意識しながら整理すると、次のようになります。

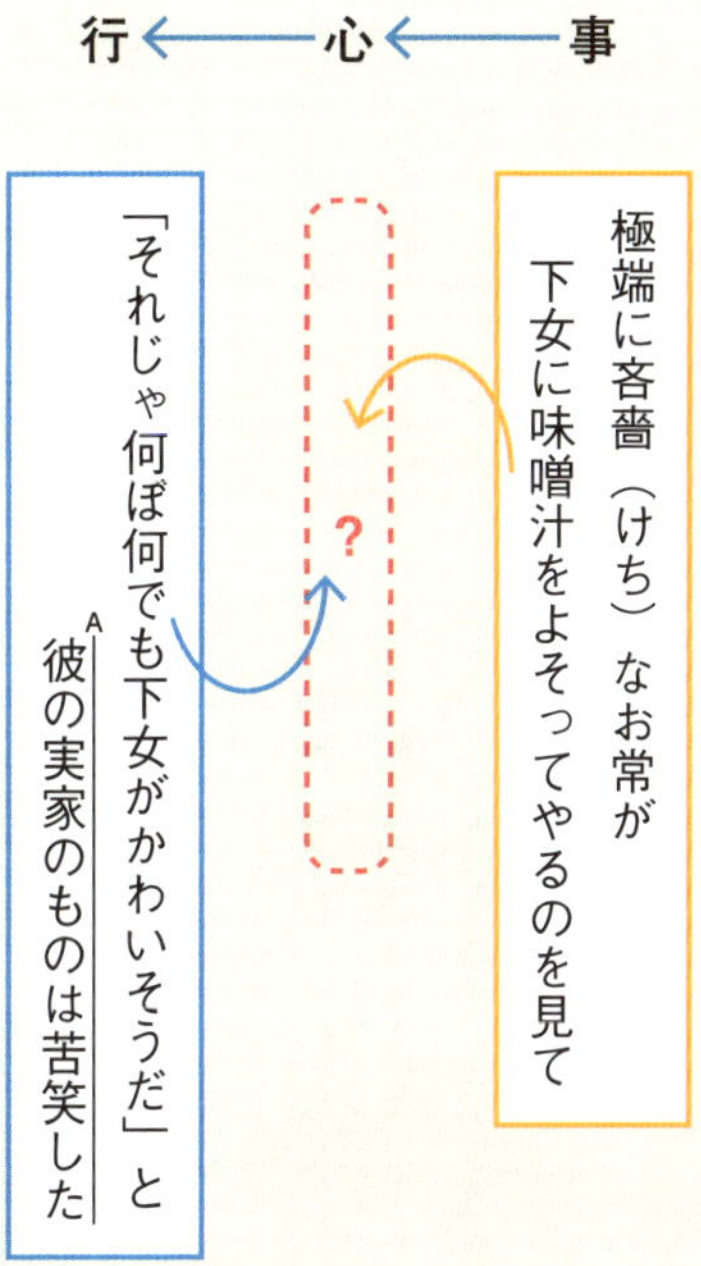

傍線部は「彼の実家のものは苦笑した」です。直前からひとつながりで「『それじゃ何ぼ何でも下女がかわいそうだ』と言いながら苦笑いした」という〈行動〉です。残りの〈事態・心理〉を考えます。

「吝嗇〔＝けち〕」「爪に火をともす〔＝極端にけちなたとえ〕」とありますから、お常はものすごくけちなんですね。そのお常が下女〔＝雑事をする女中〕に味噌汁をよそってやる。それを見て「何ぼ何でもそこまでやったらやりすぎだ」と苦笑いする。そういう流れですね。当然「味噌汁の量までケチるなんて、かわいそうだよ」という心理です。もちろん**正解は⑤**。他の選択肢は「いくらなんでもケチすぎる」という説明になっていません。

① お常が、実家のものの前で、これ見よがしに下女に味噌汁をよそっていたから。×
② 主人の妻から味噌汁をよそってもらっている下女が、いかにも恐縮していたから。×
③ 主人から冷遇されている下女に対して、健三がほとんど無関心な態度を示したから。×
④ お常が、主人の妻という身分でありながら、健三の前で下女に味噌汁をよそったから。×
⑤ お常が、下女に手ずから味噌汁をよそってやったのは、その量を惜しんでのことだから。

簡単な問題ですから「答えがあったかどうか」ではなくて〈思考回路〉をチェックしてください。他の問題の時も同じように考えられる〈思考回路〉を作る。それが大切です。

では、もう一問解いてみましょう。一応目標時間を示してありますが、今は解答時間を気にする必要はありませんから、じっくり考えても大丈夫です。特に「なぜその選択肢を選ぶのか」「なぜそれを切るのか」はしっかり意識してください。

例題2

目標解答時間 5分

次の文章は、野呂邦暢《のろくにのぶ》「白桃」の一節で、戦後の食糧難の時代を背景としている。ある日、少年とその兄は、かつて父の使用人であった酒場の主人のところへ使いに出された。これを読んで、後の問いに答えよ。

秋であった。

医師は妹の肺炎にペニシリン（注1）がいるとつげた。金さえあれば解決することである。兄弟は包みをもたされて、それは九歳と十二歳の子供にもてるくらいの量だったが、店へやって来た。

主人はいつもの上機嫌で(ア)心得顔に二人をむかえ、包みをうけとって奥へ消えたまま出てこない。ついさっき、気むずかしい顔つきの男が呼ばれて奥へ去ったのも、包みにかかわりがあると思われて弟は不安だった。

客の出入りは多かった。

「どうしたんでしょうねえ」

わずかな暇をみて女主人が奥へ去り、しばらくしてもどると、二人のまえにおいてあった桃をとりあげて皮をむきはじめた。女主人はなにかいうのだろうかと顔をみつめても少年たちには黙っている。

奥で、なにか(イ)のっぴきならないことがおこったのかもしれない、と弟は想像した。女主人の細い指が器用にナイフをあやつって、手の中で桃をあたかも一つの毬《まり》のようにくるくるところがしながら皮をむくのを彼は見ていた。皮は細い紐《ひも》になってテーブルの上におちた。

皮をむかれた桃は、小暗い電灯の照明をやわらかに反射して皿の上にひっそりとのっている。汁液が果肉の表面ににじみ出し、じわじわと微細な光の粒になって皿にしたたった。弟はテーブルから目をそむけた。

しかし、壁を見ても客の姿を見ても、目にうかぶのは輝くばかりの桃である。淡い蜜《みつ》色の冷たそうな果実は、目をとじてさえも鮮やかに彼の視界にひろがる。戦争以来、何年も見たことのない果実であった。

女主人は客のいるカウンターへ去った。

「帰ろうよ」

弟はささやいた。

「お金をもらったら帰る」

兄がおもおもしく宣言した。弟の目には兄がおとなっぽく映った。自分ひとりが乳のみ児《ご》のように道理をわきまえない子供だと思われ、それが肚《はら》だたしくもあった。いったい兄は皿の桃をどう思っているのだろう。手をのばして触りたくもないのだろうか。（注2）大豆滓《かす》とうもろこしの雑炊を食べていて、どうして平然とおちつきはらっていられるのだろう。

弟はズボンのポケットに握りこぶしを入れ背をまるくしてうなだれた。兄はいう。

「おまえが小さいときは何でもあったのだよ。チョコレートもカステーラも。忘れたのかい、食べきれずにすてるほどだった」

いよいよ弟は背をまるくした。兄が嘘《うそ》をついているとは思わなかったが、そんなことは一つもおぼえていなかった。たぶん事実だろうが、〝何でもあった昔〟を考えるのはつらかった。〝今は何もない〟のだから。

（注）1　ペニシリン――抗生物質。肺炎などに効く画期的な薬とされた。
2　大豆滓――大豆から油をしぼり取ったかす。通常は肥料などにする。

問1　傍線部(ア)・(イ)の語句の本文中における意味として最も適当なものを、次の各群の①～⑤のうちから、それぞれ一つずつ選べ。

(ア)　心得顔
①　何かたくらんでいそうな顔つき
②　扱いなれているという顔つき
③　いかにも善良そうな顔つき
④　事情を分かっているという顔つき
⑤　何となく意味ありげな顔つき

(イ)　のっぴきならない
①　予想もつかない
②　どうにもならない
③　決着のつかない
④　言い逃れのできない
⑤　口出しのできない

問2 傍線部A「自分ひとりが乳のみ児のように道理をわきまえない子供だと思われ、それが肚だたしくもあった」とあるが、このときの弟の心情の説明として最も適当なものを、次の①～⑤のうちから一つ選べ。

① 妹のためにお金を得ることだけを考えている兄に比べて、米が売れそうにもない不安から帰ってしまおうとする自分が幼稚に感じられ、情けなく思っている。

② 必ず役目を果たすという強い意志を持って臨んでいる兄に比べて、そんな意欲を持てず放棄したいと考える自分が卑怯《ひきょう》に思われ、怒りを感じている。

③ 桃を食べることが絶望的になり、兄に帰りたいと言ったため、周囲から兄に比べて幼稚だと思われてしまい、そんな事態を招いた自分に腹を立てている。

④ ひたすら役目を果たそうとしている兄に比べて、桃の魅力に耐えられずこの場から逃れたいと考える自分が幼く感じられ、いまいましく思っている。

⑤ 感情を表に出さない兄に比べて、桃を食べたいという欲求を抑えきれずすぐ態度に出してしまう自分が卑しく思われ、嫌悪を感じている。

分析

問1

語句の意味問題です。こういうタイプの問題は、辞書的な意味を知らなくても「前後の文脈から推測すればいいや」と思っている人も多いのですが、入試では、知識なしで解こうとすると悩んでしまう、紛らわしい選択肢が用意されているものです。できるだけ、コツコツと知識を得ていきましょう。

(ア)「心得顔」は「こころえがお」と読みます。こう読めればすっとわかったかもしれませんね。「心得ている」ですから「ウンウン、わかってるよ」という意味で、**答えは④**です。

(イ)「のっぴきならない」は頻出。「退っ引きならない」と書きます。敵に追いつめられてもう「退くことも引くこともできない」という感じで「どうしようもない」という意味です。**答えは②**になります。

語句の意味問題は、
文脈よりも辞書的
意味で考える!!

問2

リード文（問題冒頭の「次の文章を読んで、後の問いに答えよ」という文です）に、「少年とその兄は」とあります。つまり「弟」を中心に見ていますね。つまり、この小説の**主人公は「弟」**ということです（主人公を「少年たち」と読んでしまう人も多いので注意してください）。

弟を中心に読んでいくと、次のようなポイントに気づきます。

秋であった。

医師は妹の肺炎にペニシリンがいるとつげた。金さえあれば解決することである。兄弟は包みをもたされて、それは九歳と十二歳の子供にもてるくらいの量だったが、店へやって来た。

主人はいつもの上機嫌で(ア)心得顔に二人をむかえ、包みをうけとって奥へ消えたまま出てこない。ついさっき、気むずかしい顔つきの男が呼ばれて奥へ去ったのも、包みにかかわりがあると思われて弟は不安だった。

客の出入りは多かった。

「どうしたんでしょうねえ」

わずかな暇をみて女主人が奥へ去り、しばらくしてもどると、二人のまえにおいてあった桃をとりあげて皮をむきはじめた。女主人はなにかいうのだろうかと顔をみつめても少年たちには黙っている。奥で、(イ)なにかのっぴきならないことがおこったのかもしれない、と弟は想像した。女主人の細い指が器用にナイフをあやつって、手の中で桃をあたかも一つの毬のようにくるくるところがしながら皮をむくのを彼は見ていた。皮は細い紐になってテーブルの上におちた。

皮をむかれた桃は、小暗い電灯の照明をやわらかに反射して皿の上にひっそりとのっている。汁液が果肉の表面ににじみ出し、じわじわと微細な光の粒になって皿にしたたった。弟はテーブルから目をそむけた。

しかし、壁を見ても客の姿を見ても、目にうかぶのは輝くばかりの桃である。淡い蜜色の冷たそうな果実は、目をとじてさえも鮮やかに彼の視界にひろがる。戦争以来、何年も見たことのない果実であった。

女主人は客のいるカウンターへ去った。

「帰ろうよ」

弟はささやいた。


弟の心情が「――」から「～～」へ変化していることを押さえてください。もともとは「不安」だったり「何か奥でどうにもならないようなことが起こっているのかもしれない」と思っていた弟ですが、そのうち「壁を見ても客の姿を見ても、目にうかぶのは輝くばかりの桃である」という状態になる。いつの間にか**頭の中は桃でいっぱい**になっています。

注意しておいて欲しいのは、弟の「帰ろうよ」は「不安だから」言ったのではない、ということです。頭の中は桃一色。その状態で「帰ろうよ」と言っているわけです。ここはみなさんの主観が入りやすいところですから、注意してください。

こういう流れで、傍線部の部分に入っていきます。傍線部分を**〈事態→心理→行動〉**を意識しながら整理していきましょう。

傍線部は「自分ひとりが乳のみ児［＝赤ん坊］のように道理をわきまえない子供だと思われ、それが肚だたしくもあった」です。「…と思われ、それが肚立たしい」ですから、傍線部は**〈心理〉**ですね。残りの**〈事態・行動〉**を考えていきます。

「自分だけが赤ん坊みたい」という気持ちは、兄と比較してそう言っていますから、「自分とは違って、兄はしっかりして大人のようだ」と感じているということです。自分は、頭の中は桃一色でお金のことなんてどこかにいってしまっているのに、兄は「お金をもらったら帰る」と、きちんとここに来た役目を果たそうとしている。その違いに、「自分だけが、だだをこねている赤ん坊みたい」に思えて肚が立つわけですね。これで**〈事態〉**の内容は決まりました。

傍線部の続きをみると、**〈心理〉**の描写が続いています。「兄は手をのばして桃を触りたくもないのだろうか」と思うということは、裏返せば「自分は触りたくて仕方がない」わけですし、「兄はどうして平然とおちつきはらっていられるのだろう」と思うということは、「自分は平然としてなんていられない」わけです。桃を触りたくて仕方がない。そんな自分に肚が立っているわけです。

では、肚が立ってどうしたのかというと、「ズボンのポケットに握りこぶしを入れ」ています。手を伸ばして触りたくて仕方がなかったのに、その手をズボンのポケットに入れた。つまり、手を伸ばしたいのをガマンしたんですね（エライ!）。でも、本当は食べたくって仕方ないから「背をまるくしてうなだれた」わけです。

ここも「自分への怒りで↓握りこぶしを握った」という誤読をしてしまう人がいるので注意してください。「怒り」と「握りこぶし」という「単語」を都合よくつないでしまう読み方です。ポケットの中でこぶしを握りしめた」と書かれているならその可能性もありますが、「こぶしをポケットに入れた」

ですから「気持ちを収めた」「伸ばしたい手をしまった」と読むべきです。
以上、読み取ったことをまとめてみましょう。

事 ← 心 ← 行

兄↔弟
頭の中は桃一色→「帰ろうよ」と言った
「お金をもらったら帰る」(ここに来た役目を忘れていない)

自分だけ赤ん坊みたいに思われて、肚が立つ
兄は手をのばして桃を触りたくもないのだろうか。(→**自分は触りたい**)
どうして平然とおちつきはらっていられるのだろう。(→自分は平然としていられない)

弟はズボンのポケットに握りこぶしを入れ(ガマンした!)
背をまるくしてうなだれた。

では、この読解をベースに選択肢を吟味していきましょう。

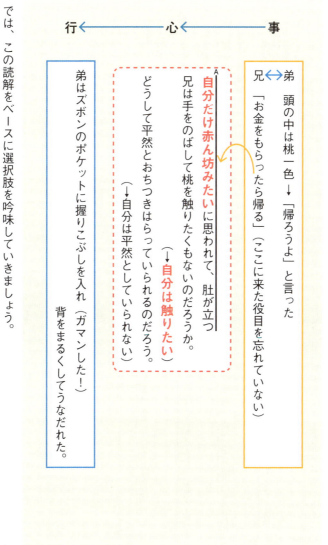

正解は④です。**〈事態〉**の説明もバッチリですし、**〈心理〉**も傍線部にぴったり合っています。

④ ひたすら役目を果たそうとしている兄に比べて、桃の魅力に耐えられずこの場から逃れたいと考える自分が幼く感じられ、いまいましく思っている。

では、他の選択肢を見ていきましょう。

① 妹のためにお金を得ることだけを考えている兄に比べて、米が売れそうにもない不安から帰ってしまおうとする自分が幼稚に感じられ、情けなく思っている。

② 必ず役目を果たすという強い意志を持って臨んでいる兄に比べて、そんな意欲を持てず放棄したいと考える自分が卑怯に思われ、怒りを感じている。

③ 桃を食べることが絶望的になり、兄に帰りたいと言ったため、周囲から兄に比べて幼稚だと思われてしまい、そんな事態を招いた自分に腹を立てている。

⑤ 感情を表に出さない兄に比べて、桃を食べたいという欲求を抑えきれずすぐ態度に出してしまう自分が卑しく思われ、嫌悪を感じている。

選択肢①は「米が売れそうにもない不安から帰ってしまおうとする自分」が×です。先ほど説明したように「帰ろうよ」というのは頭の中が桃一色だったからですね。

選択肢②は「そんな意欲を持てず放棄したいと考える自分」が×です。ここでいう「役目を放棄」するは「帰ろうよと言った」ことですね。その理由は「意欲を持てないから」ではなくて桃に心を奪われているからでした。①と同じポイントで×です。

また①②両方ともそうなのですが、肝心の「桃」が原因だという説明が全くありません。②はさらに「卑怯に思われ」という心理の説明もおかしいですね。

選択肢③は「周囲から兄に比べて幼稚だと思われてしまい」が×です。傍線部の「思われ」を〈受け身〉に取ってしまった選択肢です。古典でも学習するように、「思う」や「感じる」などに続く「る・らる（れる・られる）」は、〈自発［＝自然と〜される］〉の意味です。したがって〈受け身〉と捉えてしまった③は×です。

選択肢⑤は「桃を食べたいという欲求を抑えきれずすぐ態度に出してしまう自分」が×です。「ズボンのポケットに握りこぶしを入れ」たんですから、態度に出すのを我慢したんでした。

以上より、**正解は④**に決定します。

繰り返しますが、**大切なのは〈思考回路〉**です。他の問題の時も同じように考える。これから問題を解いていく時も、「この文章の内容が読めたかどうか」「この問題が解けたかどうか」ではなくて、**他の文章や問題にも通じる〈思考回路〉で考えたか**を意識していってください。

2 〈中心心理〉をつかむ

評論編でも、**共通テストが求める力は「読み取ったことをベースに、思考し判断する力」**だと説明しました。ということは、小説問題もこれまでのセンター試験のように「傍線部の心理が説明できればよし」ではなくて、**「この小説は全体でこんなことを言っていた」とか、「作者はこういうことを伝えたかった」というようなことがつかめていなければなりません。**それが他の文章と比較して「思考し判断するベース」になるからです。この章は、小説から「作者のメッセージを読みとるポイント」について講義していきます。

○小説にも「主張」がある

書き手（評論なら筆者、小説なら作者と呼ばれますね）が文章を書くときには、読者に対して何か伝えたい主張があるはずです。それは評論でも小説でも同じ。小説に「主張がある」と言われてピンと来ない人には、「伝えたいメッセージがある」と言えばしっくりくるでしょうか。伝えたいことがある。だから文章を書く。それがなくて文章を書くはずがありません（普通は）。

ただ、小説のメッセージは評論とは少し違って、「友情は大切だ」とか「親の愛情は子どもが想像するよりもとても深いものだ」というような感じのものです。評論同様、**小説読解でもこの「作者のメッセージ」を読み取っていくことが大切**です。

では「作者のメッセージ」は一体どこに表れるのか。テレビドラマや映画を考えればわかりやすいでしょう。ストーリーの終盤、いわゆるクライマックスのシーンで、主人公が「友情って大切だなぁ」と思ったり、登場人物がお互いに「みんながいてくれたから今がある」と実感しあったりします。つまり多くの場合、**「クライマックスシーンの登場人物（特に主人公）の心理に作者のメッセージは表れる」**と言えます。よく小説では登場人物の心理をつかむことが大切だと言われるのは、このためです。本書では、この**「作者のメッセージを示す心理」のことを〈中心心理〉と呼ぶ**ことにします。

◎〈小説読解〉では、登場人物（特に主人公）の心理を追っていく。終盤で〈中心心理〉を押さえ、そこに表れた「作者のメッセージ」を読み取る。

○「人物関係」と「場面の変化」

今述べたように、小説読解では主人公の心理を追いかけながら読んでいきますが、ストーリー把握のために、**「人物関係」と「場面の変化」**を押さえます。

まず「人物関係」ですが、これは主人公を中心に関係が整理できればそれで大丈夫です。

次に「場面の変化」ですが、**「時の変化、場所の変化、重要人物の出入り、空白行」の４つが代表的な場面変化のサイン**、と覚えておいてください。これは演劇を想像してみると理解しやすいと思います。照明が暗くなって夜の場面になる［時の変化］、セットが変わって街中から田舎の場面になる［場所の変化］、市民が群がって噂しているところに王様がやってくる［重要人物の出入り］、舞台の幕がいったん降りる［空白行］。こんな感じです。

この二つを意識しながら、後は登場人物の心理を追いながら読んでいく。試験では時間も限られていますから、あまり細部にこだわりすぎず、テレビドラマを見るように、**大きく中心的な話の流れが掴めれば充分**。そのくらいのつもりで読んでいけばいいでしょう。

POINT

ストーリー把握のポイント

登場人物（特に主人公）の心理を追って読み、終盤で〈中心心理〉をつかんで「作者のメッセージ」を読み取る。この時、

❶「人物関係の整理」（主人公を中心に）
❷「場面の変化を押さえる」

の2点には注意する。〈場面の変化〉の代表的なサインは次の4つ。覚えておこう。

「場面変化」のサインは｛時の変化／場所の変化／重要人物の出入り｝の4つ！
＋空白行

例題 3

目標解答時間 12分

次の文章は、神西清《じんざいきよし》の小説『少年』の一節である。これを読んで、後の問いに答えよ。

修業式の五日ほど前に、祖母が息をひきとった。持病はなかったから、つまり老衰死である。その死に顔も、また死そのものとの接触感も、ともに少年の意識にのぼらなかった。父がおいおい手ばなしで、まるで子供のように泣きながら家の中をうろうろしているのを、少年は何か不思議な観物《みもの》を見るように眺めた。お別れに、割箸《わりばし》の先へつけたガーゼで祖母の口を拭《ふ》かされた時にも、土色に窄《すぼ》まって開いている老女のしなびきった唇は、みにくいと感じただけに過ぎない。もう一つ、そんな醜いものを半公開の儀式にまで仕立てる大人たちの愚かさに、へんな軽蔑《けいべつ》の情をおぼえただけにすぎない。少年はむしろ祖母に同情した。彼女の死への同情ではなかったけれど。

そんな少年にとって、もし何か死の実感に似たものがあったとすれば、それは祖母の死ぬ日の朝から（臨終は夕方だった）、近所の大きな黒犬が庭へまぎれこんで来て、前脚を縁側にかけながら、しきりに遠吠《とおぼ》えをしたことである。いくら追われても水をぶっかけられても、犬は出て行かなかった。ますます牙《きば》を剝《む》きだして吠《ほ》えさかった。少年は、いよいよ祖母が息を引きとったあとで、あの犬が見ていた何か人間の目には見えぬものが、つまり死なのだと思った。

葬列も葬式も、あらゆる大人たちのする儀礼の例にもれず、長たらしく退屈な、無意味な行事の連続にすぎなかった。少年は南国の春の砂ぼこりの中に、小さな紋付羽織を着せられて、みじめな曝《さら》し物にされている自分だけを意識していた。腹ただしく口惜しかった。

少年は、あの吠えさかる犬が目に見ていたものが死なのだと、漠然と感じてはいたけれど、これには勿論《もちろん》、想像のへだてとでも言うべき一皮かぶった気持ちがあった。少年が祖母の死を、はっきり現実として受けとったのは、いよいよ修業式が済んで、小さな免状と大きな優等証書の二枚を筒巻きにして、ぼんやり家に帰って来たあとである。父は役所だった。家には母だけがいて、その筒巻きを手にすると、ちょっと拡《ひろ》げてみて、「そう」と、にこりともせず、呟《つぶや》くように言った。そして、また巻いて、父の机の上に置いた。

少年は勿論、ほめられようと思って帰って来たわけではない。だいいち少年自身にしてからが、その日のことをさっぱり嬉《うれ》しいとも誇らしいとも思ってはいない。勝ち気で、無口で、そのくせ胸の奥に何か少年には窺《うかが》い知ることのできない情愛や知恵を、じっと包みこんでいるような母の性格も、少年には分かりすぎるぐらい分かっている。そういう母を、少年はたしかに心のどこかで愛してはいるのだが、その一方やはりAその母に、一種の嫌悪と反発を、たえず感じずにはいられなかった。自分自身の影に、無限に愛情を感じる人もあれば、無限の嫌悪をいだく人もある。その中間の人は極めて珍しい。少年は明らかに後者の型だった。少年は母のなかに、自分の影を嗅《か》ぎつけていたのである。……そんな母から少年は「そう」と言う呟きのあとに「よかったね」という言葉が添わることを、最初から予期していたわけではない。しかしその日だけは、何か無性に、それに類する慰めの一言が欲しかった。少年は疲れていたのかも知れない。死や葬式や修業式が、たてつづけに続いたのである。少年は甘えたかった。ほんの少し。ただ、ほんの少し。……

少年は自分の勉強机の前へ行って、ゆっくり袴《はかま》の紐《ひも》をときながら、Bふと祖母のいない空虚さを、焼けつくように頭の一隅に感じた。祖母ならば、「よかったのう」と言ってくれるばかりか、痩《や》せ細ったカサカサの手で、頭を撫《な》でたり、何かその辺をごそごそいわせて、褒美を出してくれ、撫でられたり、褒美をもらって嬉しそうな顔をつくろうのは、少年にとって迷惑なことだったが、それをしてくれる人は、五日ほど前から、突然いなくなったのだ。あの隠居部屋には、たしかに誰《だれ》もいないのだ。……この不在の感覚が、痛いほど少年をしめつけた。

そうした少年の心の動きは、祖母への追慕などというものとは、およそ縁のない、(ア)裏はらなものに違いなかった。そこには一種の罪障感と自責の念が、黒々とよどんでいた。祖母は、……あんなにも自分が甘えぬき同時にまた避けぬいた祖母は、自分から何の感謝のしるしも受けとらずに、黙って死んで行ったのだ。この取り返しのつかないものが、つまり「死」というものなのだ。

少年は、この空虚感と、自分への怒りとに、どうにも堪えられなくなって、縁側に寝そべったまま、ふと口に出してみた。

「お母さん……お祖母《ばあ》さんは?」

「え?」

座敷の暗いところで、何か片づけ物をしていた母は、(イ)怪訝《けげん》そうに少年を見た。そして、哀れむようにじっと見つめた眼《め》を、またよそへそらした。

C少年はその瞬間、しまった、と思った。ちらりと目にうつった母の眼のうるみのなかに、少年は明らかな誤解の影をとらえたのである。

「ううん、そうじゃないの……」と、少年は打ち消そうとして、言葉につまった。

「何が?」

母は小声で聞き返して、また哀れむように少年を見た。

問1 傍線部(ア)・(イ)の語句の、文中における意味として最も適当なものを、次の各群の①～⑤のうちから、それぞれ一つずつ選べ。

(ア) 裏はらな
① 裏にかくれた
② 裏おもてのある
③ 意外な
④ 反対の
⑤ 奥深い

(イ) 怪訝そうに
① うたぐり深そうに
② 心配そうに
③ 気の毒そうに
④ 不安そうに
⑤ 不思議そうに

問2 傍線部A「その母に、一種の嫌悪と反発を、たえず感じずにはいられなかった。」とあるが、それはなぜか。そう感じる少年の心理の説明として最も適当なものを、次の①～⑤のうちから一つ選べ。

① 少年を溺愛《できあい》する祖母に遠慮して、率直に愛情を示そうとせず、甘えることも許そうとしない母の態度に一種のもの足りなさや不満を感じ、反発さえ覚えるようになっていたから。
② いつも少年を甘えさせてくれた祖母に比べて、胸の奥ものぞかせず、甘えることもどこかではね

つけているような母の態度に、一種の言い知れない疎外感のようなものをもちはじめていたから。

③ 何となく甘えにくいように感じられた母に、実は少年の到底窺い知れない情愛や知恵のあることを知るにつけ、その存在が自分の卑小さを浮かびあがらせるように思われたから。

④ 少年の心の動きをじっと見守っているだけで、率直に愛情を示そうとはしない母のなかに、自分でも嫌だと思っている、変に冷静で素直でない自分の性格と似たものを感じとっていたから。

⑤ 実は甘えたいと思っている少年の心の底をすべて見抜いているにもかかわらず、黙っているような母の態度に、大人の冷たさを感じ、たまらない嫌悪感をいだくようになっていたから。

問3 傍線部B「ふと祖母のいない空虚さを、焼けつくように頭の一隅に感じた。」とあるが、なぜそう感じたのか、その説明として最も適当なものを、次の①〜⑤のうちから一つ選べ。

① 求めていた言葉を母から与えられなかったため、満たされない寂しさを感じて、生前の祖母の愛情の深さに気づき、失ったものの大きさをいまさらのように意識したから。

② 頭を撫で、褒美を出してくれる祖母に嬉しそうな顔をつくろうのは、迷惑なことだったが、もはやそうする必要もなくなったのだと思うと、不思議と懐かしさがこみあげてきたから。

③ 今までいた隠居部屋から祖母が突然姿を消してすでに五日ほどになるということに気づき、死というものの本当の意味が永遠の不在であるということを、はっきりと悟ったから。

④ 死や葬式や修業式がたてつづけに続いて疲れていたため、慰めを求め、自分がいつも慕い親しんでいた亡き祖母を懐かしむ思いが痛切に胸にせまってきたから。

⑤ 心のどこかで愛している母を求める思いが受け入れてもらえなかったために、かえって一種の嫌悪と反発を感じ、母にかわる存在として亡き祖母を考えるようになったから。

問4 傍線部C「少年はその瞬間、しまった、と思った。」とあるが、このときの少年の気持ちの説明として最も適当なものを、次の①~⑤のうちから一つ選べ。

① 勝ち気だった母親が、祖母を追懐する少年の言葉がもとで、これまで彼にいかに冷淡であったかということに気づき、眼に涙を浮かべるまでにいたったことに対して、少年は驚き、申し訳なく感じたのである。

② 生前、祖母に対して素直になれなかった少年が、その死後、自責の念に堪えられず、思わず祖母のことを口にしてみたのに、祖母に甘えることができずに悲しんでいると、母親に勘違いされて動揺したのである。

③ 生前、存分に甘えさせてくれた祖母に、素直な態度がとれず、優しい言葉一つかけようともしなかった少年であったが、実は深く祖母を愛していたのだということを母親に気づかれたのが恥ずかしかったのである。

④ 少年は、すでに死んでこの世にいないはずの祖母があたかもまだ生きているかのように思って、つい「お祖母さんは?」と聞いてしまったことで母に訝《いぶか》しく思われ、説明のしようがなく困惑したのである。

⑤ 少年は、不用意に祖母に触れた問いかけをしてしまったため、必死に忘れようと努めていた母親に、いまは亡き祖母のことを思い出させてしまい、彼女を悲しませることになったのを痛切に後悔したのである。

分析

〈ストーリー把握のポイント〉を意識しながら文章を読んでいきます。

主人公は、題名からもわかるように**「少年」**です。少年を中心に人物関係を整理しながら、〈主人公＝少年の心理を追って〉読んでいきます。

場面は大きく二つ、**「第Ⅰ場面　祖母の死から葬式まで」**と**「第Ⅱ場面　修業式の日」**に区切ることができます（第Ⅰ場面は、さらに祖母が死んだ日と葬式の日に分けることもできますが、続きで説明するように「少年の心理の変化」に注目するならば、分ける必要はないでしょう）。順に、本文のポイントを解説していきます。本文と照合しながら読んでください。

第Ⅰ場面

第Ⅰ場面では、**「少年は祖母の死にほとんど気持ちが動いていない」「少年には祖母の死の実感がない」**ということを読み取ります。

第１段落では、祖母の死に顔も死そのものとの接触感も「ともに少年の意識にのぼらなかった」とあります。さらに祖母が死んで子供のように泣きじゃくりながら悲しんでいる父親の姿も、「何か不思議な観物を見るように眺めて」いる。少年には祖母の死を悲しむ父の姿が「不思議に」感じられている。ということは、少年は祖母の死が悲しくないわけです。続きを見ても「～だけに過ぎない」と繰り返されているように、少年の気持ちは、祖母の死によってはほとんど動かされていません。

第2段落では、そんな少年にも「あの犬が見ていた何か人間の目には見えぬものが、つまり死なのだ」という死の実感に似たものがあったとあります。が、それはあくまで「死の実感に似たもの」であって死の実感ではない。「一皮かぶった［＝直接はつかみ取れない］」「漠然」としたものです。

第Ⅱ場面

第Ⅱ場面では、そんな少年が「祖母の死をはっきり現実として受け取」ります。この**〈主人公の心情の変化〉**を押さえてください。

傍線部Bとそれに続く文脈では、この「祖母の死を実感した時の心情」について詳しく言い換え説明がされています。重要部分ですから、丁寧に確認しておきましょう。

> 少年は…ふと祖母のいない空虚さを、焼けつくように頭の一隅に感じた。（B）
>
> 祖母ならば、「よかったのう」と言ってくれるばかりか、痩せ細ったカサカサの手で、頭を撫でたり、何かその辺をごそごそいわせて、褒美を出してくれ、……それをしてくれる人は、五日ほど前から、突然いなくなったのだ。あの隠居部屋には、たしかに誰《だれ》もいないのだ。
>
> この不在の感覚が、痛いほど少年をしめつけた。
>
> そうした少年の心の動きは、祖母への追慕などというものとは、およそ縁のない、裏はらなものに違いなかった。

そこには一種の罪障感と自責の念が、黒々とよどんでいた。
祖母は、……あんなにも自分が甘えぬき同時にまた避けぬいた祖母は、自分から何の感謝のしるしも受けとらずに、黙って死んで行ったのだ。
この取り返しのつかないものが、つまり「死」というものなのだ。

傍線部Bの心理が右のように言い換えられていることは、つかめていたでしょうか？

「祖母のいない空虚さ」と「この不在の感覚」は言い換えですし、「焼けつくように…感じた」と「痛いほど少年をしめつけた」は、どちらも祖母の不在がじりじりと感じられたという意味で言い換えになっています。（こういう〈言い換え表現［＝**同義文**といいます］〉を判定できる力は大切ですよ。意識してトレーニングしていってください。）この言い換えを押さえることができれば、後は「そうした」「そこには」という指示語のつながりから、右に示した一連の言い換え表現をつなぐことができます。

ここは丁寧に読むところです。 **本文の終盤部分に差し掛かって、第Ⅰ場面では全く動いていなかった少年の心が激しく動かされている場面ですから〈中心心理〉である可能性が高い。**

ここは丁寧に、繊細に。King Gnu の歌い出しぐらい繊細に読んでください。

「祖母ならば『よかったのう』と言ってくれたのに…」とあるのは、「(母と違って) 祖母ならば…」という意味ですから、求めていた慰めの言葉を母からかけてもらえなかったことで、少年は、祖母が自分に対して深い愛情を持って接していてくれたことに、いま気づいたわけです。その祖母は確かにいなくなってしまった。

この、痛いほど胸を締めつける気持ちは、祖母への追慕［＝死者や遠く離れたところにいる人を懐かしむ気持ち」などではなく、甘えぬきながらも同時に避けぬいた祖母に、自分は何の感謝のしるしも示せなかったのだという「罪障感と自責の念［＝罪を犯してしまったと感じる気持ちと自分を責める気持ち］」です。どんなに後悔しても、今さら感謝の気持ちを伝えられるはずがない……。「この取り返しのつかないものが、つまり『死』というものなのだ」と少年は感じます。以上が、一連の傍線部Bの言い換え表現の説明です。

これに続く本文の最終部分には、傍線部Cがあるくらいで、特にメッセージ性を持つような心理はありませんでした。したがって、**右で説明した一連の心理、祖母に対する思いがこの小説の〈中心心理〉だと考えられます。**この〈中心心理〉について問うているのが今回の焦点である**問3**です。

問3

設問は「なぜ傍線部のように感じたのか」ですから、「傍線部の心理に至る理由」を問うています。つまり、先の説明で［　］で囲った一連の心理になった理由、それを問われているわけです。左の図の黄色い四角部分を埋める内容が解答です。本文より**ポイントは二つ**読み取れます。

理由
❷ ❶

↓

B 祖母のいない空虚さを感じた。
祖母ならば……してくれたのに。
祖母への追慕ではない／罪障感と自責の念
取り返しがつかないものが死なのだ

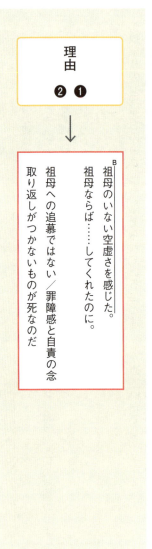

1点目は**「❶求めていた慰めの言葉を母からかけられなかったから」**。母の性格をよく知る少年は、母から慰めの言葉をかけてもらえるなどとは予期していなかった。でも、祖母の死や葬式や修業式がたてつづけに続いて疲れていたのか、その日だけは無性に慰めの言葉をかけて欲しかったのかも知れない、とありました。「無性に［＝抑えられないくらいに気持ちが高まって］」ですから、どうしようもなく慰めの言葉をかけて欲しかった。でもかけてはもらえなかったわけです。そこで「（母と違って）祖母ならばかけてくれたのに…」と思ったんですね。

2点目は**「❷祖母の愛情に気づいていなかった／今気づいたから」**。それまで散々愛情をかけてもらっていた時には気づかなかったのに、祖母がいなくなって初めて愛情の深さに気づいた。しかもお礼の一つも言えなかった。だから「取り返しのつかないことをしてしまった…」と罪障感を持つわけですね。では、以上の読解をベースに選択肢を吟味していきましょう。

まず**正解は**①です。今説明した**ポイント❶・❷をきちんと満たしています。**

> ① 求めていた言葉を母から与えられなかったため、❶満たされない寂しさを感じて、生前の祖母の愛情の深さに気づき、❷失ったものの大きさをいまさらのように意識したから。

他の選択肢も見ておきましょう、選択肢②と④は、いずれも「祖母を懐かしむ」と言っているので×です。一連の□の説明で、少年の祖母への気持ちは「追慕ではない」とありましたね。

> ② 頭を撫で、褒美を出してくれる祖母に嬉しそうな顔をつくろうのは、迷惑なことだったが、もは

やそうする必要もなくなったのだと思うと、不思議と懐かしさがこみあげてきたから。

④ 死や葬式や修業式がたてつづけに続いて疲れていたため、慰めを求め、自分がいつも慕い親しんでいた亡き祖母を懐かしむ思いが痛切に胸にせまってきたから。

最後に、選択肢③と⑤ですが、③は単に「祖母＝永遠の不在」と言っているだけです。これでは「自分を責める理由」として説明不足です。祖母が永遠に不在だから自分を責めるのではなくて、「祖母の愛情に今まで気づかなかった」鈍感な自分を責めるわけです。⑤は「母にかわる存在として亡き祖母を考えるようになった」が×ですし、「一種の嫌悪と反発」がそこへつながるのでもありません。

③ 今までいた隠居部屋から祖母が突然姿を消してすでに五日ほどになるということに気づき、死というものの本当の意味が永遠の不在であるということを、はっきりと悟ったから。

⑤ 心のどこかで愛している母を求める思いが受け入れてもらえなかったために、かえって一種の嫌悪と反発を感じ、母にかわる存在として亡き祖母を考えるようになったから。

以上より、正解は①に決定します。

選択肢の切り方で大切なのは「選択肢から→本文に照合する」のではなくて、「本文の読解をベースにして考える」ことです。必要なポイントを読み取って、それを元に選択肢を吟味する。今回であれば「必要なポイントは❶と❷だな」と読み取ってから選択肢を吟味する。多くの受験生は、マーク式問題を解く時にここが逆転してしまっていて、選択肢からスタートして○×をつけている。こういう解き方の人が「選択肢に引っかかる」人なのです。

他の問題も、ポイントを解説しておきます。

問1

語句の意味問題です。語彙はコツコツ増やしていきましょう。

(ア)「裏はらな」は「表と裏／おなかと背中」または「背中合わせの」という意味です。**答えは④**。②の「裏おもてのある」は「彼は裏おもてのある人物だ［＝彼はおもての振る舞いと内面に違いがある人だ］」というふうに使う語ですから、意味が違いますね。

(イ)「怪訝そうに」は頻出です。「怪しむこと／不思議で納得がいかない」という意味です。**答えは⑤**。①の「うたぐり深そうに」では「母がうたぐり深い人だ」という意味になってしまいます。ここでは「母が少年のことを不思議そうに見ている」という意味でした。

問2

傍線部が「一種の嫌悪と反発」という〈心理〉ですから、〈事態・行動〉を考えていきます。「その母に嫌悪と反発を感じた」とありますから、母がどんな人なのか、指示内容を確認すると、傍線部Aの直前に「勝ち気で、無口で、そのくせ胸の奥に何か少年には窺い知ることのできない情愛や知恵を、じっと包みこんでいるような母の性格」と、母の性格が説明されています。少年はそういう母を愛しているのだけれども、同時に嫌悪と反発も抱いていたんですね。

それはなぜか。傍線部の直後に理由が記されています。「自分自身の影に、無限に愛情を感じる人もあれば、無限の嫌悪をいだく人もある。その中間の人は極めて珍しい。少年は明らかに後者の型だった。少年は母のなかに、自分の影を嗅ぎつけていたのである」。母の性格は実は少年に似ている。少年はそんな「母の自分に似ている性格」に嫌悪を抱いていた、ということです。

事 → 心 → 行

母の「勝ち気で無口で…」という性格が
自分に似ているので

一種の嫌悪と反発を、たえず感じずにはいられなかった

これでポイントは確認できました。選択肢を見ていきましょう。
正解は④です。説明すべき二つのポイント、「母の性格」と「それが少年に似ている」ということが、バッチリ説明できています。

④ 少年の心の動きをじっと見守っているだけで、率直に愛情を示そうとはしない母のなかに、自分でも嫌だと思っている、変に冷静で素直でない自分の性格と似たものを感じとっていたから。

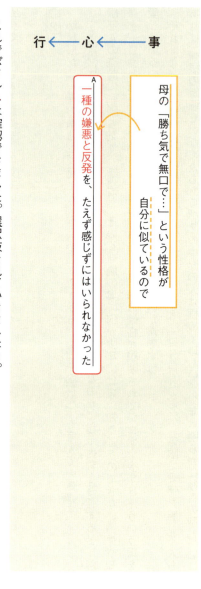

他の選択肢を見ておきましょう。

選択肢①は「少年を溺愛する〔＝冷静さを失い盲目的に可愛がる〕祖母に遠慮して、率直に愛情を示そうとせず、甘えることも許そうとしない母」が×です。母が愛情を示さないのは、情愛を内に秘める性格だからであって、祖母に遠慮したからではありませんね。

選択肢②は「母の性格」の説明はありますが、「自分と似ている」という説明がありません。それに「母に嫌悪と反発を感じる」理由は、祖母との比較によってではありませんから、「いつも少年を甘えさせてくれた祖母に比べて」も×です。

選択肢③は「その存在が自分の卑小さ〔＝ちっぽけで価値の低いということ〕を浮かびあがらせるように思われた」が×です。母のそういう性格は「自分に似ている」のですから、母と比べて自分が小さく感じられるというのはおかしいですね。同様に選択肢⑤も「母の態度に、大人の冷たさを感じ」が×です。「自分に似ている」のですから、子どもとは異なる大人の冷たさを感じた、というのは違います。

問4　傍線部Cは「しまった、と思った」なので〈心理〉です。残る二つの要素である〈事態・行動〉を、本文で確認していきましょう。
傍線部Cの直後に「少年は明らかな誤解の影をとらえたのである」とありますから、少年は母に誤解されてしまったことを「しまった、と思った」わけです。では母はどんなふうに勘違いしたのかというと、こうなります。

少年 ↔ 母

少年：空虚感と自分への怒りに堪えられなくなって→「お祖母さんは？」と言った

母：哀れんだ／涙ぐんだ

少年は、祖母がいなくなった空虚さと、罪を犯してしまった自分への怒りから「お祖母さんは？」と口にした。それなのに母は少年を哀れんで〔＝かわいそうに思って〕涙ぐんだわけです。その母の誤解**〈事態〉**に「しまった」と思って、「ううん、そうじゃないの」と否定したわけですね**〈行動〉**。

事 → 心 → 行

少年 ↔ 母

母が誤解している

C 少年はその瞬間、しまった、と思った

では、選択肢を吟味していきましょう。

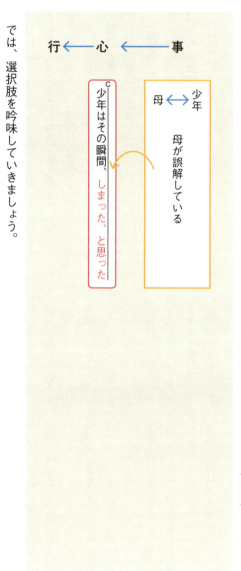

正解は②です。〈事態〉の「誤解」の内容も説明できていますし、〈心理〉の説明も「しまった」の言い換えができています。

> ② 生前、祖母に対して素直になれなかった少年が、その死後、自責の念に堪えられず、思わず祖母のことを口にしてみたのに、祖母に甘えることができずに悲しんでいると、母親に勘違いされて動揺したのである。

他の選択肢を見ておきます。

選択肢①は「祖母を追懐する少年の言葉がもとで」が×です。問3の解説でも説明したように、少年は祖母を追懐しているのではなくて「罪障感と自責の念」を感じているのでしたね。さらに「驚き、申し訳なく感じた」という心理の説明も×です。

選択肢③は「母親に気づかれたのが恥ずかしかった」がハッキリ×です。母親は「誤解」したのであって「気づかれた」のではありません。

選択肢④は「すでに死んでこの世にいないはずの祖母があたかもまだ生きているかのように思って、つい『お祖母さんは？』と聞いてしまった」が×です。①でも説明したように、少年がお祖母さんのことを口にしたのは「罪障感と自責の念」からでした。さらに「困惑した［＝どうしたらよいかわからなくなる］」も〈心理〉の説明として×です。

選択肢⑤は「彼女を悲しませることになったのを痛切に後悔した」がハッキリ×ですね。あくまで母が勘違いしてしまったので、「しまった」と思ったのです。

以上より、正解は②に決定します。

3 〈視点〉への意識

小説読解の重要なポイントに**〈視点〉**があります。普段の読書なら、視点など特に意識せずに小説を読んでいる場合がほとんどでしょう。でも、小説を書く側にとっては非常に大きな意味を持つのが〈視点〉です。趣味の読書なら無意識でもいいのですが、**小説を分析的に捉える入試の場合は〈視点〉は重要ポイント**になります。では、どういう点を意識するべきなのか、このレッスンで学んでいきます。

〈視点〉とは

〈視点〉とは、物語を「どこから見て描いているか」ということです。

たとえば、幼稚園の運動会をムービーで撮るとしましょう。パパやママが観客席から撮るのか、プロカメラマンがフィールドの中に入って子どもたちの間近から撮るのか、はたまたドローンを使って上空から全体を俯瞰《ふかん》的に[=上空から見下ろして眺めるように]撮影するのか。撮影者が、どの位置からどう撮るのか、そのカメラアングルによって映像の印象は大きく変わります。

小説も同じです。物語を「どこから見て描くのか」によって読者の印象は大きく変わる。だから**小説を書く側にとって〈視点〉の持つ意味は極めて重要**なのです。

〈視点〉は大きく二つに分けられます。まずは**一人称視点**です。「一人称」とは「自分/その本人」のことですよね。だから「一人称視点で書かれた小説」といえば、**「作者が主人公本人になって、主人公の視点で物語を語る」書き方**ということです。主人公が物語の作者本人ですから、主人公の呼び方は「私」「僕」「オレ」「あたし」など自分を表す表現になります。

もう一つが**三人称視点**。「三人称」とは、僕（一人称）でもあなた（二人称）でもない「第三者」のことです。ですから「三人称視点で書かれた小説」といえば、**「作者が第三者の立場から見て、主人公を描く」書き方**ということです。この場合主人公の呼び方は、「彼」「彼女」や「タケシ」「サトル」「ミホ」など名前で呼んだりします。

三人称視点では、視点を自由に置くことができます。イラストのⓐのように「主人公」の視点から見ることもできるし、ⓑのようにある時は「タケシ」ある時は「ミホ」と、一つの物語の中で視点となる人物を変えることもできます。また「神の目」と言って、ⓒのように上空から全体を見渡すように俯瞰的に描くこともできます。

○〈視点〉と〈心理〉

二つの視点の違いは、心情の描かれ方に大きく影響します。

一人称視点の場合、「自分の気持ち」を描いているわけですから、**基本的にはそれを冷静に見ることはできません。**たとえば、主人公の「僕」が大好きな「加奈ちゃん」に告白するシーンを考えてみてください。主人公の「僕」はドキドキです。そしてそのドキドキしている「僕」がそのまま「作者」なんですから、「作者」も同じようにドキドキしている。冷静に見れるはずがありません。

そしてもちろん、**自分以外の他者の気持ちは想像することしかできません。**「たぶん加奈ちゃんも僕のことが好きなはずだよな」というふうに、僕の目から見た想像でしか描けないわけです。そういう状態で物語を語っている。それが一人称視点です。

それに対して、**三人称視点の場合**、描くのは「他人の気持ち」ですから、**その人物の心情を冷静に描くことができます。**それがたとえ先のイラストⓐのように主人公に寄り添った視点だったとしても、自分の気持ちではないので距離を置いて描くことができます。たとえば、

> 「加奈ちゃんは僕のことをどう思っているんだろう。振られてしまうかも…」、そう考えると、彼の緊張は高まった。自分の胸のドキドキが聞こえてしまうのではないかと思うくらいだった。

こんな感じです。主人公を「彼」と呼んでいますから三人称視点、「自分の胸のドキドキが加奈ちゃんに聞こえてしまうのではないか」という言い方から、「彼に寄り添った」視点で描かれているとわかります。ところが、「彼の緊張は高まった」とあるように、彼の心情を冷静に描写していますね。三人称視点の場合こうなります。

以上が一人称視点と三人称視点の心情描写の違いなのですが、**一人称視点でも例外的に自分の心理を冷静に描ける場合があります。それが〈過去の回想〉です。**過去を振り返ってなら、「あの

時のオレはバカだったな…」というふうに、客観視することができますね（もちろん「あの時のことは今でもムカムカする」というように、今でも感情が入ってしまう場合は除きます）。まとめておきます。

POINT

小説の〈視点〉

〈視点〉とは、物語を「どこから見て描いているか」ということ。物語の印象を大きく変える〈視点〉は、小説分析にとって重要な要素である。

❶ **一人称視点**（主人公が「私・僕」など）
・**作者が「作者＝主人公」の目から語る。**
・自分の気持ちを描くので、**客観的には描けない**。
⇩例外は〈回想〉で冷静に自己を見つめた時。

❷ **三人称視点**（主人公が「彼・彼女・その人物の名前」など）
・「作者≠主人公」なので、**様々な人物の視点に立てる。**
　・主人公に寄り添う
　・複数の人物の間を移動する
　・「神の目」で俯瞰的に見渡す　など
・第三者の気持ちを描くので、**客観的に描くことができる**。

例題 4

目標解答時間 17分

次の文章は、中沢《なかざわ》けいの小説『楽隊のうさぎ』の一節である。学校嫌いで引っ込み思案だった克久《かつひさ》は、花の木中学校に入学後、勧誘されて吹奏楽部に入り、夏の地区大会さらには県大会をめざして練習づけの毎日を送っていた。以下はそれに続く部分である。これを読んで、後の問いに答えよ。

譜面をパートごとに練習して、セクションごとに音として仕上げていくのは、山から石を切り出す作業だが、そのごろごろした石がようやくしっかりとした石組みになろうとしていた。森勉(注1)が細やかに出す指示は、石と石の接続面をぴったりと合わしていく仕事だった。

この日、何度目かで「くじゃく」(注2)をさらっていた時、克久はばらばらだった音が、一つの音楽にまとまる瞬間を味わった。スラブ風の曲だが、枯れ草の匂《にお》いがしたのである。斜めに射《さ》す入り陽《ひ》の光が見えた。それは見たことがないほど広大な広がりを持っていた。(ア)いわく言い難い哀《かな》しみが、絡《から》み合う音の底から湧《わ》き上がっていた。悔しいとか憎らしいとか、そういういらいらするような感情は一つもなくて、大きな哀しみの中に自分がいるように感じた。つまり、音が音楽になろうとしていた。地区大会前日だった。

オーボエの鈴木女史(注3)の苦情から有木部長(注4)が解放されたのは、地区大会の翌日からだ。一年生にもようやく自分たちが求められているものがどの水準にあるのかが解《わか》ったのだ。ベンちゃんが初期の頃《ころ》は苦労していた部員の統制は、今では指揮者を煩わせることなく鈴木女史のようなメンバーで守られているのだから有木部長もそうそう閉口という顔もできなかったが、とにもかくにも苦情を聞かずにすむのは喜ばしい。「音になってない」という森勉の決まり文句をはじめとして、「やる気があるのか」とか「真面目《まじめ》にやれ」とか言われる理由がのみ込めたのだ。A怒られるたびに内心で「ちゃんとやってるじゃないか」とむくれていた気持ちがすっかり消えた。

スゴイ学校は他《ほか》にいくらでもあった。

今年こそは地区から県大会を突破しようという気迫で迫ってくる学校があった。

その中でも、課題曲に「(注5)交響的譚詩《たんし》」を選んだある中学校の演奏は、(注6)克久の胸のうさぎが躍り上がるような音を持っていた。

花の木中学とは音の質が違った。花の木中学はうねる音だ。大海原のうねりのような音を作り出していた。ところが、その学校の音はもっと硬質だった。

「スゲェナ」

有木がつぶやいた隣で克久は掌《て》を握り締めた。

(イ)「和声理論の権化だ」

密《ひそ》かに音楽理論の勉強を始めていた宗田がそう言い放つのも無理はない。

最初のクラリネットの研ぎ澄ました音は、一本の地平線を見事に引いた。地平線のかなたから進軍してくる騎馬隊がある。木管は風になびく軍旗だ。金管は四肢に充実した筋肉を持つ馬の群れであった。打楽器が全軍を統括し、西へ東へ展開する騎兵をまとめあげていた。

わずか六分間のこととはとても思えない。

遠く遠くへ連れ去られた感じだ。

克久の目には騎兵たちが大平原に展開する場面がはっきり見えた。宗田の脳髄には宇宙工学で必要とされるような精密機器の設計図が手際良く作製される様子が浮かんでいた。宗田は決して口に出しては言わなかったが、最近、人が人間的など呼ぶような感情に嫌悪を感じ始めていた。

うんと唸《うな》った川島が、

「負けた」

といった一言ほど全員の感情を代弁している言葉は他になかった。

「完成されているけど、音の厚みには欠けるよ」

「負けた」と言う全員の感情、とりわけ一年生たちの驚きを代弁した川島の一言だけでは、出番を控えていた花の木中学吹奏楽部は気持ちの立て直しはできなかったかもしれない。川島の唸り声は全員の気持ちは代弁していたが、気持ちを向ける方向の指示は持っていなかった。

「完成されているけど、音の厚みには欠けるな」

こんなことを言うOBがいなかったら、自分たちの出番前だということも忘れただろう。

「やっぱり、中学生はね。技術が良くても音の量感には乏しいよ」

「うちはまあ、中学生にしては音の厚みはあるしさ」

現役の生徒の後方の席でOBたちはこんな批評をしていたのだ。昨日まで、鳥の鳴き声みたいに聞こえたOBの言葉が、今日はちゃあんと人間の話し声に聞こえる。

これは克久にとって、驚きに値した。

克久がいちばん間抜けだと感じたのは百合子《ゆりこ》(注7)だった。なにしろ、地区大会を終わって家に戻って最初に言ったのは次の一言だ。

「やっぱり、強い学校は高い楽器をたくさん持っているのね」

それを言っては、(ウ)みもふたもない。言ってはならない真実というものは世の中にはある。それに高価な楽器があれば演奏できるというものでもない。演奏する生徒がいて、初めて高価な楽器がものを言うのだなんてことを、克久は百合子に懇切丁寧に説明する親切心はなかった。

「小学生とはぜんぜん違う」

実は百合子も少し興奮気味だったのである。克久には小学校時代は太古の昔、悠久のかなただったが、百合子にはわずか六カ月前にもならない。だいたい、その頃、(注8)銀行に申し入れた融資の審査がまだ結論が出ていなかった。伊万里《いまり》焼の皿の並んだテーブルをはさんで恐竜と宇宙飛行士が会話しているという比喩《ひゆ》で良いのかどうか。そのくらい、時の流れの感覚が食い違っていた。これだから中学生は難しい。百合子がうれしい時に使う古典柄の伊万里が照れくさそうに華やいでいた。この皿はうれしい時も出番だが、時には出来合いのロールキャベツを立派に見せるためにお呼びがかかることもあった。

翌日から一年生は「やる気あるのか」と上級生に言われなくなった。帰宅は毎日九時を過ぎた。

県大会の前日はさすがに七時前に克久も家に帰って来た。「ただいま」と戻った姿を見た百合子はたちまち全《すべ》てを了解した。了解したから、トンカツなどを揚げたことを後悔した。大会にカツなんて、克久流に言えば「かなりサムイ」しゃれだった。

「ベンちゃんが今日は早く風呂《ふろ》に入って寝ろってさ」

「そうなんだ」

百合子はこんな克久は見たことがなかった。なんでもなく、普通そうにしているけれども、全身に緊張があふれていた。それは風呂場で見せる不機嫌な緊張感とはまるで違った。ここに何か、一つでも余分なものを置いたら、ぷつんと糸が切れる。そういう種類の緊張感だった。

彼は全身で、いつもの夜と同じように自然にしてほしいと語っている。「明日は大会だから、闘いにカツで、トンカツ」なんて駄ジャレは禁物。

もっとスマートな応対を要求していたのである。会話だって、音楽の話もダメなら、大会の話題もダメであった。

そういうことが百合子にも解る顔をしていた。こんなに穏やかな精神統一のできた息子の顔を見るのは初めてだ。一人前の男である。誇りに満ちていた。

もちろん、彼の築き上げた誇りは輝かしいと同時に危ういものだ。

「お風呂、どうだった」

「どうだったって?」

「だから湯加減は」

音楽でもなければ、大会の話でもない話題を探そうとすると、何も頭に浮かばない。湯加減と言われたって、家の風呂は温度調整のできるガス湯沸かし器だから、良いも悪いもないのである。

「今日、いい天気だったでしょ」

「毎日、暑くてね」

「……」

練習も暑くて大変ねと言いかけて百合子は黙った。

「……」

克久も何か言いかけたのだが、目をぱちくりさせて、口へトンカツを放り込んでしまった。

「あのね、仕事の帰りに駅のホームからうちの方を見たら、夕陽が斜めに射して、きれいだった」

「そう。……」

なんだか、ぎこちない。克久も何か言おうとするのだが、大会に関係のない話というのは探しても見つからない。それでも、その話はしたくなかった。この平穏な気持ちを大事に、そっと、明日の朝までしまっておきたかった。

B初めて会った恋人同士のような変な緊張感。それにしては、百合子も克久もお互いを知り過ぎていた。百合子は「こいつは生まれる前から知っているのに」とおかしくて仕方がなかった。

「……」

改めて話そうとすると、息子と話せる雑談って、あまり無いものだなと百合子は妙に感心した。

「……」

克久は克久で、何を言っても、話題が音楽か大会の方向にそれていきそうで閉口だった。

「これ、うまいね」

こういうことを言う時の調子は夫の久夫が百合子の機嫌を取るのに似ていた。ぼそっと言ってから、少し遅れてにやりと笑うのだ。

「西瓜《すいか》でも切ろうか」

久夫に似てきたが、よく知っている克久とは別の少年がそこにいるような気もした。

「……」

西瓜と言われれば、すぐ、うれしそうにする小さな克久はもうそこにいない。

「……」

百合子は西瓜のことを聞こうとして、ちょっとだけ息子に遠慮した。彼は何かを考えていて、ただぼんやりとしていたわけではない。C少年の中に育ったプライドはこんなふうに、ある日、女親の目の前に表れるのだった。

（注）1　森勉 ―― 花の木中学校の音楽教師。吹奏楽部の顧問をつとめている。部員たちからは「ベンちゃん」と呼ばれている。

2 「くじゃく」―― ハンガリーの作曲家コダーイがハンガリー民謡「くじゃく」の旋律をもとに作った曲。
3・4 鈴木女史・有木部長 ―― ともに吹奏楽部の上級生。
5 「交響的譚詩」――日本の作曲家露木正登《まさと》が吹奏楽のために作った曲。
6 克久の胸のうさぎ ―― 克久が、自分の中にいると感じている「うさぎ」のこと。克久は、小学校を卒業して間もなく花の木公園でうさぎを見かけて以来、何度かうさぎを見つけては注意深く見つめていた。吹奏楽部に入った克久は、いつの間にか一羽の「うさぎ」が心に住み着き、耳を澄ましているように感じ始めていた。
7 百合子 ―― 克久の母。夫の久夫は転勤したため、克久とふたりで暮らしている。
8 銀行に申し入れた融資 ―― 伊万里焼の磁器を扱う店を出すため、百合子が銀行に借り入れを申し入れた資金のこと。

問1 傍線部(ア)～(ウ)の語句の、文中における意味として最も適当なものを、次の各群の①～⑤のうちから、それぞれ一つずつ選べ。

(ア) いわく言い難い
① 言葉にするのが何となくはばかられる
② 言葉では表現しにくいと言うほかはない
③ 言葉にしてしまってはまったく意味がない
④ 言葉にならないほどあいまいで漠然とした
⑤ 言葉にするとすぐに消えてしまいそうな

(イ) 和声理論の権化

① 和声理論で厳しく律せられた演奏
② 和声理論で堅固に武装した演奏
③ 和声理論を巧みに応用した演奏
④ 和声理論を的確に具現した演奏
⑤ 和声理論にしっかりと支えられた演奏

(ウ) みもふたもない

① 現実的でなくどうにもならない
② 大人気なく思いやりがない
③ 露骨すぎて話にならない
④ 計算高くてかわいげがない
⑤ 道義に照らして許せない

問2 傍線部A「怒られるたびに内心で『ちゃんとやってるじゃないか』とむくれていた気持ちがすっかり消えた」とあるが、それはなぜか。その理由として最も適当なものを、次の①～⑤のうちから一つ選べ。

① 日々の練習をきちんと積み重ねているつもりでいた一年生だったが、地区大会で他校の優れた演奏を聴いて、めざすべき演奏のレベルが理解できたと同時に、まだその域に達していないと自覚したから。

② 地区大会での他校の演奏を聴いて自信を失いかけた一年生だったが、演奏を的確に批評するOBたちが自分たちの演奏を音に厚みがあると評価したので、あらためて先輩たちへの信頼を深めたから。

③ それまでばらばらだった自分たちの演奏が音楽としてまとまる瞬間を地区大会で初めて経験した一年生は、音と音楽との違いに目覚めると同時に、自分たちに求められている演奏の質の高さも実感したから。

④ 地区大会で他校のすばらしい演奏を聴いて刺激を受けた一年生は、これからの練習を積み重ねていくことで、音楽的にさらに向上していこうという目標を改めて確認し合ったから。

⑤ 自分たちとしては十分に練習をしてきたつもりでいた一年生だったが、地区大会での他校の堂々とした演奏を聴き、自信をもって演奏できるほどの練習はしてこなかったと気づいたから。

問3 傍線部B「初めて会った恋人同士のような」とあるが、この表現は百合子と克久のどのような状態を言い表したものか。その説明として最も適当なものを、次の①～⑤のうちから一つ選べ。

① 自分の好意を相手にきちんと伝えたいと願っているのに、当たり障りのない話題しか投げかけられず、もどかしく思っている。

② 互いのことをよくわかり合っているはずなのに、相手を前にしてどのように振る舞えばよいかわからず、とまどっている。

③ 本当は心を通い合わせたいと思っているのに、話をしようとすると照れくささからそっけない態度しかとれず、悔やんでいる。

④ 相手の自分に対する気配りは感じているのに、恥ずかしくてわざと気付かないふりをしてしまい、きまり悪さを感じている。

⑤ なごやかな雰囲気を保ちたいと思って努力しているのに、不器用さから場違いな行動を取ってしまい、笑い出したくなっている。

問4　傍線部C「少年の中に育ったプライドはこんなふうに、ある日、女親の目の前に表れるのだった」とあるが、その説明として最も適当なものを、次の①〜⑤のうちから一つ選べ。

① 充実した練習を通して自ら育《はぐく》んできた克久のプライドは、県大会に向けての克久の意気込みと不安を百合子に感じさせるものであった。このプライドは張り詰めて折れそうな心を自覚しながら独り大会に備える自立した少年の姿を通して不意に百合子の前にあらわれ、幼いと思っていた息子が知らないうちに夫に似てきたことを百合子に感じさせた。

② 仲間たちとの交わりの中で自ら育んできた克久のプライドは、仲間への信頼と自分がかけがえのない存在であるという自覚を百合子に感じさせるものであった。このプライドは自らの緊張感を百合子に悟らせまいとしている大人びた少年の姿を通して不意に百合子の前にあらわれ、息子の成長に対する喜びを百合子に感じさせた。

③ 努力を重ねるなかで自ら育んできた克久のプライドは、克久のおごりと油断を百合子に感じさせるものであった。このプライドは他人を寄せつけないほどの緊張を全身にみなぎらせている少年の姿を通して不意に百合子の前にあらわれ、大会を前にした息子の気負いをなだめ、落ち着かせなければならないという思いを百合子に感じさせた。

④ 吹奏楽部の活動に打ち込むなかで自ら育んできた克久のプライドは、りりしさともろさを百合子に感じさせるものであった。このプライドは高まった気持ちを静かに内に秘めた少年の姿を通して不意に百合子の前にあらわれ、よく知っている克久の姿とともに、理解しているつもりでいた克久ではない成長した少年の姿も百合子に感じさせた。

⑤ 同じ目的を持つ仲間たちとの協力を通して自ら育んできた克久のプライドは、どんなことにも動じない自信と気概を百合子に感じさせるものであった。このプライドは百合子を遠慮させるほど堂々

とした少年の姿を通して不意に百合子の前にあらわれ、克久がこれまでとは別の少年になってしまったという錯覚を百合子に感じさせた。

問5 この文章の叙述の説明として適当でないものを、次の①～⑤のうちから二つ選べ。ただし、解答の順序は問わない。

① 本文では、「スゴイ学校は他にいくらでもあった」「スゲェナ」「サムイ」などをカタカナで表記することで、これらの表現に話し言葉らしさや若者言葉らしさを与えている。

② 百合子と克久の会話文で多用されている「……」は、適当な言葉を見つけられなくて会話を続けられないでいる二人の様子を効果的に表現している。

③ 本文では、県大会の前日までのできごとが克久の経験した順序で叙述されており、このことによって登場人物の心情の変化が理解しやすくなっている。

④ 本文の五段落目(今年こそは～)から十九段落目(「完成されて～」)には比喩を用いて音楽を表現している部分がある。そこでは、「大海原のうねりのような音」といった直喩だけを用いて隠喩を用いないことで、音楽の描写をわかりやすいものにしている。

⑤ 本文中程の地区大会の後で克久が帰宅した場面では、あえて「恐竜と宇宙飛行士」といった大げさな対比を用いることによって、母親と息子のずれの大きさを強調している。

分析

「2〈中心心理〉をつかむ」の講で学んだ〈ストーリー把握のポイント〉、さらに今回のポイントである〈視点〉を意識しながら文章を読んでいきます。

まず**主人公**は、リード文からわかるように「**克久**」です。と同時に、**主人公が名前で示されているわけですから〈三人称書き〉**であることを意識します。人物関係を整理しながら、克久の心理を追って読んでいきましょう。

〈場面の変化〉を意識して読んでいた人は、問題文前半は**「地区大会の前日→地区大会翌日から→地区大会当日」と場面が変化している**ことに気づいたはずです。

譜面をパートごとに練習して、セクションごとに音として仕上げていくのは、山から石を切り出す作業だが、そのごろごろした石がようやくしっかりとした石組みになろうとしていた。森勉が細やかに出す指示は、石と石の接続面をぴったりと合わしていく仕事だった。

この日、何度目かで「くじゃく」をさらっていた時、克久はばらばらだった音が、一つの音楽にまとまる瞬間を味わった。スラブ風の曲だが、枯れ草の匂いがしたのである。斜めに射す入り陽の光が見えた。それは見たことがないほど広大な広がりを持っていた。(ア)いわく言い難い哀しみが、絡み合う音の底から湧き上がっていた。悔しいとか憎らしいとか、そういういらいらするような感情は一つもなくて、大きな哀しみの中に自分がいるように感じた。つまり、音が音楽になろうとしていた。地区大会前日だった。

オーボエの鈴木女史の苦情から有木部長が解放されたのは、地区大会の翌日からだ。一年生にもようやく自分たちが求められているものがどの水準にあるのかが解ったのだ。ベンちゃんが初期の頃は苦労していた部員の統制は、今では指揮者を煩わせることなく鈴木女史のようなメンバーで守られているのだから有木部長もそうそう閉口という顔もできなかったが、とにもかくにも苦情を聞かずにすむのは喜ばしい。「音になってない」という森勉の決まり文句をはじめとして、「やる気があるのか」とか「真面目にやれ」とか言われる理由がのみ込めたのだ。A怒られるたびに内心で「ちゃんとやってるじゃないか」とむくれていた気持ちがすっかり消えた。

地区大会当日

スゴイ学校は他にいくらでもあった。

今年こそは地区から県大会を突破しようという気迫で迫ってくる学校があった。

その中でも、課題曲に「交響的譚詩」を選んだある中学校の演奏は、克久の胸のうさぎが躍り上がるような音を持っていた。

花の木中学とは音の質が違った。花の木中学はうねる音だ。大海原のうねりのような音を作り出していた。ところが、その学校の音はもっと硬質だった。

「スゲェナ」

有木がつぶやいた隣で克久は掌を握り締めた。

その上で、もう一点気づいて欲しいことがありました。みなさんは意識できたでしょうか。今回のポイントである**〈視点〉**です。

県大会の前日はさすがに七時前に克久も家に帰って来た。「ただいま」と戻った姿を見た百合子はたちまち全てを了解した。了解したから、トンカツなどを揚げたことを後悔した。大会にカツなんて、克久流に言えば「かなりサムイ」しゃれだった。

ここから「県大会前日」の場面に変わりますから、まずはそのことを押さえます。その上で「克久も家に帰って来た」「百合子はたちまち全てを了解した」という書き方に注目してください。**ここから続きの文脈では〈視点〉が百合子に移っています。**ということは、前半は克久の心理を追いかけながら読んだのに対し、**後半は百合子の心理を追いかけながら読んでいく**ことになります。**〈視点〉**は重要ポイントなので**《表現問題》の設問としても問われます。**小説問題が得意でこれまで無意識で対応してきた人も、しっかり意識化できるようになっておいてください。

県大会の前日はさすがに七時前に克久も家に帰って来た。「ただいま」と戻った姿を見た百合子はたちまち全てを了解した。了解したから、トンカツなどを揚げたことを後悔した。大会にカツなんて、克久流に言えば「かなりサムイ」しゃれだった。

「ベンちゃんが今日は早く風呂に入って寝ろってさ」

「そうなんだ」

百合子はこんな克久は見たことがなかった。なんでもなく、普通そうにしているけれども、全身に緊張があふれていた。それは風呂場で見せる不機嫌な緊張感とはまるで違った。ここに何か、一つでも余分なものを置いたら、ぷつんと糸が切れる。そういう種類の緊張感だった。

彼は全身で、いつもの夜と同じように自然にしてほしいと語っている。「明日は大会だから、闘いにカツで、トンカツ」なんて駄ジャレは禁物。

もっとスマートな応対を要求していたのである。会話だって、音楽の話もダメなら、大会の話題もダメであった。

そういうことが百合子にも解る顔をしていた。こんなに穏やかな精神統一のできた息子の顔を見るのは初めてだ。一人前の男である。誇りに満ちていた。

もちろん、彼の築き上げた誇りは輝かしいと同時に危ういものだ。

「お風呂、どうだった」

「どうだったって？」

「だから湯加減は」

音楽でもなければ、大会の話でもない話題を探そうとすると、何も頭に浮かばない。湯加減と言われたって、家の風呂は温度調整のできるガス湯沸かし器だから、良いも悪いもないのである。

「今日、いい天気だったでしょ」

「毎日、暑くてね」

「……」

練習も暑くて大変ねと言いかけて百合子は黙った。

「……」

克久も何か言いかけたのだが、目をぱちくりさせて、口へトンカツを放り込んでしまった。

「あのね、仕事の帰りに駅のホームからうちの方を見たら、夕陽が斜めに射して、きれいだった」

「そう。……」

なんだか、ぎこちない。克久も何か言おうとするのだが、大会に関係のない話というのは探しても見つからない。それでも、その話はしたくなかった。この平穏な気持ちを大事に、そっと、明日の朝までしまっておきたかった。

B初めて会った恋人同士のような変な緊張感。それにしては、百合子も克久もお互いを知り過ぎていた。

百合子は「こいつは生まれる前から知っているのに」とおかしくて仕方がなかった。

「……」

改めて話そうとすると、息子と話せる雑談って、あまり無いものだなと百合子は妙に感心した。

「……」

克久は克久で、何を言っても、話題が音楽か大会の方向にそれていきそうで閉口だった。

「これ、うまいね」

こういうことを言う時の調子は夫の久夫が百合子の機嫌を取るのに似ていた。ぼそっと言ってから、少し遅れてにやりと笑うのだ。

「西瓜でも切ろうか」

久夫に似てきたが、よく知っている克久とは別の少年がそこにいるような気もした。

「……」

西瓜と言われれば、すぐ、うれしそうにする小さな克久はもうそこにいない。

「……」

百合子は西瓜のことを聞こうとして、ちょっとだけ息子に遠慮した。彼は何かを考えていて、ただぼんやりとしていたわけではない。C少年の中に育ったプライドはこんなふうに、ある日、女親の目の前に表れるのだった。


家に帰ってきた克久の姿を見て、百合子は「たちまち全てを了解」します。「たちまち」ですからすぐにわかった。克久の全身にあふれる「緊張感」に気づいたんですね。親の勘は鋭いです。
右の本文にチェックした百合子が感じ取った克久の緊張感を、まとめると次のようになります。

全身に緊張があふれていた
ここに何か、一つでも余分なものを
置いたら、ぷつんと糸が切れる
彼の築き上げた誇りは危うい

同時に

穏やかに精神統一できている
一人前の男である
輝かしい
よく知っている克久　とは別の少年がそこにいる
西瓜と言われれば、すぐ、
うれしそうにする小さな克久
はもうそこにいない

少年の中に育ったプライドはこんなふうに、ある日、女親の目の前に表れるのだった。

以上が後半のポイントです。〈百合子の視点〉で描かれた後半部分の〈中心心理〉は、もちろん傍線部Cです。**問4**を見てみましょう。

問4

傍線部は「少年の中に育ったプライドはこんなふうに、ある日、女親の目の前に表れるのだった」です。「こんなふうに」という指示語の指示内容は、百合子が克久の中に育ったプライドを感じている箇所ですから、後半の文脈全体といえます。ポイントは、いま図にまとめましたね。

克久の中に育った「プライド＝誇り」は、「輝かしいもの」だが同時に「危ういもの」です。克久は、穏やかに精神統一できた一人前の男の姿をしていて、それは百合子がよく知っている小さな克久の姿ではありません。でも同時に、それは危うさを持っている。何か一つでも余分なものを置いたら糸がぷつんと切れてしまいそうな、そんな緊張を感じさせるのです。

選択肢はこの二面性がきちんと説明できているものが正解になります。吟味していきましょう。

まず②・③・⑤はチェックした部分で簡単に切れますね。

② 仲間たちとの交わりの中で自ら育んできた克久のプライドは、仲間への信頼と自分がかけがえのない存在であるという自覚を百合子に感じさせるものであった。このプライドは自らの緊張感を百合子に悟らせまいとしている大人びた少年の姿を通して不意に百合子の前にあらわれ、息子の成長に対する喜びを百合子に感じさせた。

③ 努力を重ねるなかで自ら育んできた克久のプライドは、克久のおごりと油断を百合子に感じさせるものであった。このプライドは他人を寄せつけないほどの緊張を全身にみなぎらせている少年の姿を通して不意に百合子の前にあらわれ、大会を前にした息子の気負いをなだめ、落ち着かせなければならないという思いを百合子に感じさせた。

⑤ 同じ目的を持つ仲間たちとの協力を通して自ら育んできた克久のプライドは、どんなことにも動じない自信と気概を百合子に感じさせるものであった。このプライドは百合子を遠慮させるほど堂々とした少年の姿を通して不意に百合子の前にあらわれ、克久がこれまでとは別の少年になってしまったという錯覚を百合子に感じさせた。

選択肢②は「克久のプライドは、仲間への信頼と自分がかけがえのない存在であるという自覚を百合子に感じさせる」が×です。「輝かしさと危うさ」「⊕面と⊖面」の両方を説明しないといけないのに、⊕面の説明しかありませんし内容も違っています。さらに「自らの緊張感を百合子に悟らせまいとしている大人びた少年の姿」も文中には書かれていません。

選択肢③は「克久のおごりと油断を百合子に感じさせる」が×です。今度は⊖面の説明しかありませんし内容も違っています。さらに後半の内容も違っています。

選択肢⑤は「どんなことにも動じない自信と気概を百合子に感じさせる」が×です。「何か、一つでも余分なものを置いたら、ぷつんと糸が切れる」ような「危うさ」を持っているんですから、「どんなことにも動じない」は×ですね。さらに後半の内容も違っています。

残った①と④を見ていきましょう。

① 充実した練習を通して自ら育んできた克久のプライドは、県大会に向けての克久の意気込みと不安を百合子に感じさせるものであった。このプライドは張り詰めて折れそうな心を自覚しながら独り大会に備える自立した少年の姿を通して不意に百合子の前にあらわれ、幼いと思っていた息子が知らないうちに夫に似てきたことを百合子に感じさせた。

④ 吹奏楽部の活動に打ち込むなかで自ら育んできた克久のプライドは、りりしさともろさを百合子に感じさせるものであった。このプライドは高まった気持ちを静かに内に秘めた少年の姿を通して不意に百合子の前にあらわれ、よく知っている克久の姿とともに、理解しているつもりでいた克久ではない成長した少年の姿も百合子に感じさせた。

正解は④です。「りりしさ」は「誇りに満ちた一人前の男」の言い換えとしてバッチリですし、「もろさ」は「何か、一つでも余分なものを置いたら、ぷつんと糸が切れる」の説明です。**「⊕面と⊖面」の両方がきちんと説明できていますね。**選択肢の後半も、つい半年前まで小学生だった息子が急に「一人前の男」としての顔を見せた、そういう状況に直面した女親の心情を説明できています。

選択肢①ですが、まず「克久の意気込みと不安」が「⊕面と⊖面」の説明として×です。「意気込む」というのは「張り切っている状態」ですから「穏やかな精神統一のできた」克久の説明としてはよくありません。さらに後半の「幼いと思っていた息子が知らないうちに夫に似てきたことを百合子に感じさせた」も、傍線部における女親の心情の説明としては×です。確かに「夫の久夫が百合子の機嫌を取るのに似ていた」という表現が本文にはあります。でもそれは「『これ、うまいね』」と言う時の言い方についての説明で「プライド」の説明ではありません。傍線部で説明しているのは、女親である百合子の目の前に表れた、急に大人の顔を見せるようになった息子の姿です。

以上より、**正解は④**に決定します。

危険な「拾い読み」

この**問4**ですが、「①と④で悩んだ結果①を選んでしまった」という生徒は結構います。そういう生徒に、正解は④で①は間違いだよと伝えると、「でも先生、克久が夫に似てきたって本文に書いてあるじゃないですか」と答える子が多いんです。でもね、それは**情報の「つながり」や「軽重」ではなくて、本文に書いてあるかどうかで選んでしまっています。これは共通テストでは特に危険な考え方です。**たとえば「彼はどんくさいがいいやつだ」という文と「彼はいいやつだがどんくさい」という文は同じ意味ではありません。「が」でつながれている「どんくさい」と「いいやつ」は等価ではない。前者の伝える内容は「いいやつ」の方が重いし、後者ではその逆です。このように、文には「強弱や軽重」があります。それを「文のつながり」から読み取らないといけない。都合よく「単語」や「部分的な表現」を拾い読みしていては、正確な文意は読み取れないのです。

では、この問題のもう一つのポイント、**問5**を見ていきましょう。

問5

設問は「この文章の叙述の説明として適当でないものを二つ選べ」です。基本的なことですが、「適当なもの」や「一つしか選ばなかった」という生徒は、本番で必ず一定数存在します。油断なく、注意していきましょう。

この問題のように**「適当でないものを選べ」というタイプの問題は、実は「答えはハッキリ×」であることがほとんど**です。これはマーク式問題の基本として知っておいていいと思います。センター試験がそうであったように、受験生の想像とは違って、微妙な×は意外と少ないもの。共通テストはまだ過去問題がないのでどのような選択肢になるのかはわかりませんが、この基本は知っておいて損はないでしょう。

この問5の**正解は**③・④ですが、どちらもはっきり×のポイントがあります。

③ 本文では、県大会の前日までのできごとが克久の経験した順序で叙述されており、このことによって登場人物の心情の変化が理解しやすくなっている。

④ 本文の五段落目（今年こそは～）から十九段落目（「完成されて～」）には比喩を用いて音楽を表現している部分がある。そこでは、「大海原のうねりのような音」といった直喩だけを用いて隠喩を用いないことで、音楽の描写をわかりやすいものにしている。

選択肢③は「克久の経験した順序で叙述されており」が×です。本文の解説で説明したように、問題文の前半は「**地区大会の前日→地区大会翌日から→地区大会当日**」と場面が変化していましたね。すぐに間違いだと気づいたはずです。

○「正しく学ぶ」ことの真価

ここで大切なのは、選択肢を見てから「えーっと、どこに書いてあったっけな…」と本文に戻るようではいけないということです。それでは選択肢中心の解き方になってしまっている。あくまで中心は本文です。これまで説明してきたように、〈場面〉はストーリー把握の重要なポイントでしたね。だから**きちんと〈小説読解法〉を学んだ人は、読んでいる時に必ず〈場面の変化〉を意識しているはず**なんです。よくできたテストはそれを意識して作られている。だから正しくアプローチできれば答えは即決するようになっているんです。ここが正しく学ぶことの意味であり、我流の解き方との大きな違いです。

もう一つの選択肢④は、「直喩だけを用いて隠喩を用いない」が×です。**〈直喩法・隠喩法〉**については、基本事項ですね。確認しておきましょう。

■「直喩法」と「隠喩法」

直喩法…「〜ような」を用いる
隠喩法…~~〜ような~~ 用いない

もし選択肢④のように「直喩だけを用いて隠喩を用いない」のだとしたら、193ページの「木管は風になびく軍旗だ」や「金管は……馬の群れであった」は「比喩ではなくて事実だ」ということになります。でも、もしこれが比喩じゃなかったら大変です。ライバルの中学校の演奏が始まった途端に、舞台の上に馬は出るわ旗は出るわ、とんでもないことになってしまいます（笑）。当然「木管は風になびく軍旗**（のよう）**だ」「金管は…馬の群れ**（のよう）**であった」という〈隠喩法〉になっている。ですから、④もハッキリ×ができます。

以上、**「適当でないものを選べ」というタイプの問題は「答えはハッキリ×」である**というのが、こういう感じだということが実感してもらえたでしょうか。だからね、たとえば今回の問題でいえば、①の選択肢を見た時に、「スゲェナ」っていうのは「若者っぽいのかな？　そうじゃないのかな？　うーんどうだろう？」なんて悩む必要はないんです。他にハッキリ×の選択肢があるんだから、「微妙な選択肢だな」と思ったら、放置して次の選択肢に行けばいい。それを**「一つひとつの選択肢を丁寧に吟味していこう」なんていうキレイゴト**をやっているから、時間が足りなくなってしまうんです。時間が厳しいテストです。作る方だってそのくらいわかって作っているんです。

では、他の問題もポイントを説明しておきましょう。

問1

(ア)「いわく言い難い」は頻出。「言葉で言い表すのは難しい」という意味ですから、**答えは②**です。

(イ)「和声理論の権化」は「権化」の意味を問われています。「ある抽象的な性質が具体的な形をとって現れたもの」という意味です。ヒーロー物などで主人公が敵に対して「悪の権化め！」と言うシーンを見たことがないでしょうか。「悪」という抽象的なものが「具体的な形になったもの」がお前だ！、という意味ですね。こんな感じで使う表現です。**答えは④**になります。

(ウ)「みもふたもない」は「言い方が直接的／露骨［＝むきだし］すぎて味わいがない」という意味です。**答えは③**になります。

繰り返しますが、小説の読解力をつけるために語彙を増やすことはとても大切です。言葉の広がりは世界の広がり。文脈でごまかさず(もちろんそういう力も大切なのですが)コツコツと覚えていってください。

問2

傍線部は「怒られるたびに内心で『ちゃんとやってるじゃないか』とむくれていた気持ちがすっかり消えた」ですから〈心理〉の変化です。設問は傍線部の「理由」を問うていますから、〈心理が変化した理由=事態〉を確定していきましょう。

心	「ちゃんとやってるじゃないか」とむくれていた
事	**(ある原因があったので)**
↓ 心	A むくれていた気持ちがすっかり消えた
↓ 行	

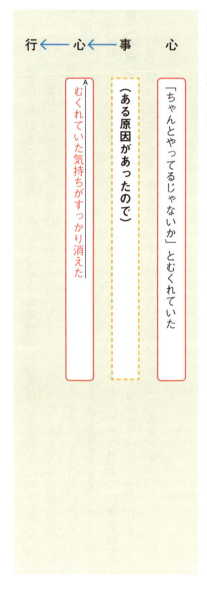

答えは［　　］部分、ということです。

地区大会の前日までは顧問の先生に「怒られるたびに内心でむくれていた」のに、地区大会の翌日からはそんな気持ちが「すっかり消えた」わけです。つまり、地区大会の当日に何かがあった。

オーボエの鈴木女史の苦情から有木部長が解放されたのは、地区大会の翌日からだ。一年生にもようやく自分たちが求められているものがどの水準にあるのかが解ったのだ。ベンちゃんが初期の頃は苦労していた部員の統制は、今では指揮者を煩わせることなく鈴木女史のようなメンバーで守られているのだから有木部長もそうそう閉口という顔もできなかったが、とにもかくにも苦情を聞かずにすむのは喜ばしい。「音になってない」という森勉の決まり文句をはじめとして、「やる気があるのか」とか「真面目にやれ」とか言われる理由がのみ込めたのだ。A怒られるたびに内心で「ちゃんとやってるじゃないか」とむくれていた気持ちがすっかり消えた。

先輩の鈴木女史が一年生に対する苦情を有木部長に言っていたのも、地区大会の翌日からはなくなります。それは「一年生にもようやく自分たちが求められているものがどの水準にあるのかが解った」からです。つまり、**地区大会当日に「自分たちが求められている演奏の水準」が解るような出来事があった**ということですね。

地区大会当日の場面では、ライバルの学校の「交響的譚詩《たんし》」の演奏を聞いて、克久たちが「負けた」と思う様子が描かれていました。自分たちが出番前だということも忘れるくらいショックを受けた、とありましたね。**今の自分たちの演奏レベルでは勝てないということを思い知った**わけです。顧問や先輩が一年生の練習に対する姿勢に文句を言うのも当然だ、とわかったわけです。まとめてみましょう。

心 ← 事 ← 心 ← 行

顧問に怒られるたび「ちゃんとやってるじゃないか」とむくれていた

地区大会で他校の演奏を聞いて「負けた」と思った
↓
自分たちが求められている演奏の水準が解った
(=自分たちはまだまだだということを知った)

むくれていた気持ちがすっかり消えた[A]

(真剣に練習に打ち込むようになった)

正解は①です。右にまとめた〈事態〉の説明がバッチリできていますね。

① 日々の練習をきちんと積み重ねているつもりでいた一年生だったが、地区大会で他校の優れた演奏を聴いて、めざすべき演奏のレベルが理解できたと同時に、まだその域に達していないと自覚したから。

他の選択肢も見ていきましょう。

②　地区大会での他校の演奏を聴いて自信を失いかけた一年生だったが、演奏を的確に批評するOBたちが自分たちの演奏を音に厚みがあると評価したので、あらためて先輩たちへの信頼を深めたから。

③　それまでばらばらだった自分たちの演奏が音楽としてまとまる瞬間を地区大会で初めて経験した一年生は、音と音楽との違いに目覚めると同時に、自分たちに求められている演奏の質の高さも実感したから。

④　地区大会で他校のすばらしい演奏を聴いて刺激を受けた一年生は、これからの練習を積み重ねていくことで、音楽的にさらに向上していこうという目標を改めて確認し合ったから。

⑤　自分たちとしては十分に練習をしてきたつもりでいた一年生だったが、地区大会での他校の堂々とした演奏を聴き、自信をもって演奏できるほどの練習はしてこなかったと気づいたから。

選択肢②は、OBの発言は確かに本文に書いてある内容なのですが、ここで求められている答え、すなわち　　の部分の説明になっていません。この本で何度も繰り返しているように、本文に書いてあるかないかを問われているわけではないんです。**たとえ本文に書いてあったとしても求められている答えと違えば×です**。さらに選択肢末尾の「あらためて先輩たちへの信頼を深めたから」も×。「先輩への信頼を深めた」から「むくれなくなった」のではありませんね。

選択肢③は、「それまでばらばらだった自分たちの演奏が音楽としてまとまる瞬間を地区大会で初めて経験した一年生」という部分が×です。地区大会前日の練習で体験していました。

選択肢④は「地区大会ですばらしい演奏を聴いて刺激を受けた一年生」という前半部分はいいのですが、後半の「これからの練習を積み重ねていくことで、音楽的にさらに向上していこうという目標を改めて確認し合った」が×です。「確認し合った」ということは、一年生がお互いに「明日からがんばろうな！」なんていうふうに話し合ったということ。そのようなことは書かれていませんでした。それに何より、[　　]の説明になっていませんね。

選択肢⑤は「地区大会での他校の堂々とした演奏を聴き」という部分は良いのですが、「自信をもって演奏できるほどの練習はしてこなかったと気づいた」が×です。よく見ると、この書き方では「練習量」の問題になっています。本文では「求められている水準が解った」と言っていました。「水準」つまり「量」ではなくて「質」的なレベルが解ったということです。

以上より、**正解は①**に決定します。

問3

傍線部Bの〈比喩〉を説明する問題です。先にした**問5**の解説では「直喩法・隠喩法」の説明をしましたが、ここで**〈比喩〉**の基本的なポイントをまとめておくことにしましょう。

POINT

〈比喩〉の基本

「比喩」は「説明しようとするもの［＝本体と言います］」を、「何かに喩える」ことでその様子を説明する技法です。

（例）

比喩　　　　　　　本体
りんごの（ような）（ほっぺ）

・寒さで子どものほっぺたが赤いのを、赤いりんごにたとえている。

〈比喩〉は「共通点」を喩える！

右の例のように〈比喩〉は共通点をたとえます。つまり**「本体と比喩の共通点に注目する」**ことがポイントです。

＊比喩の頻出ポイントとして

「直喩法／隠喩法」…「ような」を用いる／用いない
「擬人法」…「人でないものを人に」喩える

の２つを押さえておこう。

では、この基本を踏まえて、設問を見ていきましょう。

今回の設問は、「克久と百合子〈本体〉」を傍線部「初めて会った恋人同士〈比喩〉」に喩えています。**〈比喩〉は「共通点」に注目**ですから、「共通点」を考えると、傍線部の直後にある「変な緊張感」だということがすぐにわかるはずです。初めてデートしたカップルも変に緊張するし、この場面での克久と百合子も互いに変に緊張して会話がうまくできていない状態です。

（なんだか、ぎこちない。克久も何か言おうとするのだが、大会に関係のない話というのは探しても見つからない。それでも、その話はしたくなかった。この平穏な気持ちを大事に、そっと、明日の朝までしまっておきたかった。）

B初めて会った恋人同士のような変な緊張感。それにしては、百合子も克久もお互いを知り過ぎていた。

百合子は「こいつは生まれる前から知っているのに」とおかしくて仕方がなかった。

「克久と百合子が（　）のように変に緊張している様子［本体］」を、「初めてデートする恋人同士［比喩］」に喩えたんですね。では、以上を踏まえた上で、選択肢を見ていきましょう。

まず**正解は②**です。互いに「変な緊張感」でうまく振る舞えないという〈共通点〉をきちんと説明できていますね。

② 互いのことをよくわかり合っているはずなのに、相手を前にしてどのように振る舞えばよいかわからず、とまどっている。

②以外の選択肢は「共通点の説明」が間違っています。

① 自分の好意を相手にきちんと伝えたいと願っているのに、当たり障りのない話題しか投げかけられず、もどかしく思っている。

③ 本当は心を通い合わせたいと思っているのに、話をしようとすると照れくささからそっけない態度しかとれず、悔やんでいる。

④ 相手の自分に対する気配りは感じているのに、恥ずかしくてわざと気付かないふりをしてしまい、きまり悪さを感じている。

⑤ なごやかな雰囲気を保ちたいと思って努力しているのに、不器用さから場違いな行動を取ってしまい、笑い出したくなっている。

選択肢①は、「自分の好意を相手にきちんと伝えたいと願っている」が×です。これは恋人同士の説明としてはいいものの、百合子と克久の今の状況の説明になっていませんね。この話は、地区大会を前に「母さん、好きだよ」「克久、母さんもよ」と伝え合うような変な母子関係（笑）の話ではありません。同様に、③は「照れくささから」、④は「恥ずかしくて」、⑤は「不器用さから」がそれぞれ×です。「ぎこちない態度」の原因はあくまで「変な緊張感」です。さらに③は「そっけない態度しかとれず」も×、⑤も「場違いな行動」は×です。ここでの二人の行動は別に「場違い」ではありません。

〈視点〉〈場面〉〈比喩〉など、小説読解の大切なポイントがいろいろと出てきた問題です。しっかり復習して、他の文章や問題にも通じる〈思考回路〉を身につけておいてください。

CHAPTER 2

文学的な文章（小説）実戦的アプローチ

はじめに

攻略ポイント　複数テキストを比較するタイプの問題

CHAPTER1で学んだ〈読解の基本アイテム〉を土台に、本章では、共通テストの試行調査問題を解いてみる。それによって、今後の入試でも、入試小説の基本的なアプローチ法は変わらないことを確認する。

例題5

目標解答時間 20分

次の文章は、複数の作家による『捨てる』という題の作品集に収録されている光原百合《みつはらゆり》の小説「ツバメたち」の全文である。この文章を読んで、後の問い（問1～5）に答えよ。なお、本文の上の数字は行数を示す。

〈一羽のツバメが渡りの旅の途中で立ち寄った町で、「幸福な王子」と呼ばれる像と仲良くなった。王子は町の貧しい人々の暮らしぶりをツバメから聞いて心を痛め、自分の体から宝石や金箔《きんぱく》を外して配るよう頼む。冬が近づいても王子の願いを果たすためにその町にとどまっていたツバメは、ついに凍え死んでしまった。それを知った王子の心臓は張り裂けた。金箔をはがされてみすぼらしい姿になった王子の像は溶かされてしまうが、二つに割れた心臓だけはどうしても溶けなかった。ツバメの死骸と王子の心臓は、ともにゴミ捨て場に捨てられた。その夜、「あの町からもっとも尊いものを二つ持ってきなさい」と神に命じられた天使が降りてきて、ツバメと王子の心臓を抱き、天国へと持ち帰ったのだった。

〈オスカー・ワイルド作『幸福な王子』より〉

A遅れてその町にやってきた若者は、なんとも風変わりだった。つやのある黒い羽に敏捷《びんしょう》な身のこなし、実に見た目のいい若者だったから、南の国にわたる前、最後の骨休めをしながら翼の力をたくわえているあたしたちの群れに、問題なく受け入れられた。あたしの友だちの中にも彼に興味を示すものは何羽もいた。でも、彼がいつも夢のようなことばかり語るものだから――今まで見てきた北の土地について、これから飛んでいく南の国について、遠くを見るようなまなざしで語るばかりだったから、みんなそのうち興味をなくしてしまった。来年、一緒に巣をこしらえて子どもを育てる連れ合いには、そこらを飛んでいる虫を素早く見つけてたくさんつかまえてくれる若者がふさわしい。遠くを見るまなざしなど必要ない。

とはいえ嫌われるほどのことではないし、厳しい渡りの旅をともにする仲間は多いに越したことはないので、彼はあたしたちとそのまま一緒に過ごしていた。

そんな彼が翼繁《しげ》く通っていたのが、丘の上に立つ像のところだった。早くに死んでしまった身分の高い人間、「王子《プリンス》」と人間たちは呼んでいたが、その姿に似せて作った像だということだ。遠くからでもきらきら光っているのは、全身に金が貼ってあって、たいそう高価な宝石も使われているからだという。あたしたちには金も宝石も用はないが。

人間たちはこの像をひどく大切にしているようで、何かといえばそのまわりに集まって、列を作って歩くやら歌うやら踊るやら、(ア)ギョウギョウしく騒いでいた。

彼はその像の肩にとまって、あれこれとおしゃべりするのが好きなようだった。王子の像も嬉《うれ》しそうに応じていた。

「一体何を、あんなに楽しそうに話しているの？」

彼にそう聞いてみたことがある。

「僕の見てきた北の土地や、まだ見ていないけれど話に聞く南の国のことをね。あの方はお気の毒に、人間として生きていらした間も、身分が高いせいでいつもお城の中で守られていて、そう簡単にはよその土地に行けなかったんだ。憧れていた遠い場所の話を聞けるのが、とても嬉しいと言ってくださってる」

「そりゃよかったわね」

あたしたちには興味のない遠い土地の話が、身分の高いお方とやらには嬉しいのだろう。誇らしげに話す彼の様子が腹立たしく、あたしはさっさと朝食の虫を捕まえに飛び立った。

やがて彼が、王子と話すだけでなく、そこから何かをくわえて飛び立って、町のあちこちに飛んでいく姿をよく見かけるようになった。南への旅立ちも近いというのに一体何をしているのか、あたしには不思議でならなかった。

風は日増しに冷たくなっていた。あたしたちの群れの長老が旅立ちの日を決めたが、それを聞いた彼は、自分は行かない、と答えたらしい。自分に構わず発《た》ってくれと。

仲間たちは皆、彼のことは放っておけと言ったが、あたしは気になった。いよいよ明日は渡りに発つという日、あたしは彼をつかまえ、逃げられないよう足を踏んづけておいてから聞いた。ここで何をしているのか、なにをするつもりなのか。

彼はあたしの方は見ずに、丘の上の王子の像を遠く眺めながら答えた。

「僕はあの方を飾っている宝石を外して、それから体に貼ってある金箔をはがして、貧しい人たちに持って行っているんだ。あの方に頼まれたからだ。あの方は、この町の貧しい人たちが食べ物も薪《まき》も薬も買えずに苦しんでいることを、ひどく気にしておられる。こんな悲しいことを黙って見ていることはできない、けれどご自分は台座から降りられない。だから僕にお頼みになった。僕が宝石や金箔を届けたら、おなかをすかせた若者がパンを、凍える子どもが薪を、病気の年寄りが薬を買うことができるんだ」

あたしにはよくわからなかった。

「どうしてあなたが、それをするの？」

「誰かがしなければならないから」

「だけど、どうしてあなたが、その『誰か』なの？　なぜあなたがしなければならないの？　ここにいたのでは、長く生きられないわよ」

あたしは重ねて聞いた。彼は馬鹿にしたような目で、ちらっとあたしを見た。

「君なんかには、僕らのやっていることの尊さはBわからないさ」

腹が立ったあたしは「勝手にすれば」と言って、足をのけた。彼ははばたいて丘の上へと飛んで行った。あたしはそれをただ見送った。

長い長い渡りの旅を終え、あたしたちは南の海辺の町に着いた。あたしは数日の間、海を見下ろす木の枝にとまって、沖のほうを眺めていた。彼が遅れて飛んで来はしないかと思ったのだ。しかし彼が現れることはなく、やがて嵐がやって来て、数日の間海を閉ざした。

この嵐は冬の(イ)トウライを告げるもので、北の町はもう、あたしたちには生きていけない寒さになったはずだと、年かさのツバメたちが話していた。

彼もきっと、もう死んでしまっているだろう。

彼はなぜ、あの町に残ったのだろうか。貧しい人たちを救うため、自分ではそう思っていただろう。あたしなどにはそんな志はわからないのだと。でも本当のところは、大好きな王子の喜ぶ顔を見たかっただけではないか。

そうして王子はなぜ、彼に使いを頼んだのだろう。貧しい人たちを救うため、自分ではそう思っていただろう。でも……。

まあいい。どうせあたしには、Cわからない、どうでもいいことだ。春になればあたしたちは、また北の土地に帰っていく。あたしはそこで、彼のような遠くを見るまなざしなど持たず、近くの虫を見つけてせっせとつかまえ、子どもたちを一緒に育ててくれる若者とシヨ(ウ)タイを持つことだろう。

それでも、もしまた渡りの前にあの町に寄って「幸福な王子」の像を見たら、聞いてしまうかもしれない。

あなたはただ、自分がまとっていた重いものを、捨てたかっただけではありませんか。そして、命を捨てても自分の傍《そば》にいたいと思う者がただひとり、いてくれればいいと思ったのではありませんか——と。

（光原百合他『捨てる』による。）※アンソロジー『捨てる』（株式会社文藝春秋刊）に収録。

問1　傍線部(ア)〜(ウ)に相当する漢字を含むものを、次の各群の①〜⑤のうちから、それぞれ一つずつ選べ。

(ア)　ギョウギョウしく
① 会社のギョウセキを掲載する
② クギョウに耐える
③ 思いをギョウシュクした言葉
④ イギョウの鬼
⑤ ギョウテンするニュース

(イ)　トウライ
① 孤軍フントウ
② 本末テントウ
③ トウイ即妙
④ 用意シュウトウ
⑤ 不偏フトウ

(ウ)　ショタイを持つ
① アクタイをつく
② 新たな勢力のタイトウ
③ タイマンなプレー
④ 家庭のアンタイを願う
⑤ 秘書をタイドウする

問2 傍線部A「遅れてその町にやってきた若者は、なんとも風変わりだった。」にある「若者」の「風変わり」な点について説明する場合、本文中の波線を引いた四つの文のうち、どの文を根拠にするべきか。最も適当なものを、次の①〜④のうちから一つ選べ。

① つやのある黒い羽に敏捷な身のこなし、実に見た目のいい若者だったから、南の国にわたる前、最後の骨休めをしながら翼の力をたくわえているあたしたちの群れに、問題なく受け入れられた。
② あたしの友だちの中にも彼に興味を示すものは何羽もいた。
③ でも、彼がいつも夢のようなことばかり語るものだから――今まで見てきた北の土地について、これから飛んでいく南の国について、遠くを見るようなまなざしで語るばかりだったから、みんなそのうち興味をなくしてしまった。
④ とはいえ嫌われるほどのことではないし、厳しい渡りの旅をともにする仲間は多いに越したことはないので、彼はあたしたちとそのまま一緒に過ごしていた。

問3 傍線部B「わからないさ」及び傍線部C「わからない」について、「彼」と「あたし」はそれぞれどのような思いを抱いていたか。その説明として最も適当なものを、傍線部Bについては次の【Ⅰ群】の①〜③のうちから、傍線部Cについては後の【Ⅱ群】の①〜③のうちから、それぞれ一つずつ選べ。

【Ⅰ群】
① 南の土地に渡って子孫を残すというツバメとしての生き方に固執し、生活の苦しさから救われようと「王子」の像にすがる町の人々の悲痛な思いを理解しない「あたし」の利己的な態度に、軽蔑の感情を隠しきれない。

② 町の貧しい人たちを救おうとする「王子」と、命をなげうってそれを手伝う自分を理解するどころか、その行動を自己陶酔だと厳しく批判する「あたし」に、これ以上踏み込まれたくないと嫌気がさしている。

③ 群れの足並みを乱させまいとどう喝する「あたし」が、暴力的な振る舞いに頼るばかりで、「王子」の行いをどれほど熱心に説明しても理解しようとする態度を見せないことに、裏切られた思いを抱き、失望している。

【Ⅱ群】

① 「王子」の像を金や宝石によって飾り、祭り上げる人間の態度は、ツバメである「あたし」にとっては理解できないものであり、そうした「王子」に生命をかけて尽くしている「彼」のこともまたいまだに理解しがたく感じている。

② 無謀な行動に突き進んでいこうとする「彼」を救い出す言葉を持たず、暴力的な振る舞いでかえって「彼」を突き放してしまったことを悔い、これから先の生活にもその後悔がついて回ることを恐れている。

③ 貧しい人たちを救うためというより、「王子」に尽くすためだけに「彼」は行動しているに過ぎないと思っているが、「彼」自身の拒絶によってふたりの関係に介入することもできず、割り切れない思いを抱えている。

問4　この小説は、オスカー・ワイルド「幸福な王子」のあらすじの記載から始まっている。この箇所（X）とその後の文章（Y）との関係はどのようなものか。その説明として適当なものを、次の①～⑥のうちから二つ選べ。

① Xでは、神の視点から「一羽のツバメ」と「王子」の自己犠牲的な行為が語られ、最後には救済が与えられることで普遍的な博愛の物語になっている。ツバメたちの視点から語り直すYは、Xに見られる神の存在を否定した上で、「彼」と「王子」のすれ違いを強調し、それによってもたらされた悲劇へと読み替えている。

② Xの「王子」と「一羽のツバメ」の自己犠牲は、人々からは認められなかったものの、最終的には神によってその崇高さを保証される。Yでも、献身的な「王子」に「彼」が命を捨てて仕えただろうことが暗示されるが、その理由はいずれも、「あたし」によって、個人的な願望に基づくものへと読み替えられている。

③ Yでは、「あたし」という感情的な女性のツバメの視点を通して、理性的な「彼」を批判し、超越的な神の視点も破棄している。こうして、「一羽のツバメ」と「王子」の英雄的な自己犠牲が神によって救済されるというXの幸福な結末を、「あたし」の介入によって、救いのない悲惨な結末へと読み替えている。

④ Yには、「あたし」というツバメが登場し、「王子」に向けた「彼」の言動の不可解さに言及する「あたし」の心情が中心化されている。「一羽のツバメ」と「王子」が誰にも顧みられることなく悲劇的に終わるXを、Yは、「彼」と家庭を持ちたいという「あたし」の思いの成就を暗示する恋愛物語へと読み替えている。

⑤ Xは、愚かな人間たちによって捨てられた「一羽のツバメ」の死骸と「王子」の心臓が、天使によって天国に迎えられるという逆転劇の構造を持っている。その構造は、Yにおいて、仲間によって見捨てられた「彼」の死が「あたし」によって「王子」のための自己犠牲として救済されるという、別の逆転劇に読み替えられている。

⑥　Xでは、貧しい人々に分け与えるために宝石や金箔を外すという「王子」の自己犠牲的な行為は、「一羽のツバメ」の献身とともに賞賛されている。それに対して、Yでは、「王子」が命を捧げるように「彼」に求めつつ、自らは社会的な役割から逃れたいと望んでいるとして、捨てるという行為の意味が読み替えられている。

問5　次の【Ⅰ群】のa〜cの構成や表現に関する説明として最も適当なものを、後の【Ⅱ群】の①〜⑥のうちから、それぞれ一つずつ選べ。

【Ⅰ群】

a　1〜8行目のオスカー・ワイルド作「幸福な王子」の記載

b　13行目「彼がいつも夢のようなことばかり語るものだから――」の「――」

c　64行目以降の「あたし」のモノローグ（独白）

【Ⅱ群】

①　最終場面における物語の出来事の時間と、それを語っている「あたし」の現在時とのずれが強調されている。

②　「彼」の性質を端的に示した後で具体的な例が重ねられ、その性質に注釈が加えられている。

③　断定的な表現を避け、言いよどむことで、「あたし」が「彼」に対して抱く不可解さが強調されている。

④　「王子」の像も人々に見捨てられるという、「あたし」にも想像できなかった展開が示唆されている。

⑤　「あたし」の、「王子」や「彼」の行動や思いに対して揺れる複雑な心情が示唆されている。

⑥　自問自答を積み重ねる「あたし」の内面的な成長を示唆する視点が加えられている。

分析 共通テストへの指針

問題を解いて、みなさんはどんな感想を持ちましたか?
文章のスタイルや内容が、いわゆる文豪の重たい作品と違って接しやすいからか、生徒たちは「比較的解きやすかった」というような感想を持つ場合が多いようです。ところが、**解説を始めてみると「そんなふうには読めてなかった」と冷や汗をかく生徒が多い**のも、この問題の特徴です。確かに、かりに今回はよかったとしても、「本番で同じような読解のずれが設問に影響して失点したら…」と考えて焦るのもよくわかります。油断なく、対策していきましょう。だから「簡単だった」と感じた人も、ぜひきちんと解説を読んでください。

読解の前に「ヒント」をつかむ

リード文には、人物関係や場面設定、出題部分までのあらすじ等、**問題を解くための前提となる重要な情報が記されています。**ですから、リード文はしっかりチェックします。

次の文章は、複数の作家による『捨てる』という題の作品集に収録されている光原百合の小説「ツバメたち」の全文である。この文章を読んで、後の問い(問1~5)に答えよ。

今回は「全文」の出題ですから、人物関係や場面設定についての情報は書かれていません。その代わり『捨てる』という題の作品集に収録されている」とありますね。「捨てる」という題名の「作品集」なんですから、そこに収められている作品は**「捨てる」が主題になっている**ということです。読解のためのヒントが一つ得られました。また、この作品の題名は「ツバメたち」ですから、これも押さえておきます。

題名ですが、評論・小説を問わず、一般に、

二重のカギカッコ『　』→一冊の本全体の題名
一重のカギカッコ「　」→その文章の題名

で表記します。したがって**特に一重のカギカッコの場合は、読解のためのヒントになります**から、知っておきましょう。今回は、『捨てる』は二重のカギカッコですが、そういう「作品集」だと言っていますから、そこに収められている作品は「捨てる」をキーに書かれています。ですから、今回はヒントになります。

読解を始める前に、設問を含めた問題の全体をざっとチェックします。（選択肢を見たりはしません）。問題文の長さや設問数などを確認しましょう。まあ、こういうことは他教科でも常識的にやっていることでしょうが、共通テストのような未知のテストの場合は特に重要です。

本文を見渡すと、今回は４箇所の「空白行」で5つの部分に区切られていますね。CHAPTER1で学んだように「空白行」は場面を区切る要素です。

またこの時点で、冒頭の一つ目のブロックが〈　　〉でくくられていて、「オスカー・ワイルド作『幸福な王子』より」と記されていることにも気がつくでしょう。つまり「ツバメたち」という小説の冒頭に、「オスカー・ワイルド」という別の作家の文章が用いられているということです。

共通テストでは、論理的な文章だけでなく、文学的な文章においても**〈複数のテキストを比較して吟味させる問題〉**が出題される可能性があります。そのことを踏まえていれば、今回の文章も、そのような意図での出題だろうと、ここで気づきます。

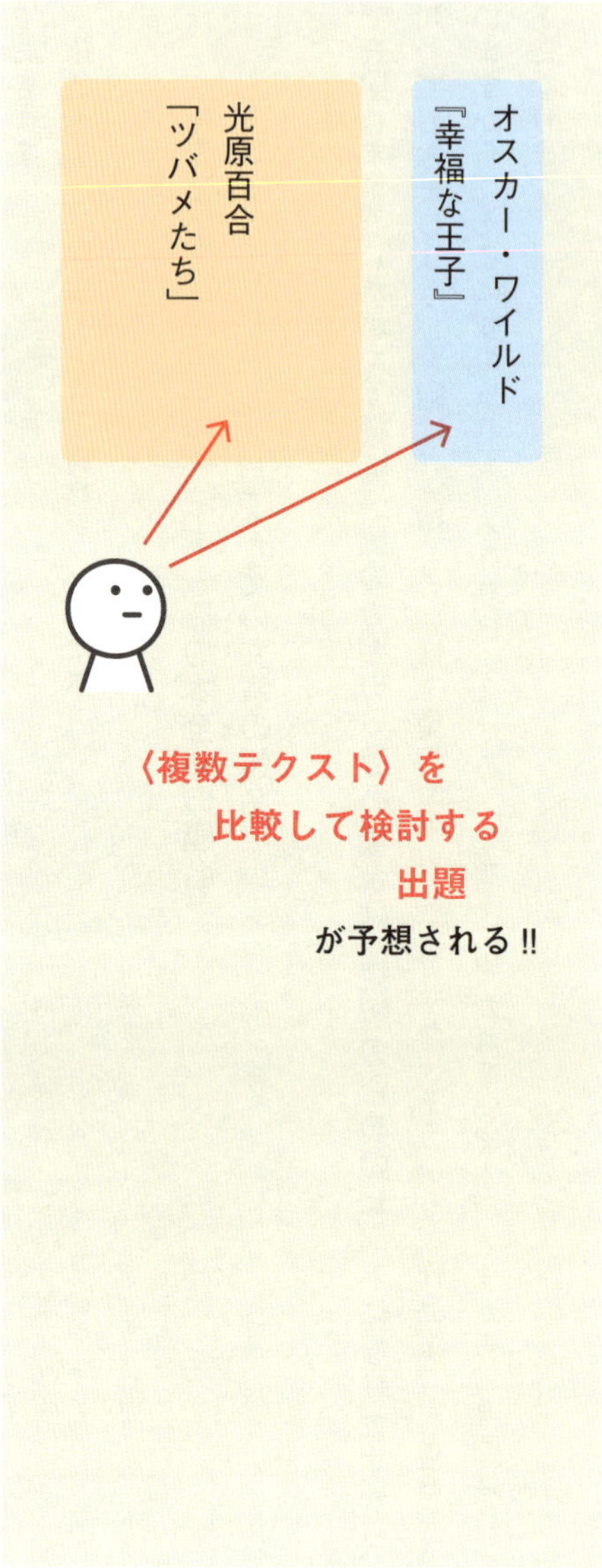
オスカー・ワイルド
『幸福な王子』
光原百合
「ツバメたち」
〈複数テクスト〉を
比較して検討する
出題
が予想される!!

複数の文学的テクストを比較しながら解釈することができるようになるには、ある程度の慣れが必要でしょうが、何よりも「意識して練習する」ことが重要です。様々な問題でトレーニングしていってください。

以上、小説を読み始める前に、このくらいの前提情報をつかむことができます。他の問題の時にも、同じようにチェックする習慣をつけていってください。

POINT

「読解の前にすべきこと」

いきなり読解を始めるのではなく、以下の❸点はチェックし、全体像をイメージしてから本文に入ろう！

❶「リード文」は読解の前提となる情報が記されている！
❷題名はチェック！…「　」か『　』も意識する！
❸読み始める前に全体像をチェック！

＊その他、設問によってはヒントになる場合もある（たとえば、「場面分け問題」によって、本文を読む前に場面の数がわかる、など）。深追いする必要はないが、臨機応変に対処できるようにしておこう。

では、問題文のポイントを見ていきましょう。

本文解説

第Ⅰ場面

導入部分では、「オスカー・ワイルド作『幸福な王子』」の「あらすじ」が示されています。「あらすじ」そのものを理解することはさほど難解ではなかったでしょう。ただし、次の部分に注目できたでしょうか。

> ……金箔をはがされてみすぼらしい姿になった王子の像は溶かされてしまうが、二つに割れた心臓だけはどうしても溶けなかった。ツバメの死骸と王子の心臓は、ともにゴミ捨て場に捨てられた。その夜、「あの町からもっとも尊いものを二つ持ってきなさい」と神に命じられた天使が降りてきて、ツバメと王子の心臓を抱き、天国へと持ち帰ったのだった。
>
> 〈オスカー・ワイルド作『幸福な王子』より〉

リード文から情報をつかんだように、この小説では**「捨てる」はポイント**でしたね。しっかり反応しておきます。

第Ⅱ場面

ここではまず、12行目の「あたしたち」に注目します。**一人称視点**ですね。この小説はツバメである「あたし」から見た視点で描かれている。「あたし」の目線を通して、「なんとも風変わり」な「若者」である「彼」のことを語っているわけです。

「彼」
つやのある黒い羽
敏捷な身のこなし
実に見た目のいい若者
↓
あたしたちの群れに問題なく受け入れられた。
あたしの友だちの中にも彼に興味を示すものは何羽もいた。

でも

「彼」
遠くを見るまなざしで
いつも夢のようなこと
ばかり語るので
↓
みんなそのうち興味をなくしてしまった。
（来年一緒に子どもを育てる連れ合いには、そこらを飛んでいる虫を素早く見つけてたくさんつかまえてくれる若者がふさわしい）

とはいえ嫌われるほどのことではないし
厳しい渡りの旅をともにする仲間は多い方がいいので、
彼はあたしたちとそのまま一緒に過ごしていた。

「彼」は「実に見た目のいい若者」だったので、あたしたちの群れに問題なく受け入れられたし、あたしの友達の中にも来年子作りをする相手として興味を示すものが何羽かいた、と出てきます。

ところが、「彼」が「遠くを見るようなまなざし」で、今まで見てきた北の土地についてや、これから飛んでいく南の国についてなど、いつも「夢のようなことばかり語る」から、みんなそのうち興味をなくしてしまいます。来年一緒に巣をこしらえて子育てするには、そこらを飛んでいる虫を素早く見つけてたくさんつかまえてくれる若者がふさわしいからです。とはいえ、嫌われるほどのことではないし、厳しい渡りの旅をする仲間は多い方がいいので、彼はそのまま一緒に過ごしています。

そんな「彼」が翼繁く（普通は「足繁く」でしょうが、ツバメなので「翼繁く」です）通っていたのが「王子の像」のところです。ここで「彼」が、冒頭のオスカー・ワイルドの話に出てきた「あのツバメ」だろうと分かります。次の部分に注目してください。

> そんな彼が翼繁く通っていたのが、丘の上に立つ像のところだった。早くに死んでしまった身分の高い人間、「王子」と人間たちは呼んでいたが、その姿に似せて作った像だということだ。遠くからでもきらきら光っているのは、全身に金が貼ってあって、たいそう高価な宝石も使われているからだという。あたしたちには金も宝石も用はないが。
>
> 人間たちはこの像をひどく大切にしているようで、何かといえばそのまわりに集まって、列を作って歩くやら歌うやら踊るやら、(ア)ギョウギョウしく騒いでいた。
>
> 彼はその像の肩にとまって、あれこれとおしゃべりするのが好きなようだった。王子の像も嬉しそうに応じていた。

「人間たちはこの像をひどく大切にしているようで」とありますね。ここを見たときに、先ほど意識化した**〈複数のテキストを比較して読む〉**ということを思い出して欲しいんです。ここには「人間たちはこの像をひどく大切にしている」と書いてある。でも、冒頭のオスカー・ワイルドの小説の中では、「金箔をはがされてみすぼらしい姿になった王子の像は溶かされてしまう」とありました。

つまり、**両方の物語を比較して読むならば、「人間たち」が「ひどく大切にしている」のは、**

「像そのもの」ではなくて、それを飾っている「金や宝石（もしくはそれが象徴するようなきらびやかな地位）」だと読むことができます。

オスカー・ワイルド『幸福な王子』
金箔をはがされてみすぼらしい姿になった王子の像は溶かされてしまう

光原百合「ツバメたち」
全身に金が貼ってあって、高価な宝石も使われている
人間たちは王子の像をひどく大切にしている

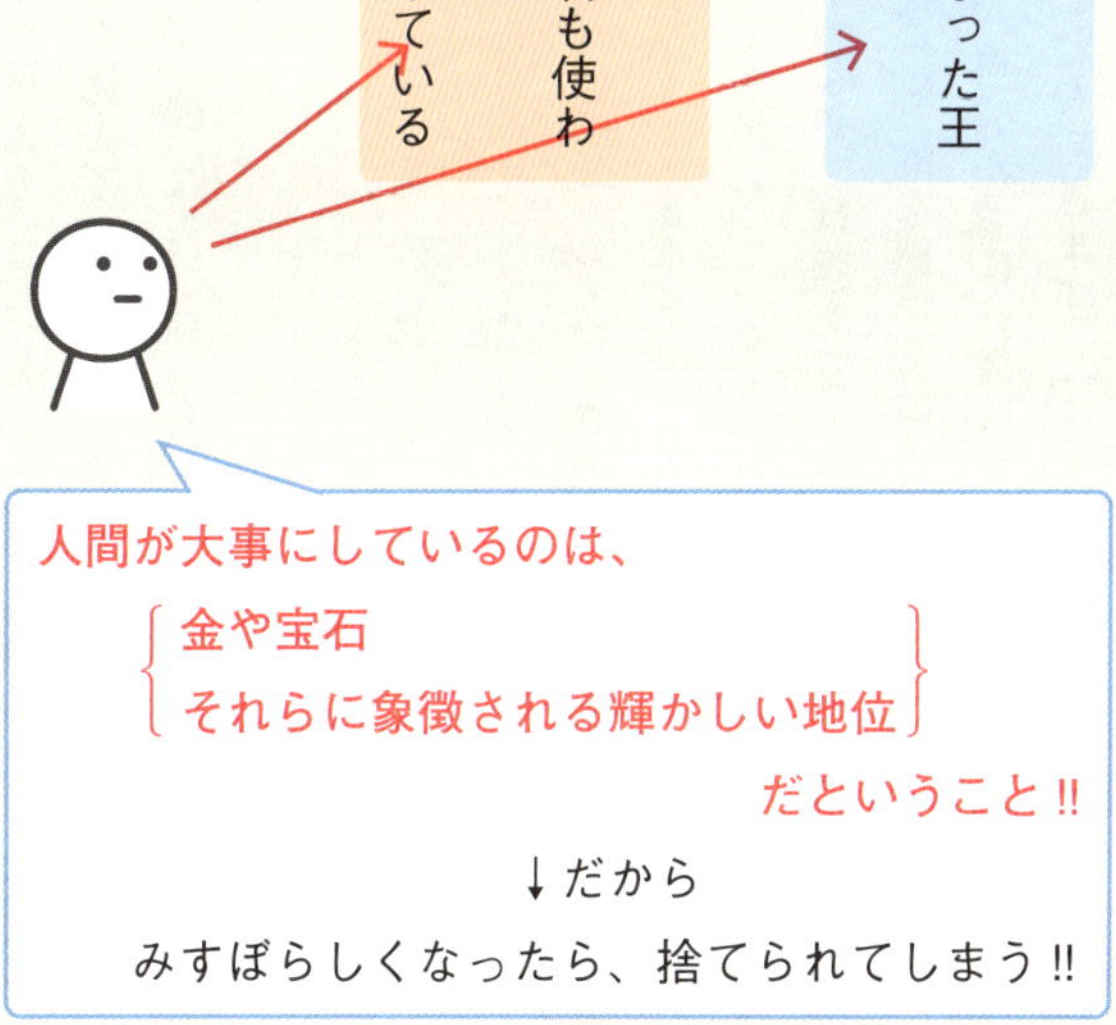
人間が大事にしているのは、
金や宝石
それらに象徴される輝かしい地位
だということ!!
↓だから
みすぼらしくなったら、捨てられてしまう!!

両者を比較し得て初めて読み取れることがある、出題者の意図と、素晴らしい文章選択がここに表れているといえます。

人間たちが金や宝石を大切にしているのに対して、「あたしたち」は金や宝石には用はありません。ここでの「あたしたち」は「（人間とは違う）ツバメたち」ということでしょう。「彼」が「王子」のところに翼繁く通うのも、「その像の肩にとまって、あれこれとおしゃべりするのが好き」だからです（一人称視点ですから、あくまで「あたし」にはそう見えている、ということですが）。

「あたし」から見て、人間たちの姿はあまり良く見えていないようです。「仰々しく」は「おおげさに」という意味ですから、「何かといえば……仰々しく騒いでいた」という言い方からは、「あたし」から人間たちへの批判的な見方を読むことができます。

第Ⅲ場面

ここでは、「彼」が「王子」に何を楽しそうに話しているのかがわかります。それは「あたしたち」ツバメの仲間にとっては興味のない「遠い土地の話」でした。「あたし」の周りのツバメが「彼」への興味を失う原因となった、「彼」が「遠くを見るようなまなざし」で語る話を、「王子」だけはとても喜んで聞いてくれる。それが「彼」にとって、とても嬉しいことであることは想像に難くありません。

そのことを「誇らしげに」話す「彼」に、「あたし」は腹を立てています。ここでも「身分の高いお方とやら」という言い方から、「王子」に対する批判的な感情を読み取れます。

ここで、「あたし」が「腹をたてた」理由を、自分たちには興味がないことを「身分が高い人は」聞いてくれると語ることに腹を立てた、と読むこともできます。「えーえー。どうせあたしたちツバメなんかには、そんな高尚な話はわかりませんよ」、という感じです。が一方、続く文脈で「あたし」が「彼」に好意を抱いていることがわかった後で振り返るならば、二人だけがわかり合っていることへの「嫉妬心（のようなもの）」を読みとることもできます。

この場面の最後では、「彼」が「王子と話すだけでなく、そこから何かをくわえて飛び立って、町のあちこちに飛んでいく姿をよく見かけるようになった」と出てきます。「南への旅立ちも近いというのに一体何をしているのか」という表現から、冒頭のオスカー・ワイルドの小説の「あらすじ」で見た展開が予想されます。

第Ⅳ場面

いよいよ旅立ちが迫ったシーンです。群れの長老が旅立ちの日を決めたのに、「彼」が「自分は行かない、と答えたらしい」ことを「あたし」は知ります。南へ行かないということは、ツバメにとってそのまま「死」を意味します。「彼」はなぜそのような選択をするのでしょうか。

仲間たちは皆、彼のことは放っておけと言いますが、「あたし」は「気にな」る。だからいよいよ明日は渡りに発つという日に、彼をつかまえてここに残る理由を聞き出します。「逃げられないように足を踏んづけておいてまで」というところに、「あたし」の「どうしても理由を知りたい」という気持ちが表れていますね。

もちろん、その理由を僕たち読者は既に知っています。第Ⅰ場面の「あらすじ」を知っているからですね。予想通り、「あの方に頼まれて、あの方に代わって、この町の貧しい人を救うために、宝石や金箔を届けているんだ」と彼は答えます。「あたしの方は見ずに、丘の上の王子の像を遠く眺めながら」。

一人称視点ですから、物語は「あたし」の目を通して描かれています。「あたし」に意識されたことは描かれますが、「あたし」に意識されなかったことは描かれません。つまり、ここでは、「彼」が「あたしの方は見ずに」「言った」ことが、「あたし」に強く意識されているということです。「あたし」はこんなにも気になっているのに、「彼」は「あたし」に見向きもしない、ということです。「彼」の心は

「あたし」ではなく「王子」の方に向かっている。やはり彼女は「彼」が好きなのです。

でも、「あたし」は彼の言う理由にどうしても納得できません。だから、

「どうしてあなたが、それをするの?」

「どうしてあなたが、その『誰か』なの?」

と繰り返します。「彼」のことが好きな「あたし」にとって、「誰かがしなければならないから」という理由は、理由になっていません。「誰か」でいいのならば、大切な「あなた」を失う必要はないからです。だから彼女は食い下がります。

しかし、彼は「馬鹿にしたような目で」、ちらっと「あたし」を見て言います。「君なんかには、僕らのやっていることの尊さはわからないさ」。

「彼」は「身分の高い『あの方』に頼まれて、自分は尊い仕事をしている」と思っています。選ばれた使命の人だと感じているわけですね。だからこそ、それに命をかける価値があると思っている。自分はそれなのに「あたし」はそれがまったくわかっていない。だから彼は「馬鹿にしたような目で」「君なんかには、僕らのやっていることの尊さはわからないさ」というわけです。身分の高い「あの方」や選ばれた「僕」にはわかる。でも「君なんか」にはわからない。そう馬鹿にしているわけです。

彼女の「彼」への想いは、彼によってはっきりと拒絶されました。だから丘の上へ飛んでいく彼を、ただ見送ることしかできなかったわけです。

第V場面

南へたどり着いた後の、「あたし」の独り語りの場面です。

「数日の間、海を見下ろす木の枝にとまって、沖のほうを眺めていた。彼が遅れて飛んで来はしない

かと思ったのだ」とあるように、渡りを終えた後も、「あたし」は「彼」のことを気にしています。それだけ、彼のことが好きだったということがわかりますね。

しかし「彼が現れることはなく、やがて嵐がやって来て、数日の間海を閉ざした」。彼がやってくるかもしれないという一縷《いちる》の望みも断ち切られ、「彼もきっと、死んでしまっているだろう」と、彼女は彼との別れを受け入れます。

最後に、彼女は二つの自問自答をしています。

一つは、「彼はなぜ、あの町に残ったのだろうか」。もちろん、彼自身は「宝石や金箔を渡すことで貧しい人を救うという、崇高な使命のためだ」と答えています。でも「あたし」の中では、それでは納得できないところがある。だからこそ自問するわけです。

彼女の出した答えは「本当のところは、大好きな王子の喜ぶ顔を見たかっただけではないか」というものです。崇高な理由のために命を捨てるというのでは「あたし」には納得できない。でも「ただ、大好きな人の笑顔が見たかったからだ」という理由であれば、わからないながらも、なんとか受け入れて、納得することができる。それが、彼への思いに区切をつけるための、彼女なりの答えだったわけです。

もしかしたらそこには、「結婚相手」には「彼なんかじゃない方がいい」と理屈ではわかっていても、それでも彼への想いをおさえられない彼女自身の気持ちが、投影されているのかもしれません（でも、これは「そうかもしれない」というだけで、入試の小説で必要以上に深く読み込む必要はありません。そこまで読み込まなくても、答えは出ます）。

Q 「彼」はなぜ、あの町に残ったのだろうか?

A 自分では、貧しい人たちを救うため、と思っていただろう

でも

本当は、大好きな王子の喜ぶ顔を見たかっただけではないか。

もう一つは「王子はなぜ、彼に使いを頼んだのだろう?」です。第Ⅳ場面の解説でも述べたように、単に「貧しい人々を救うという崇高な使命を、誰かが果たさなければならないから」という理由では、彼女は納得できない。それならば、何も「彼」である必要はないからです。

でも、ここでも「自分がまとっていた重いものを、ただ、捨てたかっただけだ。そして、命を捨ててても自分の傍にいたいと思う者がただひとりいてくれればいいと思ったのだ」と言われるならば、彼女は納得できる。だからこういう答えを「彼女」なりに出したわけです。

Q 「王子」はなぜ、彼に使いを頼んだのだろう?

A←

自分では、
貧しい人たちを救うため、
と思っていただろう

どうせあたしには、わからない、どうでもいいことだ。
それでも、聞いてしまうかもしれない。

自分がまとっていた重いものを、
ただ、捨てたかっただけではないか。
そして
命を捨てても自分の傍にいたいと思う者がただひとりいてくれればいいと思ったのではないか。

王子がまとっていた「重たいもの」とはなんでしょうか。ここで「捨てる」のは「宝石や金箔」ですから、それが象徴する「重たいもの＝王子としての輝かしい地位」と読むことができます。そして、そう読めたならば、先の第Ⅱ場面で〈複数のテキストを比較して読む〉ことによって気づいたポイントが思い出されるはずです。

町の人々が自分を大切にしているのは、宝石や金箔に象徴される王子という輝かしい地位であって、自分という存在そのものではない。それならば、そんなものは捨ててしまいたい。そして、そんな表面的な輝かしさではなく、自分という存在そのものを心から愛してくれる者がただひとりいればいい。王子はそう思ったのではないか。

それならば、王子が使いを頼む相手は「他の誰か」ではなく「彼」でなければなりません。「彼」は王子という存在そのものを愛してくれているのです。命がけでそばにいたいと思うほどに。

こう考えれば、王子が彼を犠牲にした理由を、納得できる。わからないながらも、なんとか受け入れることができる…。「彼女」はそう自問したのではないでしょうか。

最後の読みは「そうかもしれない」というだけで、明示されていない以上、読みの可能性であって、もちろん異なる読みも可能です（たとえば、「自分の背負っている重いものを単に捨てたかった。そのために彼を利用しただけだ。そして、自分のために命がけで尽くしてくれる存在がいるという、単なる自己満足だったのではないか」というような読みも可能でしょう）。テクストから演繹的に考えられる可能性の範囲内であれば、様々な読みがあって良いのではないでしょうか。もちろん、客観式の入試小説では、そのような読みを問われることはありません。

最後に、ラストで「あたし」は、もしまたあの町に寄って「幸福な王子」の像を見たら、聞いてしまうかもしれない、と言っています。

ここでも気づいたでしょうか。冒頭のオスカー・ワイルドの話を思い出してください。**両方の物語を比較して読むならば、「あたし」は、王子の像も溶かされてしまっていることを知らない**ということです。

最後の最後まで、冒頭の引用が効いていますね。受験生に、複数のテクストを比較しながら読ませるには、最適の題材といえるでしょう。

設問分析

問1

この問題を見て、**「小説でも漢字が出るようになるんだ！」と早合点しないように注意してください。** 確かに漢字は出ています。でも、出題者である大学入試センターの公表資料によると、「言葉の特徴や使い方に関する知識・技能（語彙）」の問題であると記されています（だからこそ(イ)の選択肢をすべて四字熟語にしたりしてみたのでしょう）。

ということは、今回のように〈小説で出てくるような語句を漢字問題として出題する〉場合もありうるし、これまで通りに〈語句の意味問題〉もありうるということです。いずれにせよ、小説読解にとって「語彙力」は重要です。コツコツ覚えておきましょう。

(ア)「**仰**々しく」（①業績、②苦行、③凝縮、④異形、⑤**仰**天） 正解は⑤です。

(イ)「**到**来」（①奮闘、②転倒、③当意、④周**到**、⑤不党） 正解は④です。

(ウ)「所**帯**」（①悪態、②台頭、③怠慢、④安泰、⑤**帯**同） 正解は⑤です。

問2

設問は「若者」を「風変わり［＝行動や好みが普通とは違っている］」だと判断する「根拠」となる文を選べという問題です。選択肢を見てみましょう。

① つやのある黒い羽に敏捷な身のこなし、実に見た目のいい若者だったから、南の国にわたる前、

最後の骨休めをしながら翼の力をたくわえているあたしたちの群れに、問題なく受け入れられた。×

② あたしの友だちの中にも彼に興味を示すものは何羽もいた。×

③ でも、彼がいつも夢のようなことばかり語るものだから――今まで見てきた北の土地について、これから飛んでいく南の国について、遠くを見るようなまなざしで語るばかりだったから、みんなそのうち興味をなくしてしまった。○

④ とはいえ嫌われるほどのことではないし、×厳しい渡りの旅をともにする仲間は多いに越したことはないので、彼はあたしたちとそのまま一緒に過ごしていた。×

正解は③です。「～ばかり語るものだから」「～ばかりだったから」の「～ばかり」は、否定的な表現です（たとえば、「この子は家でゲームばっかりしてるんですよ」というような言い方です）。その結果「みんなそのうち興味をなくしてしまった」と言っていますから、「風変わり」という悪い印象を説明する根拠になります。

他の選択肢は、すべて「風変わり」の根拠にはなりません。

選択肢①は、「実に見た目がいい若者だったから→問題なく受け入れられた」ですから、「風変わり」の説明とは正反対。むしろ好印象です。

選択肢②も、「興味を示すものが何羽もいた」ですから、これも肯定的な表現です。

選択肢④も、「嫌われるほどのことではない」も「そのまま一緒に過ごしていた」も、どちらも「風変わり」の説明とは言えません。

以上より、解答は③に決定します。

問3

傍線部B「わからないさ」と、傍線部C「わからない」における「彼」と「あたし」の心情を問う問題です。Bを【Ⅰ群】から、Cを【Ⅱ群】から、三択で選びます。

三択なので一見易しそうに見えるのですが、**試行調査問題では、このタイプの問題は「完答」を要するものになっていますから要注意**です。たとえばこの問題は「完答・10点」。ミスしたときの失点があまりに大きい（涙）。注意していきましょう。

設問の解説をしていく前に一つ、ここで新しいポイントを学んでおきましょう。

〈選択肢分析〉の変形タイプ

CHAPTER1で学んだように、心理を説明する問題の選択肢は

> **心理以外の部分（事態や行動）に注目する！**
> **心理で消去できるのはハッキリ×の時だけ！**

でしたね。小説ですから、どうしても「心理」を重視してしまいがちになりますが、〈微妙な心理では客観テストにならない〉という「選択式問題の宿命」から、心理以外の部分に決め手があることが多いと教えました。

選択肢の決め手となる「心理以外の部分」の中でも、特に〈事態〉はよくポイントになります。だから選択肢の〈事態〉部分には特に注目するのですが、**選択肢がいつも〈事態部分〉を「〜ので」「から・ため」などの理由表現で表してくれるわけではありません。**

次の図を見てください。

事態 （彼が合格したので）、 心理 僕は 嬉しかった。

彼の合格 が 僕を よろこばせた。
彼の合格 を
彼の合格 に 僕は よろこんだ。
彼の合格 に対して

このように **「ので」の代わりに「が・を・に・に対して」などを使っても〈事態〉を示すことができます**。基本は、〈心理〉があったら「事態（原因）は何かな？」と考えていくことなのですが、「が・を・に・に対して」などはよく出てくる形ですから、覚えておくとよいでしょう。

では、設問を見ていきます。

傍線部Bは「わからないさ」というセリフですから〈行動〉です。ということは、〈事態〉を考えて間の〈心理〉を推測していきます。

事 → 心 → 行

身分の高い『あの方』に頼まれて、自分は尊い仕事をしている。（自分は選ばれし使命の人である）
「どうしてあなたが、それをするの？」
「どうしてあなたが、その『誰か』なの？」

？

馬鹿にしたような目で、ちらっとあたしを見て
「君なんかには、僕らのやっていることの尊さは[B]わからないさ」

「身分の高い『あの方』に頼まれて、自分は尊い仕事をしている」と彼は思っています。自分は選ばれた使命の人だと感じているわけですね。だからこそそれに命をかける価値があると思っている。
それなのに「あたし」は「どうしてあなたなの？」「どうしてあなたが、その『誰か』なの？」と食い下がります。「彼」の気持ちがまったくわかっていないわけです。

だから彼は「馬鹿にしたような目で」「君なんかには、僕らのやっていることの尊さはわからないさ」と言います。身分の高い「あの方」や「僕」にはこの仕事の尊さがわかる。でも「君なんか」にはわからない。そう馬鹿にしているわけですね。

では、選択肢を見ていきましょう。

【Ⅰ群】

①（南の土地に渡って子孫を残すというツバメとしての生き方に固執し、生活の苦しさから救われようと「王子」の像にすがる町の人々の悲痛な思いを理解しない「あたし」の利己的な態度に、）軽蔑の感情を隠しきれない。

②（町の貧しい人たちを救おうとする「王子」と、命をなげうってそれを手伝う自分を理解するどころか、その行動を自己陶酔だと厳しく批判する「あたし」に、）これ以上踏み込まれたくないと嫌気がさしている。

③（群れの足並みを乱させまいとどう喝する「あたし」が、暴力的な振る舞いに頼るばかりで、「王子」の行いをどれほど熱心に説明しても理解しようとする態度を見せないことに、）裏切られた思いを抱き、失望している。

選択肢①は、「生活の苦しさから救われようと『王子』の像にすがる町の人々の悲痛な思いを理解しない」が×です。「あたし」が理解しなかったのは「彼と王子のやっていることの尊さ」であって、「人々の悲痛な思い」ではありません。

選択肢③は、「群れの足並みを乱させまいとどう喝する『あたし』」が×です。「あたし」は、好意を寄せる「彼」が、群れが渡りに発っても「自分は行かない」と答えたことが気になって、「ここで何をしているのか、何をするつもりなのか」を聞いたのであって、群れを乱したくないのではありません。さらに言えば「彼と王子のやっていることの尊さ」が「あたし」にはわからないんですから、「『王子』の行い」というふうに「王子」だけに限定しているのも×ですし、「裏切られた思い」という〈心理〉の説明もハッキリ×でしょう。「彼」は「あたし」に対して「裏切られた」と思うような「仲間意識」のようなものを感じていたわけではありません。

正解は②です。「町の貧しい人たちを救おうとする『王子』と、命をなげうってそれを手伝う自分を理解するどころか」が○であることは問題ないでしょう。次の「その行動を自己陶酔だと厳しく批判する」という部分は、「自己陶酔だなんて、どこにも書かれていないじゃないか」と、納得できない人もいたはずです。でも次のように考えるとどうでしょうか。

身分の高い『あの方』に頼まれて、自分は尊い仕事をしている。（自分は選ばれし使命の人だと思っている）
→批判
「どうしてあなたが、それをするの？」
「どうしてあなたが、その『誰か』なの？」

「あなたは、そんな選ばれし使命の人ではないわ」と言われていると捉えれば、「自分に酔っているだけよ!!」と批判されている、と言い換えられるこのように考えられれば、理解できるはずです。**「納得いかない部分もあるけど、他が×だったから選べたよ」という人は要注意です。**他の問題でも同じように消去法だけで辿り着けるかどうかはわかりません。センター試験の過去問題を見ても、曖昧な読みの受験生が悩むように作られた選択肢は多く見られます。しかも今回のように「完答タイプ」であれば、一つのミスが大きな失点につながります。高得点を目指す人なら致命傷になりかねない。しっかりと「読む」トレーニングをしておいてください。

では、次に**【Ⅱ群】**を見ていきましょう。

傍線部Cの「わからない」は、「あたし」の自問自答部分についているものなので、直接の〈事態〉があるわけではありません。では「何が」わからないと言っているのかというと、

Q「彼」はなぜ、あの町に残ったのだろうか?
Q「王子」はなぜ、彼に使いを頼んだのだろう?

ですね。選択肢を見ていきましょう。

【Ⅱ群】

① (「王子」の像を金や宝石によって飾り、祭り上げる人間の態度は、)×ツバメである「あたし」にとっては理解できないものであり、そうした「王子」に生命をかけて尽くしている「彼」のこともまたいまだに理解しがたく感じている。

② （無謀な行動に突き進んでいこうとする「彼」を救い出す言葉を持たず、暴力的な振る舞いでかえって「彼」を突き放してしまったこと）を悔い、これから先の生活にもその後悔がついて回ることを恐れている。×

③ 貧しい人たちを救うためというより、「王子」に尽くすためだけに「彼」は行動しているに過ぎないと思っているが、「彼」自身の拒絶によってふたりの関係に介入することもできず、割り切れない思いを抱えている。

選択肢①は、『王子』の像を金や宝石によって飾り、祭り上げる人間の態度」が×です。「わからない」の対象は「彼や王子の気持ち」であって、「人間の態度」ではありません。

選択肢②は、「悔い、これから先の生活にもその後悔がついて回ることを恐れている」が×です。傍線部の直後で「どうでもいいことだ」と言いながらも「それでも……聞いてしまうかもしれない」と思っていますから、「あたし」は、心の底から「どうでもいいことだ」と吹っ切れているわけではないでしょう。とはいえ、「あたし」がこれから先の生活について考えていることは、「春になればあたしたちは、また北の土地に帰っていく。あたしはそこで、彼のような遠くを見るまなざしなど持たず、近くの虫を見つけてせっせとつかまえ、子どもたちを一緒に育ててくれる若者と所帯を持つことだろう」ですから、ここに「後悔を恐れている」というような気持ちを読み取ることはできませんね。したがって〈心理〉の説明がハッキリ×です。

正解は③です。先にまとめた本文のポイントをきちんと説明できていますね。

以上より、**正解【Ⅰ群】②【Ⅱ群】③**に決定します。

以上見てきたように、**やっぱり「心理以外の部分が決め手で選択肢が決定」「心理で決まるときはハッキリ×」でした。** CHAPTER1で僕が言ったことを覚えていますか。共通テストは過去問題がない未知の試験ですが、小説の客観問題である以上、センター試験と同じ制約の中で作られていると考えるのが妥当だろう。そう考えるならば、センター試験と同じポイントで選択肢を吟味することができるはずだ、という発言です。

試行調査の問題を見る限り、その見方は間違ってはいないようです。センター試験の現代文問題はとてもよくできた問題でしたから、その蓄積が生かされるとすればとてもよいことだと思います。

それにしても、先にも言いましたが**「完答で10点」という配点**はかなりシビアなものです。ミスのないようにきっちりと吟味していきましょう。

問4

オスカー・ワイルド『幸福な王子』のあらすじ（**X**）と、その後の文章（**Y**）の関係を答える問題です。小説における**〈複数テクストの比較問題〉**ですね。**本文解説**での説明を元に、選択肢を吟味していきましょう。

まずは（**X**）の部分を見ていきましょう。

① **X**では、神の視点から「一羽のツバメ」と「王子」の自己犠牲的な行為が語られ、最後には救済が与えられることで普遍的な博愛の物語になっている。× ……

② **X**の「王子」と「一羽のツバメ」の自己犠牲は、人々からは認められなかったものの、最終的には神によってその崇高さを保証される。○ ……

③……、「一羽のツバメ」と「王子」の英雄的な自己犠牲が神によって救済されるというXの幸福な結末を、○……

④……。「一羽のツバメ」と「王子」が誰にも顧みられることなく悲劇的に終わるXを、×……

⑤Xは、愚かな人間たちによって捨てられた「一羽のツバメ」の死骸と「王子」の心臓が、天使によって天国に迎えられるという逆転劇の構造を持っている。○……

⑥Xでは、貧しい人々に分け与えるために宝石や金箔を外すという「王子」の自己犠牲的な行為は、「一羽のツバメ」の献身とともに賞賛されている。○……

①と④はこの時点で×ができます。

選択肢①は、「普遍的な博愛［＝すべての人を広く平等に愛する］の物語になっている」がはっきり×ですね。神によって救われたのは王子とツバメで、「博愛」の話ではありません。

選択肢④は、「誰にも顧みられることなく悲劇的に終わる」がはっきり×です。神によって救われるので「誰にも顧みられることなく」はおかしいですし、「悲劇的に終わる」も異なります。

では、後半の（Y）部分を見ていきましょう。

②……。Yでも、献身的な「王子」に「彼」が命を捨てて仕えただろうことが暗示されるが、その理由はいずれも、「あたし」によって、個人的な願望に基づくものへと読み替えられている。○

③Yでは、「あたし」という感情的な女性のツバメの視点を通して、理性的な「彼」を批判し、×超越的な神の視点も破棄している。こうして……Xの幸福な結末を、「あたし」の介入によって、救いのない悲惨な結末へと読み替えている。×

⑤……。その構造は、Yにおいて、仲間によって見捨てられた「彼」の死が「あたし」によって「王子」のための自己犠牲として救済されるという、別の逆転劇に読み替えられている。

⑥……。それに対して、Yでは、「王子」が命を捧げるように「彼」に求めつつ、自らは社会的な役割から逃れたいと望んでいるとして、捨てるという行為の意味が読み替えられている。

③と⑤を×することができます。

選択肢③は、「『あたし』という感情的な女性のツバメの視点を通して、理性的な『彼』を批判し」が×です。このまま行けば死んでしまうのだということを「彼」に対して説得する彼女のことを「感情的」とは言えませんし、逆に、生命をかけてまで「王子」の望みに従おうとする「彼」のことを「理性的［＝感情に走らず落ち着いて冷静に判断できる］」ということはできないでしょう。また選択肢末尾の「救いのない悲惨な結末」も、「彼女」の自問自答で終わる最終場面の説明としては×ですね。

選択肢⑤は、「仲間によって見捨てられた『彼』の死」が×です。仲間が見捨てたのではなく「彼」が自ら「自分は行かない」と言ったのでしたね。

残る②と⑥は、いずれも問題文の内容ほきちんと説明できています。以上より**正解は②・⑥**になります。

この問題も**「完答で10点」の配点**です。ミスのないように、丁寧に吟味してください。

問5

オスカー・ワイルド「幸福な王子」のあらすじ（**X**）と、その後の文章（**Y**）の関係を答える問題です。小説における**〈複数テクストの比較問題〉**です。

まずaの「オスカー・ワイルド作『幸福な王子』の記載」ですが、この部分について言及している選択肢は④しかありませんから、**答えは④**で即決です。

④ 「王子」の像も人々に見捨てられるという、「あたし」にも想像できなかった展開が示唆されている。

②や③は「部分的な表現」の説明ですし、⑤「『あたし』の…心情」はここでは示されていません。⑥の「自問自答」は続く（**Y**）の文章の最終場面です。

①と悩んだ人は「時間のずれ」という点が×です。最終場面と冒頭のあらすじのずれは、時間ではなく内容的なものでした。

次に、bの「――」は、その前で述べられた内容が、後で詳しく説明される、という前後関係になっています。

彼がいつも夢のようなことばかり語るものだから――今まで見てきた北の土地について、これから飛んでいく南の国について、遠くを見るようなまなざしで語るばかりだったから、みんなそのうち興味をなくしてしまった。

「――」の前の「いつも夢のようなことばかり語る人」とはどんな人なのかというと、「今まで見てきた北の土地や、これから飛んでいく南の国について、遠くを見るようなまなざしで語る人」ですから、「――」の前で述べた内容を、後で具体化していると言えます。**答えは②**になります。

② 「彼」の性質を端的に示した後で具体的な例が重ねられ、その性質に注釈が加えられている。

最後に、**c**の「64行目以降の『あたし』のモノローグ(独白)」部分です。ここでは、問4で見たような「彼はなぜ、あの町に残ったのだろうか?」「『王子』はなぜ、彼に使いを頼んだのだろう?」「わからない。でも…」と自問自答を続ける「あたし」の心境が描かれていました。この説明をしているのは⑤だけですから、**答えは**⑤になります。

⑤ 「あたし」の、「王子」や「彼」の行動や思いに対して揺れる複雑な心情が示唆されている。

①と悩んだ人は「最終場面」という言葉に引きずられてしまったのかもしれませんね。でも、①の選択肢をよく見ると「最終場面の物語の出来事」と「それを語る『あたし』の現在時」の時間の「ずれ」と言っています。つまり、この最終場面が「一人称回想で書かれている」ということを説明している選択肢なんですね。ところが第Ⅴ場面の本文は現在形で書かれています。したがって×です。

他の選択肢も見ておきましょう。

③ 断定的な表現を避け、言いよどむことで、「あたし」が「彼」に対して抱く不可解さが強調されている。

⑥ 自問自答を積み重ねる「あたし」の内面的な成長を示唆する視点が加えられている。

③は「言いよどむ[=言葉に詰まってしまう]」ですから、セリフの末尾などに使われる「…」の働きの説明です。

⑥は「自問自答」から最終場面のことを説明しているとわかりますが、「『あたし』の内面的な成長」が×ですね。本文の最終場面から、「内面的成長」を読み取ることはできません。

「油断なく」対策を

ここまで解説してきたように、共通テストの小説問題は、〈複数テクストの比較問題〉等、新傾向の出題の可能性があるとはいえ、基本的にはこれまでのセンター試験と同様の対策が有効になるでしょう。ただ完答タイプの問題など、ケアレスミスが非常に怖い問題であるともいえます。論理的な文章編でもいいましたが、絶対に油断なく、抜かりなく。きちんと対策をしておきたいものです。

まずはCHAPTER1で教えた読解のポイントに注意しながら、入試小説の基本トレーニングをしっかり積む。それがすべての土台です。

次に、センター試験の過去問題等を演習して読解の土台を固めるとともに、模試や予想問題等、様々な機会を積極的に利用して対策することを勧めます。**よく「塾が学校を否定したり」逆に「学校が塾を否定したり」している場合がありますが、どちらもつまらない。これほど不毛な議論はありません。巻き込まれる生徒がかわいそうだ。**現役生にとって学校が大切なのはいうまでもなく当然のことですし、逆に塾から得られるものがあることも当然のことです。

すべては君の未来のため。ありとあらゆる機会を前向きに生かして、後悔のないように、全力で本番に備えて欲しいと思います。

もう一度言います。**絶対に油断なく、抜かりなく。**時間の許す限り、対策とトレーニングをしておくことをお勧めします。みなさん、頑張ってください(^^)!

conclusion

おわりに

夏の終わりのある日、生徒が落ち込んだ顔で僕を訪ねてきました。「苦手科目の成績がどうしても上がらないんです…」。続けて彼はこう言います。「テキストは復習して内容は理解しています」「問題集で演習もしました」「なのに上がらない」と。

僕は聞きました。「問題集は何回やったの？」。「項目にもよりますが、間違ったところは2回、解けたところは1回です」。なるほど。そりゃあそうです。それで苦手な科目の成績が上がるはずがありません。

かつて、ある超難関国公立大の医学部に現役合格した女の子がいました。「やっぱり天才は違うな！」と声をかけた僕に、彼女はこう言いました。

「先生、私は『天才』なんかじゃないです。K君みたいに、授業の復習をして、問題集を1、2回解いただけでできるようになる子もいます。ああいう子はたしかに天才です。でも私、理科も数学も、同じ問題を10回くらい繰り返して、やっとできるようになるんです。ものすごく時間がかかっているんです。だから私は天才なんかじゃないです」。

僕は「はっ」としました。彼女は、高二、高三の2年間、ずっと全国模試の成績が1ケタ台だった子です。正直、そこまで影で「地道な」努力をしているとは思っていなかった。でも、彼女は「同じ問題を」「10回やって」その順位にいたんです。軽々しく言った自分の言葉を詫びる僕に、彼女はこうも言いました。

「私の学校の友達も、成績がいい子のほとんどは同じようにやっています。天才なんてほとんどいません。部活と同じ。ほとんどが『努力の子』なんです」。

その言葉を聞いた僕の心には、衝撃と同時に、希望の灯がともりました。そうだ。やっぱりそうなんだ。「地道な努力こそが未来を作るんだ」と。


苦手な科目に落ち込んでいるあなた。

あなたは「天才の勉強法」になってしまっていませんか？

そんな状態で「自分には才能がない」と諦めてしまっていませんか。

僕は言いたい。才能がないんじゃない。繰り返しが足らないだけです。だから、できないと泣き言を言う前に、何度も繰り返すことです。勇気を持って基本に帰ることです。必ず何かが見えてくるはずです。

もう十分やったって？

5回やってダメなら10回やればいい。10回でダメなら15回やればいいんです。絶対にあきらめない。何度も挑戦する。いつか必ずできるようになる。多くの先輩たちの姿を見てきた僕は、そのことを確信しています。だからあなた自身が自分を諦めてしまってはいけない。自分で自分を信じること。信じ抜くこと。それが受験を通して得られる一番大切なことだと僕は思います。

どこかで今もがんばっている、あなたの未来を信じて。

「感謝できる人は幸せだ」。恩師はそう、僕に教えてくれました。いま、本当にその通りだと思います。みなさんも一人でここまで来たわけではないでしょう。お父さんお母さん、ご家族の方々、先生や友人。誰一人欠けても、今のあなたはなかったはずです。大学入試は人生における一つの大きな節目。終わったら、きちんと感謝の言葉を伝えて欲しいと思います。自分の言った「なにげない」ありがとうは、想像以上に相手の心に響き、その人の心を潤します。どうか、お父さんお母さんに感謝の言葉を。その一言がどれほどうれしいか。君も将来きっと、わかるはずです。

この本の最後に、本書の誕生に関わってくださった多くの人たちに、感謝を伝えたいと思います。僕に予備校講師という仕事の素晴らしさを教えてくださった『きめる！共通テスト英語リーディング』の著者でもある福崎伍郎先生。明晰な分析と示唆に富んだ言葉で、共通テストについて常に最新の情報を教えてくださった代々木ゼミナール教育総合研究所の佐藤雄太郎所長。駿台予備学校や学研プライムゼミで活躍している、我が弟子。生徒想いの純粋でまっすぐな男、池上和裕君。美味しい料理でいつも元気をくれる割烹小川のてっちゃん。また細やかな心遣いと誠実な人柄に、僕が最大限の信頼を寄せる学研の延谷さん。本当にありがとうございました。

最後に、僕をこの世に産み育ててくれた父と母に。
大変な中でも、いつも僕の仕事に全面的に協力してくれる、また疲れていても「よし、がんばろう！」と前にいく力をくれる、愛しい大切な妻と二人の子供たちに。
そして、感謝する心の大切さを教えてくださった、恩師池田大作先生に深く感謝しつつ。

［著者］

船口 明　Funaguchi Akira

代々木ゼミナール講師・教育総合研究所主幹研究員。
河合塾の若手人気講師時代に、本書初版『きめる！センター現代文』の超ヒットで一躍全国スターへ。大教室での生徒の満足率100%など空前の結果を残して代ゼミへ移籍。現在はサテライン講座を担当する傍ら、教育総合研究所の主幹研究員として共通テストの分析に携わっている。軽やかな語り口とわかりやすい図式で問題を読み解く「思考回路を再現する講義」は絶大な支持を集めている。著書に『ゼロから読み解く最強の現代文』『最強の現代文記述トレーニング』（学研）のほか、『船口の現代文〈読〉と〈解〉のストラテジー』（代々木ライブラリー）などがある。

きめる！　共通テスト現代文

staff

著　　　者	船口明
編集協力	高木直子
カバーデザイン	野条友史（BALCOLONY.）
本文デザイン	宮嶋章文
イラスト	冨田マリー
図解イラスト	熊アート
校　　　正	株式会社 オルタナプロ、松山安代、相澤尋
データ制作	株式会社　四国写研
印　刷　所	株式会社 リーブルテック
編集担当	延谷朋実

本書の例題はセンター試験の本試験、大学入学共通テスト試行調査（平成29年度及び平成30年度実施分）、共通一次試験の試験問題を掲載しています。
一部抜粋や改題して使用しているものもあります。

読者アンケートご協力のお願い
※アンケートは予告なく終了する場合がございます。

この度は弊社商品をお買い上げいただき、誠にありがとうございます。本書に関するアンケートにご協力ください。右のQR コードから、アンケートフォームにアクセスすることができます。ご協力いただいた方のなかから抽選でギフト券（500 円分）をプレゼントさせていただきます。

アンケート番号：　305136

Gakken

MJ

きめる! KIMERU SERIES

［別冊］

現代文 Modern Japanese

漢字・語句ドリル

←この別冊は取り外せます。矢印の方向にゆっくり引っぱってください。

漢字編

- 1990年から2020年度までのセンター試験の漢字問題を収録しています。
- 各傍線部に相当する漢字を含むものを選択肢から選ぶ問題です。
- 必要に応じて文章を補うなど、改題を行っています。

(1) 観客の眼をアザムく (2005本)
①キョギの申告を罰する ②ギタイ語を多用する
③ギシン暗鬼の念 ④悪質なサギ行為
⑤ギフンに駆られる

(2) アヤマりをおかす (2001追)
①ソウゴに助け合う ②事実をゴニンする
③人権をヨウゴする ④イゴを楽しむ
⑤カクゴを決める

(3) イゼンとして (2001本)
①イリョクを発揮する ②アンイな考え
③現状をイジする ④法律にイキョする
⑤事のケイイを説明する

(4) 確認がヨウイになる (2014本)
①事のケイイを説明する ②カンイな手続きで済ませる
③イサンを相続する ④イダイな人物の伝記
⑤イサイは面談で伝える

(5) キイな服装 (1990追)
①易 ②囲 ③移 ④為 ⑤異

(6) イデン学的に共通する (2002追)
①イシツブツ係を訪ねる ②激動の明治イシン
③イダイな業績 ④生徒のイモン活動
⑤インフルエンザのモウイ

(7) イロウなく論が展開される (1992追)
①異 ②慰 ③違 ④遺 ⑤位

(8) イやされる (2017本)
①物資をクウユする ②ヒユを頻用する
③ユエツの心地を味わう ④ユチャクを断ち切る
⑤キョウユとして着任する

(9) 闘いをイドむ (2014追)
①世のフウチョウを憂える ②高原のセイチョウな空気
③チョウバツを加える ④不吉なことが起きるゼンチョウ
⑤対戦相手をチョウハツする

(10) トラブルを起こすインになる (1999本)
①田舎にヒきこもる ②冷たい水をノむ
③月が雲にカクれる ④失敗は不注意にヨる
⑤登頂のシルシを残す

答えは004ページ

答え032 上段 (1)③朴 (2)⑤湖 (3)①猛 (4)③厄 (5)④油
下段 (6)②遊 (7)⑤融 (8)②揚 (9)①揚 (10)③擁

(1) ヨウイン （2017本）
①観客をドウインする ②ゴウインな勧誘に困惑する
③コンイン関係を結ぶ ④インボウに巻き込まれる
⑤不注意にキインした事故を防ぐ

(2) 覚醒をウナガす （2014追）
①対応がセッソクに過ぎる ②スイソクの域を出ない
③原稿をサイソクされる ④体育でソクテンを練習する
⑤ショウソクを尋ねる

(3) エイエイとはたらく （1999本）
①河原でヤエイをする ②エイリな頭脳の持ち主
③エイダンをくだす ④勝利のエイカンを得る
⑤エイセイ的な調理場

(4) オびる （2001追）
①ニンタイ強い性格 ②道路がジュウタイする
③タイダな生活 ④教室でタイキする
⑤ネッタイの植物

(5) 堂々巡りにオチイる （2006追）
①イカンの意を表する ②カンゼンと戦う
③上司のカンシンを買う ④地盤がカンラクする
⑤トッカン工事をする

---

(6) オチイる （2017追）
①ケッカンを指摘する ②カンタン相照らす
③カンゲンにつられる ④カンドコロをおさえる
⑤問題点をカンカする

(7) 和室の境界はカヘン的である （1990本）
①加 ②可 ③仮 ④化 ⑤価

(8) 財産のタカ （2009本）
①ゴウカな食事を満喫した
②筋肉に少しずつフカをかける
③カモクな人が珍しく発言した
④カモツを載せて走行する
⑤カブンな賛辞に恐縮する

(9) 言いカえる （2005追）
①注意をカンキする ②政策をヘンカンする
③授業をサンカンする ④イッカンした態度を保つ
⑤部屋がカンソウする

(10) 急いでカけていく （2002追）
①クモツをささげる ②害虫のクジョ
③旅費をクメンする ④クドクを施す
⑤悪戦クトウの成果

答えは005ページ

答え033 上段 (1)①要 (2)③謡 (3)①僚 (4)①療 (5)⑤領
下段 (6)⑤領 (7)③領 (8)④臨 (9)②励 (10)⑤隷

(1) 組みカえる (2003本)
①仕事のタイマンをしかられる
②吹雪の中のタイカン訓練
③フタイテンの決意をする
④破損した商品のダイタイ物
⑤梅雨前線がテイタイする

(2) カイザイする (2006本)
①農地をカイリョウする ②不動産売買のチュウカイ
③カイカツな性格 ④過去をカイソウする
⑤カイケイを受け持つ

(3) バイカイとする (2000本)
①原野をカイコンする ②責任をカイヒする
③病気がカイユする ④ユウカイ事件が起きる
⑤親身にカイゴする

(4) 人をカイさず連絡する (1992本)
①解 ②改 ③介 ④会 ⑤回

(5) カイヒ (2016本)
①海外のタイカイに出場する
②タイカイに飛び込み泳ぐ
③方針を一八〇度テンカイする
④天使がゲカイに舞い降りる
⑤個人の考えをカイチンする

---

(6) カイソウのなかでの位置 (2003本)
①事件にカイニュウする ②疑問がヒョウカイする
③ケイカイなフットワーク ④チョウカイ処分が下る
⑤らせん状のカイダン

(7) タイガイ (2015本)
①ガイハクな知識を持つ
②不正を行った者をダンガイする
③制度がケイガイと化す
④故郷を思いカンガイにふける
⑤会議のガイヨウをまとめる

(8) 取りカエしがつかない (1992本)
①交 ②換 ③替 ④帰 ⑤返

(9) カエりみても (2016本)
①コイか過失かという争点
②コシキゆかしき伝統行事
③一同をコブする言葉
④コドクで華麗な生涯
⑤コリョの末の優しい言葉

(10) カクチョウする (2000追)
①カクシキをととのえる ②核カクサンの防止
③うらでカクサクする ④ヘンカク期の国情
⑤成功をカクシンする

答えは006ページ

答え002 上段 (1)④欺 (2)②誤 (3)④依 (4)②易 (5)⑤異
下段 (6)①遺 (7)④遺 (8)④癒 (9)⑤挑 (10)④因

(1) カク散する (1996 本)
①陰でカク策する ②運動場をカク張する
③味カクが発達している ④話がカク心に触れる
⑤彼には品カクがある

(2) カクトクする (2007 追)
①畑の麦をシュウカクする ②敵をイカクして攻撃する
③政治カイカクに着手する ④ここはホカク禁止区域だ
⑤イベントをキカクする

(3) 輪カクをもつ (1995 本)
①外カク団体に出向する ②カク調の高い詩を読む
③綿密な計カクをたてる ④患者を別室にカク離する
⑤ときどき錯カクを起こす

(4) 夜空をカザる星々 (2013 追)
①同窓生とカイショクする ②微生物がゾウショクする
③市場調査をイショクする ④キョショクのない表現
⑤ショクセキを果たす

(5) カセぐ (2018 追)
①責任をテンカする ②カクウの話をする
③機械がカドウする ④もめごとのカチュウに入る
⑤競争がカレツを極める

(6) 物質のカタマリ (2011 本)
①疑問がヒョウカイする ②キカイな現象
③カイモク見当がつかない ④ダンカイの世代
⑤カイコ趣味にひたる

(7) カタヨって (2020 本)
①雑誌をヘンシュウする ②世界の国々をヘンレキする
③図書をヘンキャクする ④国語のヘンサチが上がった
⑤体にヘンチョウをきたす

(8) コカツする (2010 本)
①経済にカツリョクを与える ②勝利をカツボウする
③大声でイッカツする ④説明をカツアイする
⑤ホウカツ的な議論を行う

(9) カツ望 (1994 本)
①環境問題の討論を総カツする
②財源の枯カツは致命的だ
③彼は割り込み客を一カツした
④会議は円カツに運営された
⑤彼女の文化カツ動は目覚ましい

(10) カナで (2015 本)
①事件のソウサが続く ②ソウガンキョウで鳥を観察する
③在庫をイッソウする ④国王に意見をソウジョウする
⑤工場がソウギョウを再開する

答えは 007 ページ

答え 003 上段 (1)⑤因 (2)③促 (3)①営 (4)⑤帯 (5)④陥
下段 (6)①陥 (7)②可 (8)③寡 (9)②換 (10)②駆

(1) カワきをいやす (2003 追)

①キョウカツの容疑で逮捕される
②エンカツに会議を運営する
③平和をカツボウする
④新天地にカツロを開く
⑤内容をガイカツする

(2) カワいた (2018 本)

①渋滞をカンワする
②新入生をカンゲイする
③難題にカカンに挑む
④浅瀬をカンタクする
⑤カンデンチを買う

(3) 注意をカンキする (2007 追)

①カンマンな動きをする
②地震で土地がカンボツする
③裁判で証人をショウカンする
④ゲンカンの土地で暮らす
⑤サークルにカンユウする

(4) コンカンをなす (2001 本)

①箱根のセキを越える
②太いミキを切る
③キモに銘ずる
④入会をススめる
⑤水がクダを通る

(5) 木のシュカン部分 (1999 本)

①クダを通す
②初志をツラヌく
③キモがすわっている
④シャツがカワく
⑤ミキが太い

(6) 無意識にシュウカンがついている (2012 本)

①勝利にカンキする
②国境線をカンシする
③けが人をカンゴする
④血液のジュンカン
⑤今までのカンレイに従う

(7) 仮名を漢字にヘンカンする (2009 本)

①カンユウをきっぱり断る
②カンダイな処置を期待する
③古い美術品の価値をカンテイする
④宇宙から無事にキカンする
⑤部屋のカンキを心がける

(8) ゴカン的で相互依存的な関係 (1993 追)

①換 ②間 ③感 ④完 ⑤観

(9) こんなカンタンなことはない (2001 追)

①カンサンとした山里
②カンシュウにしたがう
③行事をカンソにする
④カカンな行動
⑤初志カンテツ

答えは 008 ページ

答え 004 上段 (1)④替 (2)②介 (3)⑤介 (4)③介 (5)③回
下段 (6)⑤階 (7)⑤概 (8)⑤返 (9)⑤顧 (10)②拡

(1) 社会にカンゲンする (2006本)
①ヤッカンに同意する ②伯父は今年カンレキを迎える
③カンセイな住宅街に住む ④首尾イッカンした意見
⑤生活カンキョウを整える

(2) 社会にカンゲンする (1991追)
①甘 ②換 ③環 ④還 ⑤鑑

(3) カン元する (1996追)
①借用したものを返カンした ②詩集をカン行する
③部屋のカン気に気をつける ④献身的にカン護する
⑤カン言に乗って失敗する

(4) 神社はシンカンとしている (2013本)
①証人をカンモンする ②規制をカンワする
③ユウカンな行為をたたえる ④勝利にカンキする
⑤広場はカンサンとしている

(5) ガンケンさ (2020本)
①タイガンまで泳ぐ ②環境保全にシュガンを置く
③ドリルでガンバンを掘る ④勝利をキガンする
⑤ガンキョウに主張する

(6) 威力をハッキする (2013追)
①キセイの価値観 ②控訴をキキャクする
③キチョウな文化遺産 ④キバツな考え方
⑤ガソリンがキハツする

(7) 効果をハッキする (2004本)
①キジョウの空論 ②キを一にする
③オーケストラをシキする ④コッキを掲揚する
⑤キに乗じる

(8) キネンをこめる (2007本)
①必勝をキガンする ②投票をキケンする
③運動会のキバ戦 ④開会式のキシュをつとめる
⑤仕事がキドウにのる

(9) 一つの捉え方にキテイされる (2009追)
①キセイ概念に縛られる ②シンキ一転を心に誓う
③セイキの手続きを経る ④物価のトウキに苦しむ
⑤高速道路がブンキする

(10) 当時の出来事をソウキする (1993追)
①気 ②記 ③企 ④期 ⑤起

答えは 009 ページ

答え 005 上段 (1)②拡 (2)④獲 (3)①郭 (4)④飾 (5)③稼
下段 (6)④塊 (7)④偏 (8)②渇 (9)②渇 (10)④奏

(1) 虚ギ性 (1996 追)

①新しいギ曲を上演する　②彼はギ善者だ
③正ギの味方のような顔をする　④日本はギ院内閣制である
⑤質ギ応答が長引いた

(2) ヨギなくされる (2010 追)

①概念をテイギする　②モギ試験を受ける
③丁寧におジギをする　④エンギをかつぐ
⑤ケンギをかけられる

(3) 心にキザむ (2006 本)

①逆境をコクフクする　②稲をダッコクする
③投票日をコクジする　④約束のコクゲンが迫る
⑤ゴヒャッコク取りの武士

(4) キタえぬかれた肉体 (2011 追)

①ダイタンにふるまう　②水源をタンサクする
③タンショを開く　④タンレンを積む
⑤タンネンに調べる

(5) 森林やキュウ陵 (1995 追)

①議事が紛キュウして会議がながびく
②キュウ援物資を被災地に送る
③海岸線に沿って砂キュウがひろがる
④問い詰められてキュウ地におちいる
⑤道路の復キュウ作業がはじまる

(6) ツイキュウし撃破する (2014 追)

①庭にキュウコンを植える
②においをキュウチャクさせる
③不安が全体にハキュウする
④フキュウの名作を読む
⑤会議がフンキュウする

(7) メイキュウ入り (1991 本)

①急　②宮　③究　④球　⑤及

(8) コンキョがない (2008 追)

①キョテンが移される　②キョダクを得る
③キョシュウが注目される　④キョシュを求める
⑤キョセイを張る

(9) 先例にイキョする (2004 追)

①キョム的な思想に興味をもつ
②キョマンの富を手にする
③後任の監督としてスイキョされる
④東京を営業活動のキョテンとする
⑤新しい発明のトッキョをとる

答えは 010 ページ

答え 006　上段　(1)③渇　(2)⑤乾　(3)③喚　(4)②幹
下段　(5)⑤幹　(6)⑤慣　(7)⑤換　(8)①換　(9)③簡

(1) 和室の居間でのキョソ (2011 本)

①教科書にジュンキョする　②キョシュウを明らかにする
③トッキョを申請する　④キョジツが入り混じる
⑤ボウキョに出る

(2) クウキョ (2001 追)

①キョギの証言　②キョダクを得る
③キョドウに注意する　④キョマンの富
⑤キョシュウを決めかねる

(3) キョウ受する (1997 追)

①建物の大きさにキョウ嘆する
②祖父のキョウ年は八十歳でした
③キョウ味がある人は残ること
④会議に場所を提キョウする
⑤主人公の生き方にキョウ鳴する

(4) キョウジュ (2018 追)

①歯並びをキョウセイする
②国王にキョウジュンの意を示す
③キョウイ的な記録を残す
④キョウラク的な人生を送る
⑤敵のキョウイにさらされる

(5) 環キョウ (1998 追)

①ことばのヒビきがよい　②新製品の開発をキソう
③後ろ姿をカガミに映す　④生死のサカイをさまよう
⑤大きな音にオドロく

(6) ソッキョウ演奏 (2000 追)

①ムネを熱くする　②国と国のサカイ
③技をキソう　④しおりをハサむ
⑤新たにオコる国

(7) キンシツな製品 (2004 追)

①火気はゲンキンである
②キンコツたくましい運動選手
③キンセイのとれた姿
④二つの国はキンミツな関係にある
⑤学校でカイキン賞をもらう

(8) キンシツな製品 (1990 追)

①禁　②均　③緊　④近　⑤筋

(9) キンイッセイ (2017 追)

①キンセンに触れる言葉　②勝負にキンサで勝つ
③小学校時代のカイキン賞　④キョウキンをひらいて語る
⑤試合のキンコウを破る得点

答えは 011 ページ

答え 007　上段　(1)②還　(2)④還　(3)①還　(4)⑤閑　(5)⑤頑
下段　(6)⑤揮　(7)③揮　(8)①祈　(9)③規　(10)⑤起

(1) キン張が高まる (1995 追)

①教育の機会キン等が望まれる
②アユ釣りが解キンになった
③腹キンを鍛える運動をする
④父はキン勉な学生だったらしい
⑤隣国とキン密な関係を結ぶ

(2) 壊れやすくクちやすい (2007 本)

①真相をキュウメイする
②試験にキュウダイする
③カイキュウ差別をなくす
④問題がフンキュウする
⑤フキュウの名作

(3) 意識が生まれるケイキになる (2014 本)

①ケイコウとなるも牛後となるなかれ
②リサイクル活動をケイハツする
③これまでのケイヤクを見直す
④豊かな自然のオンケイを受ける
⑤経済の動向にケイショウを鳴らす

(4) ハイケイ (2019 追)

①業務をテイケイする
②伝統をケイショウする
③神社にサンケイする
④踊りのケイコをする
⑤日本のケイキが上向く

(5) タイケイづける (2008 追)

①現場からチュウケイする
②イッケイを案ずる
③重いケイバツを科する
④一族のケイズをたどる
⑤ゼッケイに見とれる

(6) ことばがケイ続的に発生する (2002 本)

①ケイチョウに値する意見
②ケイリュウで釣りを楽しむ
③事のケイイを説明する
④友人にケイハツされる
⑤近代日本文学のケイフ

(7) ケッ作 (1994 本)

①人はケッ癖なことが大切だ
②ケッ統書付きの柴《しば》犬をもらった
③彼はケッ出した人物だ
④裁判はケッ審を迎える
⑤その会社のケッ損は大きい

(8) セイケツ (2019 追)

①シンケツを注ぐ
②ケッサクを発表する
③車両をレンケツする
④身のケッパクを主張する
⑤飛行機がケッコウする

(9) ケンメイに書き続ける (2004 本)

①鉄棒でケンスイをする
②生命ホケンに入る
③社員をハケンする
④ケンシン的に看病する
⑤昼夜ケンコウで働く

答えは 012 ページ

答え 008 上段 (1)②偽 (2)③儀 (3)④刻 (4)④鍛 (5)③丘
下段 (6)③及 (7)②宮 (8)①拠 (9)④拠

(1) ケントウを重ねる (2004追)
①ようやくケンアンが解決される ②周囲の期待をソウケンに担う ③交通事故の発生ケンスウを調べる ④ブンケンを参考にして研究する ⑤病原菌をケンシュツする

(2) ケンゲン (2020本)
①マラソンを途中でキケンする ②ケンゴな意志を持つ ③ケンギを晴らす ④実験の結果をケンショウする ⑤セイリョクケンを広げる

(3) ケンチョ (2000本)
①ケンアクな雰囲気だ ②ケンジツに生きる ③ケンシン的に仕える ④ケンビ鏡で見る ⑤費用をケンヤクする

(4) ケン現する (1995追)
①世界平和に貢ケンする ②入国の際にケン疫を受ける ③選手を外国に派ケンする ④努力のあとがケン著である ⑤ケン固な意志で誘惑に勝つ

(5) 美しさに魅せられゲンワクされる (2005本)
①ゴミのゲンリョウに努める ②ジョウゲンの月を眺める ③ヘンゲン自在に出没する ④能のユウゲンな世界に接する ⑤ゲンセイに処分する

(6) コンゲン的な性質 (1993本)
①現 ②玄 ③言 ④限 ⑤源

(7) カッコたるアイデンティティ (1993追)
①弧 ②孤 ③己 ④固 ⑤個

(8) コ有の空間 (1997追)
①企業のコ用を促進する ②青年時代を回コする ③在庫品のコ数を調べる ④コ意に反則を犯す ⑤コ体から液体に変化する

(9) 伝統をシュゴする (2009追)
①新しいゴラク施設ができる ②ソウゴ理解が深まる ③事実ゴニンの疑いがある ④ゴシン術を会得する ⑤立ち向かうカクゴを決める

答えは013ページ

答え009 上段 (1)⑤挙 (2)①虚 (3)②享 (4)④享
下段 (5)④境 (6)⑤興 (7)③均 (8)②均 (9)⑤均

(1) 武士がグンコウを競う (2014本)

①つまらないことにコウデイする
②彼の意見にはシュコウできない
③出来のコウセツは問わない
④コウザイ相半ばする
⑤ごつごつしてセイコウな文章

(2) コウザイ (2016追)

①暗闇でコウミョウを見いだす
②コウミョウな演出に感動した
③怪我《けが》のコウミョウとなった
④全員がコウゴに係を分担する
⑤コウゴと文語を区別する

(3) 特コウ薬 (1996本)

①敵をコウ撃する　②新聞をコウ読する
③ダイエットに成コウする　④その件は時コウになっている
⑤コウ大な土地をもっている

(4) コウレイを示す (1990本)

①公　②行　③恒　④交　⑤好

(5) 人間のコウオ (1993追)

①考　②好　③交　④向　⑤肯

(6) ケンコウ (2020本)

①ショウコウ状態を保つ　②賞のコウホに挙げられる
③大臣をコウテツする　④コウオツつけがたい
⑤ギコウを凝らした細工

(7) コウジョウ的な不安 (2009本)

①コウレイのもちつき大会を開く
②社会の進歩にコウケンする
③地域シンコウの対策を考える
④キンコウ状態が破られる
⑤病気がショウコウを保つ

(8) 家をコウニュウする (2001本)

①コウキ粛正を徹底する　②コウセツを問わない
③山がコウヨウする　④新聞をコウドクする
⑤日本カイコウを調べる

(9) コウニュウ (2018追)

①雑誌を定期コウドクする　②売り上げにコウケンする
③コウキを粛正する　④ゲンコウ用紙を配る
⑤コウカを鋳造する

(10) 影響をコウムる (2012追)

①モクヒ権を行使する　②心身がヒヘイする
③ヒルイのない才能を持つ　④裁判のヒコクになる
⑤ヒヤク的に発展する

答えは014ページ

答え010　上段　(1)⑤緊　(2)⑤朽　(3)③契　(4)⑤景
下段　(5)④系　(6)⑤系　(7)③傑　(8)④潔　(9)①懸

(1) チョウコクを達成する（2000 本）

①悩みはシンコクだ　②筆跡がコクジしている
③コクメイな日記をつける　④裁判所にコクソする
⑤コクドを開発する

(2) コク印する（1994 本）

①あの寺の山門はコク宝だ　②選挙のコク示があった
③あそこは社員をコク使する
④ロダンの彫コクはすばらしい
⑤困難をコク服した喜びがある

(3) センコク（2017 本）

①上級裁判所へのジョウコク　②コクメイな描写
③コクビャクのつけにくい議論　④コクソウ地帯
⑤筆跡がコクジした署名

(4) カコクな運命（2004 本）

①深山ユウコクに分け入る　②図をコクメイに描く
③イッコクを争う　④肉体をコクシする
⑤豊かなコクソウ地帯

---

(5) シサに富む（2004 追）

①次々にレンサ反応がおこる
②社長のホサとして活躍する
③人の趣味はセンサバンベツである
④交番でジュンサに道を尋ねる
⑤犯罪をキョウサしてはいけない

(6) 示サを与える（1998 追）

①模型をツクる　②犬をクサリにつなぐ
③雲間から日がサす　④ヒダリの道を行く
⑤人をソソノカす

(7) レンサをなす（2012 追）

①道路をフウサする　②円高でサエキを得る
③犯罪のソウサに協力する　④議長をホサする
⑤経歴をサショウする

(8) 闇をサける（2013 追）

①条約をヒジュンする　②ヒニクな見方
③責任者をヒメンする　④新作をヒロウする
⑤戦争をキヒする

(9) 文章が稀薄《きはく》になるのをサけようとする（1992 追）

①割　②排　③裂　④退　⑤避

答えは 015 ページ

答え 011　上段　(1)⑤検　(2)①権　(3)④顕　(4)④顕
下段　(5)③幻　(6)⑤源　(7)④固　(8)⑤固　(9)④護

(1) 展覧会をカイサイする (2006追)
①眠気をモヨオす ②ワザワいをもたらす
③波がクダける ④罪のサバきを受ける
⑤食卓をイロドる

(2) サイたるもの (1993本)
①才 ②再 ③際 ④最 ⑤宰

(3) 色サイ (1994本)
①欲望にはサイ限がない
②盆サイの松の手入れをする
③温室には十分なサイ光が必要だ
④サイ氷船が南極へ出発する
⑤百周年記念の催しは多サイだ

(4) サクシュ (2017追)
①牧場でサクニュウを手伝う
②実験でサクサンの溶液を用いる
③期待と不安がコウサクする
④クッサクの作業が終了する
⑤観光情報をケンサクする

(5) 敵と味方がコウサクする (2009本)
①サクジツの失敗を反省する ②サクイ的に文章を改変する
③冒頭の一文をサクジョする ④事典のサクインを活用する
⑤試行サクゴを経て成功する

(6) 逸脱し、トウサクする (2001本)
①夢と現実がコウサクする ②陰でカクサクする
③文章をテンサクする ④辞書のサクイン
⑤空気をアッサクする

(7) サッカクする (2012追)
①サクイの跡が見える ②サクボウをめぐらす
③書物にサクインをつける ④時代サクゴの考えを持つ
⑤予算をサクゲンする

(8) 雑草の生えたサラチ (2011本)
①セイコウウドクの生活 ②大臣をコウテツする
③コウキュウテキな対策 ④技術者をコウグウする
⑤キョウコウに主張する

(9) 夢想をヨクシする (1991本)
①至 ②止 ③示 ④使 ⑤始

(10) 無シの人生 (1996本)
①初シを貫く ②あの人が創シ者だ
③シ情を抜きにして尽くす ④彼はシ野が狭い
⑤世を風シする

答えは016ページ

答え012 上段 (1)④功 (2)③功 (3)④効 (4)⑤好 (5)②好
下段 (6)①康 (7)①恒 (8)④購 (9)①購 (10)④被

(1) 地位をシめる (2014本)

①センパクな言動に閉口する
②新入選手がセンプウを巻き起こす
③建物が違法にセンキョされる
④法廷で刑がセンコクされる
⑤センザイ的な需要を掘り起こす

(2) 体をシめ付ける (2011追)

①テイケンのない人　②ボウハテイを築く
③在庫品がフッテイする　④記念品をキンテイする
⑤条約をテイケツする

(3) トウジシャ (1991追)

①事　②自　③示　④治　⑤時

(4) シッコウニン (2010追)

①モウシュウにとらわれる　②キョシュウを明らかにする
③家業をセシュウする　④古い校舎をカイシュウする
⑤シュウシュウがつかない

(5) 論文をシッピツする (2000本)

①名誉をウシナう　②シメった空気
③政務をトる　④ウルシ塗りの盆
⑤氷をムロから出す

---

(6) シッ走する (1994追)

①モウセンゴケはシッ地帯の植物だ
②小舟はシッ風にほんろうされた
③飛行機はシッ速して落ちた
④シッ筆中は面会謝絶だ
⑤月が隠れシッ黒の闇《やみ》となった

(7) シッソウ (2015追)

①繊細な細工が施されたシッキ　②卒業論文のシッピツ
③豊かな才能に対するシット　④重い症状を伴うシッカン
⑤親の厳しいシッセキ

(8) 椅子にシバり付ける (2006追)

①クウバクたる議論　②バクシュウの頃《ころ》
③ジジョウジバクの苦しみ　④バクシン地に立つ
⑤機密をバクロする

(9) シバられる (2002本)

①景気回復のキバク剤　②真相をバクロする
③首謀者をホバクする　④バクゼンとした印象
⑤バクガ飲料を飲む

(10) シュウヤクする (1990追)

①集　②拾　③収　④修　⑤周

答えは 017 ページ

答え 013　上段　(1)③克　(2)④刻　(3)①告　(4)④酷
下段　(5)⑤唆　(6)⑤唆　(7)①鎖　(8)⑤避　(9)⑤避

(1) 空間にジュウマンする (2011本)
①ジュウコウを向ける ②ジュウナンに対応する
③他人にツイジュウする ④施設をカクジュウする
⑤ジュウオウに活躍する

(2) ジュウジする (2010本)
①ジュウソク感を得る ②フクジュウを強いられる
③アンジュウの地を探す ④列島をジュウダンする
⑤ユウジュウフダンな態度

(3) シュクゲン (2016本)
①前途をシュクして乾杯する
②シュクシュクと仕事を進めた
③シュクテキを倒す日が来た
④紳士シュクジョが集う
⑤キンシュク財政を守る

(4) ジュンカンする (2005追)
①サーカスが地方をジュンギョウする
②シッジュンな環境を好む動物
③雨で運動会がジュンエンとなる
④ジュンアイを描いたドラマを見る
⑤消極的でインジュンなやり方

(5) 水ジュンに達する (1996追)
①集会がジュン調に進んだ
②一月の中ジュンに試験がある
③ジュン回図書館を利用する
④受験のジュン備をする
⑤清ジュンな感じのタレントだ

(6) ジュンタク (2015本)
①水をジュンカンさせる装置
②温暖でシツジュンな気候
③ジュンキョウシャの碑
④夜間にジュンカイする警備員
⑤ジュンドの高い金属

(7) 努力のショ産 (1998追)
①長い手紙をカく ②今年の夏はアツい
③明るいトコロに出る ④堪忍袋のオが切れる
⑤その話はハツ耳だ

(8) ジョジ詩 (2000追)
①ジョレツをつける ②車でジョコウする
③汚れをジョキョする ④秋のジョクン
⑤トツジョとして消える

答えは018ページ

答え014 上段 (1)①催 (2)④最 (3)⑤彩 (4)①搾 (5)⑤錯
下段 (6)①錯 (7)④錯 (8)②更 (9)②止 (10)③私

(1) イショウ (2018本)
①コウショウな趣味を持つ ②演劇界のキョショウに会う
③出演料のコウショウをする ④課長にショウカクする
⑤戸籍ショウホンを取り寄せる

(2) ショウライ (2016追)
①夜道をテらす月明かり ②天にもノボる心地だ
③それはマサしく本物だ ④この場にマネかれた光栄
⑤親切でクワしい案内状

(3) 環境とのセッショウ (2012本)
①依頼をショウダクする ②事実をショウサイに調べる
③意見がショウトツする ④外国とコウショウする
⑤作業工程のショウリョク化をはかる

(4) ショウ突する (1995追)
①二国間に緩ショウ地帯を設ける
②部下からショウ細な報告を受ける
③火事による類ショウを免れた
④新しい国家の独立をショウ認する
⑤身元保ショウ人を引き受ける

(5) ショウジン (2019追)
①事態をセイカンする ②日程をチョウセイする
③セイミツな機械を作る ④選手センセイをする
⑤セイエンを送る

(6) ダイジョウブ (2003本)
①胃腸薬をジョウビする
②ガンジョウな家を建てる
③ジョウダンで人を笑わせる
④所有権を他人にジョウトする
⑤厳重にセジョウする

(7) 過度にジョウチョウで効率が悪い (2007追)
①ジョウブな体を作る ②ジョウダンで笑う
③自意識カジョウになる ④大幅にジョウホする
⑤液体をジョウリュウする

(8) 草木を移ショクする (1995本)
①友人の言葉にショク発される
②室内の装ショクを一新する
③着ショク加工した食品がある
④定年後もショク託として勤める
⑤ショク民地が独立国家になる

(9) ゾウショクする (2010追)
①ゴショクを訂正する ②魚をヨウショクする
③キショクマンメンの笑み ④イショク足りて礼節を知る
⑤ソウショク過多な建築

答えは019ページ

答え015 上段 (1)③占 (2)⑤締 (3)①事 (4)①執 (5)③執
下段 (6)②疾 (7)④疾 (8)③縛 (9)③縛 (10)①集

(1) 生活の隅々までシン食する (1996 追)
①幾多のシン酸をなめてきた ②私の生活シン条を述べる
③家にシン入する ④先生にシン近感を持つ
⑤それはシン歩的な考え方だ

(2) シンコクな問題 (1999 追)
①大事を前に言動をツツシむ ②思い出にヒタる
③家族同士でシタしくする ④ツラい経験をする
⑤フカい霧が立ちこめる

(3) シンソツな態度 (1990 追)
①新 ②信 ③心 ④真 ⑤進

(4) シンヨウジュ (2008 追)
①シンセイ書を提出する ②シンショウ棒大に表現する
③シンサンをなめる ④シンカイ魚を調査する
⑤シンラ万象を解きあかす

(5) リフジン (2006 追)
①ジンソクに行動する ②復興にジンリョクする
③ジンリンに反する ④社長がタイジンする
⑤ジンツウリキを発揮する

(6) リフジン (1999 本)
①道をタズねる ②ハナハだしい誤解をする
③苦しいときのカミ頼み ④多くのヒトに会う
⑤話の種がツきる

(7) ジンソクな対応 (2010 追)
①仏道にショウジンする ②ジンゴに落ちない
③フンジンの活躍 ④ジンダイな影響
⑤ジンヨウを整える

(8) スんだ空気 (1999 追)
①チョウメイな月の光 ②ピアノのチョウリツ
③チョウボウを楽しむ ④ソウチョウに散歩する
⑤時代のチョウリュウに乗る

(9) 文明がスイタイする (2011 追)
①桜が芽をフく ②任務をトげる
③クラス委員にオす ④勢いがオトロえる
⑤しずくがタれる

(10) 自然をセイフクする (2007 本)
①時間をギセイにする ②日程をチョウセイする
③敵にセンセイ攻撃を加える ④イッセイに開花する
⑤海外エンセイを取り止める

答えは 020 ページ

答え 016 上段 (1)④充 (2)②従 (3)⑤縮 (4)⑤循
下段 (5)④準 (6)②潤 (7)③所 (8)④叙

(1) 個人的なセイコウや好み (1993 追)
①成 ②性 ③正 ④精 ⑤盛

(2) 事物のセイセイと消滅 (1992 本)
①勢 ②精 ③成 ④製 ⑤生

(3) 賛セイする (1998 本)
①チームは五人からナる ②細かい説明をハブく
③生活が規則タダしい ④コエを大にして叫ぶ
⑤水のイキオいが強い

(4) セイゴウセイ (2017 追)
①セイコウウドクの生活 ②シセイの人びと
③メールのイッセイ送信 ④運動会に向けたセイレツの練習
⑤一服のセイリョウザイ

(5) ヨウセイ (2017 追)
①自然のイキオいに任せる ②花ザカりを迎える
③将来をチカい合う ④道路工事をウけおう
⑤我が身をカエリみる

(6) 栄養をセッシュする (2012 本)
①セツレツな文章
②自然のセツリに従う
③試合に勝ってセツジョクを果たす
④訪問者にオウセツする
⑤クッセツした思いをいだく

(7) 養分をセッシュする (2003 追)
①大自然のセツリ ②クッセツ率を計算する
③ヨウセツ工場で働く ④セツレツな文章
⑤セッドある振る舞い

(8) テキセツな言葉を探す (1993 本)
①接 ②切 ③設 ④節 ⑤摂

(9) 直セツの話題 (1998 本)
①このはさみはよくキれる ②指をオって数える
③事務所をモウける ④木に竹をツぐ
⑤相手をトきふせる

(10) セツリ (2018 本)
①電線をセツダンする ②予算のセッショウをする
③セットウの罪に問われる ④セツジョクをはたす
⑤栄養をセッシュする

答えは 021 ページ

答え 017 上段 (1)②匠 (2)④招 (3)③衝 (4)①衝 (5)③精
下段 (6)②丈 (7)②冗 (8)⑤植 (9)②殖

(1) 逆セツをはらむ (1994追)
①昨年のセツ辱を果たす
②あれが火災後の仮セツ校舎だ
③競技中に転んで骨セツした
④仮セツは発見の前提である
⑤腕の関セツがはずれた

(2) 創造活動のゲンセン (2003本)
①知識のイズミである書物
②悪事に手をソめる
③アサセで遊ぶ
④海にモグる
⑤候補者としてススめる

(3) センレン (2018本)
①センリツにのせて歌う
②センジョウして汚れを落とす
③利益をドクセンする
④言葉のヘンセンを調べる
⑤センスイカンに乗る

(4) センサイな音楽 (2004本)
①選手センセイをする
②左方向にセンカイする
③シンセンな魚介類
④ガスのモトセンをしめる
⑤食物センイを摂取する

(5) 流行のヘンセン (2000追)
①空気がオセンされる
②よい図書をスイセンする
③平安京にセントする
④センサイな感性
⑤仕事をシュウセンする

(6) クウソな自由に転落する (2013本)
①ソエンな間柄になる
②ソゼイ制度を見直す
③緊急のソチをとる
④被害の拡大をソシする
⑤美術館でソゾウを見る

(7) ソ外される (1998追)
①上司からウトまれる
②苦痛をウッタえる
③徒党をクんで戦う
④敵の前進をハバむ
⑤国のイシズエを築く

(8) キソ的な違い (2002追)
①暴挙をソシする
②新しいソゼイ法
③建物のソセキをすえる
④ソジョウを提出する
⑤ヘイソの心がけ

(9) ソセンたち (1999追)
①ソシキの一員
②中興のソ
③ソリャクに扱う
④ケンソな山
⑤ソゼイを納める

(10) 時間的なヨウソを含む (2008本)
①ソセンを敬う
②ソゼイを課す
③ソボクな人柄
④人間関係がソエンになる
⑤ついにソショウを起こす

答えは022ページ

答え018 上段 (1)③侵 (2)⑤深 (3)④真 (4)②針 (5)②尽
下段 (6)⑤尽 (7)③迅 (8)①澄 (9)④衰 (10)⑤征

(1) 神が万物をソウゾウする (2013 追)

①ソウギョウ二百年の名店 ②ソウギに参列する
③渋滞にソウグウする ④ソウドウを引き起こす
⑤気力をソウシツする

(2) 一卵性ソウセイジ (2002 追)

①避暑でサンソウに行く ②ソウシャ一掃の一打
③ソウベツの辞 ④天下ムソウの怪力
⑤カツダンソウが動く

(3) 幾ソウにも積み重なる (1995 本)

①車ソウの景色に見とれる
②世代間の考え方に断ソウがある
③浴ソウに付いた汚れを取る
④機械のソウ作は誤ると危ない
⑤街のソウ音も公害になる

(4) ソウじて (1997 追)

①事件のソウ査が進展する ②独ソウ的な作品を作る
③新作の構ソウを練る ④被害のソウ額を計算する
⑤飛行機のソウ縦を学ぶ

(5) ソウチを開発する (2008 本)

①直ちにソウサク隊を出す
②大きなソウドウを引き起こす
③鍛練でソウケンな身体をつくる
④面接でのフクソウに気をつかう
⑤古いチソウから化石を採る

(6) ゾウオを感じる (2005 追)

①アイゾウの入り交じった思い
②花束をゾウテイする
③ソセイランゾウされる商品
④おだてられてゾウチョウする
⑤アッコウゾウゴンは慎む

(7) ソクシン (2020 本)

①組織のケッソクを固める ②距離のモクソクを誤る
③消費の動向をホソクする ④自給ジソクの生活を送る
⑤返事をサイソクする

(8) ソクメンを持つ (2006 本)

①提出書類をサイソクする ②ソクザに答える
③キソクを尊重する ④道路のソクリョウを行う
⑤ビルのソクヘキを補強する

(9) ソクトウする (1992 本)

①即 ②促 ③速 ④則 ⑤測

答えは 023 ページ

答え 019 上段 (1)②性 (2)③成 (3)①成 (4)④整 (5)④請
下段 (6)②摂 (7)①摂 (8)②切 (9)④接 (10)⑤摂

(1) ソク縛する (1998 本)

①タりないところを補う　②人々の参加をウナガす
③誕生日に花タバを贈る　④お互いのイキが合う
⑤情報がスミやかに伝わる

(2) シュウソク (2016 本)

①度重なるハンソクによる退場
②健康をソクシンする環境整備
③ヘイソクした空気の打破
④両者イッショクソクハツの状態
⑤ソクバクから逃れる手段

(3) フゾクする (2005 追)

①小説のゾクヘンを読む
②風土やシュウゾクの調査をする
③トウゾクの首領を捕らえる
④物質のゾクセイを調べる
⑤イチゾクの歴史をまとめる

(4) タれる (2015 本)

①ベートーヴェンにシンスイする
②寝不足でスイマにおそわれる
③ブスイなふるまいに閉口する
④親元を離れてジスイする
⑤鉄棒でケンスイをする

(5) お金が目的の守銭奴にダす (2001 本)

①ダミンをむさぼる　②努力はムダにならない
③川がダコウする　④ダラクした空気
⑤ダケツ案を提示する

(6) ダトウ (2016 追)

①ダサンが働く　②ダキョウを排する
③チョウダの列に並ぶ　④ダガシをねだる
⑤ダミンをむさぼる

(7) 絶タイに不可能だ (1994 追)

①水泳の前には準備タイ操をせよ
②映画の優タイ券が手に入った
③借金には連タイ保証が必要だ
④大学はタイ慢な学生に手を焼いた
⑤意見は激しくタイ立したままだ

(8) タイ惰 (1996 本)

①タイ用年数を越える　②長い話にタイ屈する
③一週間タイ在する　④未明にタイ勢が判明する
⑤タイ慢なプレーだ

(9) 農村に人口がタイリュウする (2010 本)

①作業がトドコオる　②義務をオコタる
③口座から振りカえる　④苦難にタえる
⑤フクロの中に入れる

答えは 024 ページ

答え 020　上段　(1)④説　(2)①泉　(3)②洗　(4)⑤織　(5)③遷
下段　(6)①疎　(7)①疎　(8)③礎　(9)②祖　(10)③素

(1) 子宮の中のタイジ (2007追)

①新時代のタイドウを感じる ②国家のアンタイを願う
③チンタイ住宅に住む ④犯人をタイホする
⑤タイレツを組んで進む

(2) 布のコウタクに惹《ひ》かれる (1991追)

①択 ②沢 ③拓 ④宅 ⑤託

(3) タンネン (2019本)

①イッタン休止する ②タンレンを積む
③タンセイを込める ④タンカで運ぶ
⑤計画がハタンする

(4) カンタンする (2000追)

①責任をニナう ②アワい恋心
③青春はミジカい ④ナゲかわしい風潮
⑤体をキタえる

(5) タンを発する (2009追)

①ダイタンな改革を実行する ②セイタン百年祭を挙行する
③キョクタンな意見を述べる ④タントウ直入に質問をする
⑤タンニンの先生に相談する

---

(6) タンを発する (2000本)

①タンテキな表現 ②タンネンに調べる
③心身をタンレンする ④真理をタンキュウする
⑤セイタン百年を祝う

(7) 時代のセンタンをいく (1999追)

①重い荷物をカツぐ ②駅で知人をサガす
③毎日体をキタえる ④筆箱を机のハシに置く
⑤アワい色の服を着る

(8) タン的に言う (1996追)

①人生の意義をタン求する ②英語のタン語を覚える
③タン編小説を読むのが好きだ ④タン白な味の魚だ
⑤極タンなことを言う癖がある

(9) タンテキ (2015本)

①タンセイして育てた盆栽 ②コタンの境地を描いた小説
③ダイタンな意見の表明 ④一連の事件のホッタン
⑤真相のあくなきタンキュウ

(10) 生命がタンジョウする (2003追)

①作品をタンネンに仕上げる
②作家のセイタンの地をたずねる
③ダイタンな行動をとる
④悲しみのタンソクをもらす
⑤タンセイな顔立ちの少年

答えは025ページ

答え 021 上段 (1)①創 (2)④双 (3)②層 (4)④総
下段 (5)④装 (6)①憎 (7)⑤促 (8)⑤側 (9)①即

(1) 琵琶《びわ》のダン奏 (1997 追)

①友人の相ダンに乗る ②反対派をダン圧する
③最終的な決ダンを迫る ④あらゆる手ダンで対抗する
⑤劇ダンの公演を楽しむ

(2) セツダン (2015 追)

①サイダンに花を供える ②カンダンなく雨が降る
③パーティーでカンダンする ④ダイダンエンを迎える
⑤カンダンの差が大きくなる

(3) ヨウチエン (2002 追)

①グチをこぼす ②チジョクを感じる
③開始時間のチエン ④病がチユする
⑤チセツな表現

(4) 幼チさ (1997 本)

①生涯のチ己に出会う ②世界大会を誘チする
③会議によくチ刻する ④川にチ魚を放流する
⑤厚顔無チと責められた

(5) チクセキする (2010 本)

①ゾウチクしたばかりの家 ②原文からのチクゴヤク
③ガンチクのある言葉 ④チクバの友との再会
⑤農耕とボクチクの歴史

(6) 競争相手をクチクする (2012 本)

①資料をチクセキする ②ボクチク業を始める
③経過をチクジ報告する ④彼とはチクバの友だ
⑤独自の理論をコウチクする

(7) クチクする (2004 本)

①チクイチ報告する ②家屋をゾウチクする
③チクサン業に従事する ④ハチクの勢い
⑤チョチクを奨励する

(8) 貴チョウ (1994 本)

①父が珍チョウしていた陶器だ
②個展の芳名録に記チョウする
③魚群はチョウ流に乗ってきた
④人跡未踏の山チョウに立った
⑤チョウ停は不成功に終わった

(9) ショウチョウ (2018 追)

①助走をつけてチョウヤクする ②税金をチョウシュウする
③時代をチョウエツする ④チョウカイ処分を受ける
⑤美術館でチョウコクを見る

答えは 026 ページ

答え 022 上段 (1)③束 (2)⑤束 (3)④属 (4)⑤垂
下段 (5)④堕 (6)②妥 (7)⑤対 (8)⑤怠 (9)①滞

(1) 時代のシチョウを読む (2008追)

①富士山トウチョウをめざす
②職人のわざをチンチョウする
③道路をカクチョウする
④悪いフウチョウが広まる
⑤裁判をボウチョウする

(2) 説明しツくせない (2012本)

①ジンソクに対処する
②テキジンに攻め入る
③損害はジンダイだ
④ジンジョウな方法では解決しない
⑤地域の発展にジンリョクする

(3) ツクロう (2016本)

①収益のゼンゾウを期待する
②事件のゼンヨウを解明する
③建物のエイゼン係を任命する
④学生ゼンとしたよそおい
⑤ゼン問答のようなやりとり

(4) 長い間にツチカわれる (2009追)

①顕微鏡のバイリツを上げる
②研究用に細菌をバイヨウする
③新聞というバイタイを利用する
④国際会議にバイセキする
⑤コウバイ意欲をかきたてる

(5) ツムぎ出す (2002本)

①針小ボウダイに言う
②仕事にボウサツされる
③流行性のカンボウ
④理科のカイボウ実験
⑤綿とウールのコンボウ

(6) ツラヌく (2015追)

①注意をカンキする
②ハダカイッカンから再出発する
③集中することがカンジンである
④まことにイカンに思う
⑤ジャッカンの変更を行う

(7) 戦争のテイセンを決断する (2014追)

①記念品をシンテイする
②条約をテイケツする
③梅雨前線がテイタイする
④国際平和をテイショウする
⑤敵の動向をテイサツする

答えは027ページ

答え023 上段 (1)①胎 (2)②沢 (3)③丹 (4)④嘆 (5)③端
下段 (6)①端 (7)④端 (8)⑤端 (9)④端 (10)②誕

(1) 前テイとする (1998本)
①商品がソコをつく ②新しい法律をサダめる
③我慢にもホドがある ④この家は天井がヒクい
⑤両手に荷物をサげる

(2) スイテイする (1992追)
①提 ②底 ③定 ④程 ⑤体

(3) 火災をソウテイして訓練する (1990本)
①呈 ②定 ③提 ④訂 ⑤底

(4) タイテイの人が知っている (2019追)
①ホウテイで証言する ②空気テイコウを減らす
③誤りをテイセイする ④食堂でテイショクを食べる
⑤花束をゾウテイする

(5) 新たな概念をテイキする (2007追)
①論理のゼンテイとする ②テイネイに説明する
③条約をテイケツする ④誤字をテイセイする
⑤強固なテイボウを築く

(6) 指テキする (1997本)
①あの二人は好テキ手だ ②汚職をテキ発する
③快テキな生活が約束される ④内容を端テキに説明する
⑤窓ガラスに水テキがつく

(7) 匹テキする (1995本)
①脱税をきびしくテキ発する ②警テキを鳴らして車が走る
③悪い予感がテキ中する ④競争相手にテキ意をいだく
⑤病院で点テキを受ける

(8) レイテツ (2016追)
①大臣をコウテツして刷新をはかる
②テッペキの守りで勝利を手にする
③廊下の荷物がテッキョされる
④テツヤを続けて課題を完成させる
⑤テツガクを学んで政治家を志す

(9) アットウ (2019本)
①現実からトウヒする ②ジャズ音楽にケイトウする
③トウトツな発言をする ④シュウトウに準備する
⑤食事のトウブンを抑える

(10) 問題にトウメンする (1992本)
①到 ②当 ③答 ④統 ⑤等

答えは028ページ

答え024 上段 (1)②弾 (2)②断 (3)⑤稚 (4)④稚 (5)③蓄
下段 (6)③逐 (7)①逐 (8)①重 (9)②徴

(1) ダトウな説明を受ける (1990本)
①倒 ②投 ③当 ④党 ⑤踏

(2) 地球上にトウライする (2013追)
①アイトウの意を示す ②計画をトウケツする
③トウテイ納得できない ④組織をトウギョする
⑤トウシがみなぎる

(3) 忘我的なトウスイがかき消える (2005本)
①飛行機のトウジョウ券 ②議論がフットウする
③トウベンを求められる ④亡き人をアイトウする
⑤恩師からクントウを受ける

(4) ナがめる (2003本)
①セイチョウな秋の空 ②年度予算がボウチョウする
③眼下のチョウボウを楽しむ ④チョウリ場の衛生管理
⑤会場いっぱいのチョウシュウ

(5) ナマリ色の空 (2002本)
①雨天によるジュンエン ②のどにエンショウが起きる
③エンコを頼る ④アエンの含有量
⑤コウエンな理想

(6) ナメらか (2015追)
①イッカツして処理する ②国が事業をカンカツする
③登山者のカツラクを防ぐ ④領土をカツジョウする
⑤自由をカツボウする

(7) ニン意 (1994追)
①あの地方はニン情があつい ②正しい避ニンの知識を学ぶ
③彼は社長を解ニンされた ④何事もニン耐が大切だ
⑤知事のニン可が必要だ

(8) ノウ密 (1994追)
①一番機はノウ霧のため欠航した
②ノウ品は期日内にしてほしい
③それは首ノウ会議にまかせる
④彼女は有ノウな経営者だ
⑤ノウ業政策はむずかしい

(9) ハイジョする (2008本)
①すぐれた人材がハイシュツする
②少数意見をハイセキしない
③フハイした社会を浄化したい
④ハイシン行為の責任を問う
⑤優勝してシュクハイをあげる

(10) ハイ斥する (1997本)
①三回戦でハイ退する ②核兵器のハイ絶を訴える
③ハイ気ガスが空気を汚す ④それはハイ信行為である
⑤細かなハイ慮に欠ける

答えは 029 ページ

答え 025 上段 (1)④潮 (2)⑤尽 (3)③繕
下段 (4)②培 (5)⑤紡 (6)②貫 (7)③停

(1) 敵意やハイ信 (1996本)
①ハイ物を利用する ②色のハイ合がすばらしい
③祝ハイをあげる ④勝ハイは時の運だ
⑤歴史的なハイ景を探る

(2) バイゾウ (2017本)
①細菌バイヨウの実験 ②印刷バイタイ
③裁判におけるバイシン制 ④事故のバイショウ問題
⑤旧にバイしたご愛顧

(3) バイカイとする (2007本)
①野菜をサイバイする ②バイショウ責任を求める
③実験にショクバイを用いる ④バイシン員に選ばれる
⑤興味がバイカする

(4) 意義はハカりしれない (2003追)
①ニソクサンモンの価値もない
②新しい事業をソクシンさせる
③ヘンソク的な動詞の活用
④オクソクにもとづく報道
⑤イッショクソクハツの状態

(5) ハクシャをかける (2008本)
①ハクリョクに欠ける ②ハクジョウな態度をとる
③ハクシュを送る ④ハクシキを誇る
⑤ハクジョウさせられる

(6) クウバクとした問題 (2013本)
①他人にソクバクされる ②冗談にバクショウする
③サバクを歩く ④江戸にバクフを開く
⑤バクガトウを分解する

(7) バクゼン (2019本)
①バクガからビールが作られる ②サバクの景色を見る
③ジュバクから解き放たれる ④観客がバクショウする
⑤バクマツの歴史を学ぶ

(8) アッパクされる (2005追)
①知人からハクライの品をもらう
②全国をヒョウハクした詩人
③観衆の大きなハクシュで迎えられる
④友達に悩みをコクハクする
⑤ハクリョクある映像を見せる

(9) ハンゼンとしない (1990本)
①判 ②版 ③伴 ④煩 ⑤般

(10) 大ハンを占める (1998本)
①大きく胸をソらす ②仕事ぶりがイタに付く
③思いナカばに過ぎる ④オカした罪をつぐなう
⑤ヨットのホを張る

答えは030ページ

答え026 上段 (1)⑤提 (2)③定 (3)②定 (4)②抵 (5)①提
下段 (6)②摘 (7)④敵 (8)④徹 (9)②倒 (10)②当

(1) 社会生活のキハン (1992追)
①反 ②範 ③版 ④般 ⑤判

(2) 琵琶《びわ》のバンソウ (2013本)
①家族ドウハンで旅をする ②ハンカガイを歩く
③資材をハンニュウする ④見本品をハンプする
⑤著書がジュウハンされる

(3) 自分のヒ小さ (1997本)
①ヒ境への旅を企画する ②罪状をヒ認する
③ヒ凡な才能の持ち主である ④ヒ近な例を挙げて説明する
⑤安全な場所へヒ難する

(4) ヒガの距離を測る (1993本)
①比 ②否 ③非 ④彼 ⑤秘

(5) キネンヒ的な造型 (2007本)
①ヒガイを食い止める ②ヒキンな例を取り上げる
③委員長をヒメンする ④ヒブンを刻む
⑤国家がヒヘイする

(6) ヒマン (2008追)
①ヒヨウがかさむ ②畑にヒリョウをまく
③ヒナン勧告を出す ④隠し芸をヒロウする
⑤自分をヒゲする

(7) ヒシャタイ (2010追)
①ヒサイチを見舞う ②議案のカヒを問う
③情報をヒトクする ④ヒソウセンパクな考え方
⑤ヒジョウ事態を宣言する

(8) ビ細な感覚 (1995本)
①学校の設ビを充実する ②人情の機ビを解する
③刑事が犯人をビ行する ④耳ビ科の医院に行く
⑤ビ観を損なう建物がある

(9) ビショウ (2015追)
①ビカンをそこねる看板 ②品評会でハクビと言われた器
③シュビよく進んだ交渉 ④人情のキビをとらえた文章
⑤ケイビが厳重な空港

(10) ヒカえる (2001追)
①コウダイに名を残す ②社会にコウケンする
③身柄をコウソクする ④経費をコウジョする
⑤任務をスイコウする

答えは031ページ

答え027 上段 (1)③当 (2)③到 (3)⑤陶 (4)③眺 (5)④鉛 (6)③滑
下段 (7)③任 (8)①濃 (9)②排 (10)③排

(1) 思想がヒソんでいる (2009 追)

①文壇にセンプウを巻き起こす
②大気オセンの問題に取り組む
③セッセンの末に引き分ける
④センザイ的な能力を引き出す
⑤センイ質の豊富な野菜を食べる

(2) ヒビく (2019 本)

①物資をキョウキュウする ②ギャッキョウに耐える
③他国とキョウテイを結ぶ ④エイキョウを受ける
⑤ホドウキョウを渡る

(3) 道路の目じるしである里程ヒョウ (1991 本)

①漂 ②表 ③標 ④評 ⑤票

(4) ヒンシュツ (2019 本)

①ヒンシツを管理する ②カイヒン公園で水遊びをする
③ヒンパンに訪れる ④ライヒンを迎える
⑤根拠がヒンジャクである

(5) フみしめる (2008 本)

①仮面ブトウ会を開く ②改正案をケントウする
③注文がサットウする ④路面がトウケツする
⑤旅先でトウナンにあう

(6) フまえる (2004 追)

①トウトツな質問に手こずる ②シュウトウに計画をねる
③トウテツした論理を示す ④全員の意見をトウカツする
⑤先例をトウシュウする

(7) フむ (2018 本)

①株価がキュウトウする ②役所で不動産をトウキする
③前例をトウシュウする ④ろくろでトウキをつくる
⑤飛行機にトウジョウする

(8) 庭石を適切にフチする (1992 追)

①布 ②付 ③扶 ④普 ⑤浮

(9) 相互フジョ (2010 本)

①家族をフヨウする ②遠方にフニンする
③フセキを打つ ④免許証をコウフする
⑤フソクの事態に備える

(10) フ遍的 (1997 本)

①事実とよくフ合している ②それはフ朽の名作である
③パソコンが職場にフ及する ④税金のフ担を軽くする
⑤事件にフ随して問題が起こる

答えは 032 ページ

答え 028
上段 (1)⑤背 (2)⑤倍 (3)③媒 (4)④測 (5)③拍
下段 (6)③漠 (7)②漠 (8)⑤迫 (9)①判 (10)③半

(1) 集客にフシンする (2005 本)

①フオンな空気が漂う ②新たなフニン地に慣れる
③家族をフヨウする ④組織のフハイが進む
⑤キュウフ金が増額される

(2) フンシュツ (2018 追)

①ギフンにかられる ②国境でフンソウが起きる
③消毒液をフンムする ④コウフンして眠れない
⑤フンショク決算を指摘する

(3) コウフンする (2012 追)

①不正行為にフンガイする ②火山がフンカする
③孤軍フントウする ④フンソウを解決する
⑤岩石をフンサイする

(4) ヘダてる (2006 本)

①カクシキを重んじる ②エンカク地に赴任する
③問題のカクシンを突く ④選挙制度をカイカクする
⑤去年のデータとヒカクする

(5) カケイボをつける (2011 本)

①ゲンボと照合する ②世界的なキボ
③亡母をシボする ④懸賞にオウボする
⑤ボヒメイを読む

(6) ボウギャクぶりが鮮明になる (2005 本)

①株価がボウラクする ②ムボウな登山を試みる
③安眠をボウガイされる ④ボウセンに努める
⑤酸素がケツボウする

(7) ボウリョクを振るう (1999 本)

①独創性にトボしい ②秘密をアバく
③進行をサマタげる ④今日はイソガしい
⑤危険をオカす

(8) ボウヨみする (2014 本)

①生活がキュウボウする
②お調子者にツウボウを食らわす
③人口のボウチョウを抑える政策
④ムボウな計画を批判する
⑤国家のソンボウにかかわる

(9) ボウ張する (1998 追)

①綿から糸をツムぐ ②つぼみがフクらむ
③道のカタワらに咲く ④進行をサマタげる
⑤遠く富士山をノゾむ

(10) ムボウな行い (1991 本)

①謀 ②忘 ③妨 ④某 ⑤剖

答えは 033 ページ

答え 029 上段 (1)②範 (2)①伴 (3)④卑 (4)④彼 (5)④碑
下段 (6)②肥 (7)①被 (8)②微 (9)④微 (10)④控

(1) ソボクな人柄 (1991 追)

①木　②牧　③朴　④僕　⑤墨

(2) 川やミズウミ (2003 追)

①山水画のコタンな風景　②監督が選手をコブする
③乗組員をテンコする　④血液がギョウコする
⑤コショウの生物を採集する

(3) モウゼンと迫る (2009 本)

①建物がモウカに包まれる
②モウソウにふける傾向がある
③すべての可能性をモウラする
④出場できてホンモウだ
⑤体力をショウモウする

(4) ヤッカイ (2017 本)

①ごリヤクがある　②ツウヤクの資格を取得する
③ヤクドシを乗り切る　④ヤッキになって反対する
⑤ヤッコウがある野草を探す

(5) ユダンならない (1991 本)

①輸　②愉　③論　④油　⑤由

(6) フユウする (1999 追)

①サソいあって出掛ける　②自然の中でアソぶ
③人にスグれた能力を持つ　④イサみたって試合に臨む
⑤青春のウレいに沈む

(7) 境界領域がユウカイしつつある (2011 追)

①ユウチョウに構える　②ユウヨを与える
③ユウベンに語る　④企業をユウチする
⑤ユウズウをきかせる

(8) 愛国心のコウヨウ (2012 追)

①カンヨウにふるまう　②国旗をケイヨウする
③キョウヨウを身につける　④心のドウヨウをおさえる
⑤文章の内容をヨウヤクする

(9) 感情の抑ヨウ (1997 追)

①気分が高ヨウする　②細菌を培ヨウする
③少数意見を採ヨウする　④人権をヨウ護する
⑤反論に動ヨウする

(10) 身を挺《てい》してヨウゴする (2006 追)

①チュウヨウの道を説く　②武器のシヨウを禁じる
③候補をヨウリツする　④失敗をヨウニンする
⑤内心のドウヨウを隠す

答えは 002 ページ

答え 030
上段 (1)④潜 (2)④響 (3)③標 (4)③頻 (5)①踏
下段 (6)⑤踏 (7)③踏 (8)①布 (9)①扶 (10)③普

(1) 協力をヨウセイする (1993本)
①要 ②容 ③養 ④用 ⑤擁

(2) ドウヨウ的世界を通して (2016追)
①木枯らしが木の葉をユらす ②卵をトいてご飯にかける
③能の台本を声に出してウタう ④白身魚を油でアげる
⑤喜びに胸をオドらせて帰宅する

(3) ドウリョウや親族 (2013本)
①若手のカンリョウ ②チリョウに専念する
③荷物をジュリョウする ④なだらかなキュウリョウ
⑤セイリョウな空気

(4) イリョウ技術の発達 (2011追)
①アラリョウジをする ②シュリョウを禁止する
③イットウリョウダンにする ④客をミリョウする
⑤サイリョウに任せる

(5) 対象とするリョウイキ (1991追)
①霊 ②僚 ③陵 ④量 ⑤領

(6) リョウ域が広がる (1995追)
①難題を一刀リョウ断に解決する
②病気の治リョウに専念する
③リョウ心的な行動をこころがける
④新製品のリョウ産体制に入る
⑤仕事の要リョウを先輩から教わる

(7) 国のリョウチ (2019追)
①リョウヨウ生活を送る ②ドウリョウと話し合う
③仕事をヨウリョウよくこなす ④自動車をリョウサンする
⑤今月のキュウリョウを受け取る

(8) リン場する (2002本)
①ジンリンにもとる ②高層ビルがリンリツする
③タイリンの花を咲かせる ④リンキ応変に対応する
⑤キンリンの国々

(9) 自己投資をショウレイする (1990追)
①例 ②励 ③礼 ④冷 ⑤令

(10) 人々がドレイになる (2014追)
①ヒレイな行為をとがめる ②レイミョウな響きに包まれる
③安全運転をレイコウする ④バレイを重ねる
⑤封建領主にレイゾクする

答えは 003 ページ

答え 031 上段 (1)④腐 (2)③噴 (3)③奮 (4)②隔 (5)①簿
下段 (6)①暴 (7)②暴 (8)②棒 (9)②膨 (10)①謀

コツコツ
覚えていきましょう!!

語句編

- 1990年から2020年度までのセンター試験の語句の意味を問う問題を収録しています。
- 一部問題は掲載していません。
- 各語句の意味として最も適切なものを選択肢から選ぶ問題です。
- 傍線があるものは、傍線の意味を答えましょう。
- 必要に応じて文章を補うなど、改題を行っています。

(1) 愛想を尽かしていた (2013本)

①嫌になってとりあわないでいた
②すみずみまで十分に理解していた
③体裁を取り繕うことができないでいた
④いらだちを抑えられないでいた
⑤意味をはかりかねて戸惑っていた

(2) 次の傍線部の一般的な用例として最も適当な文を選びなさい。

あえかな古語の世界 (1996追)

①この香水はあえかな値段だ。
②あえかな花に心をひかれた。
③相撲はあえかなスポーツだ。
④あえかなおにぎりを作った。
⑤河馬《かば》や象はあえかな動物だ。

(3) 街で燭台《しょくだい》をあがなって (1992追)

①借用して
②もらい受けて
③選んで
④買い求めて
⑤注文して

(4) 呆気《あっけ》なく済んだ (2012追)

①思いがけず急停止した
②はかない夢のまま止まった
③意外に早く終わった
④うっとりしているうちに終了した
⑤驚いている間に停止した

(5) 呆《あ》っけに取られた (2017本)

①驚いて目を奪われたような
②意外さにとまどったような
③真剣に意識を集中させたような
④急に眠気を覚まされたような
⑤突然のことにうれしそうな

(6) あっけらかんと (2011追)

①人々が気のつかないうちにやすやすと
②人々の感情を逆なでするように意地悪く
③人々への思いやりを持たず冷酷に
④人々の運命を飲み込んで黙々と
⑤人々の事情にかまうことなく平然と

答えは038ページ

答え054 上段 (1)① (2)④ (3)② (4)⑤ (5)①
下段 (6)③ (7)① (8)①

(1) **あてつけがましい** (2017 本)

①いかにも皮肉を感じさせるような
②遠回しに敵意をほのめかすような
③暗にふざけてからかうような
④あたかも憎悪をにじませるような
⑤かえって失礼で慎みがないような

(2) **後片付けのはかは行かず** (2009 本)

①後片付けを途中でやめて　②後片付けをあきらめて
③後片付けが手につかず　④後片付けに満足できず
⑤後片付けが順調に進まず

(3) **次の傍線部の一般的な用例として最も適当な文を選びなさい。** (1996 追)

あどけない微笑《ほほえ》み

①あどけない石垣沿いの道を登った。
②あどけないパンの朝食をとった。
③あどけない高価なカバンを買った。
④あどけないしぐさに魅せられた。
⑤あどけない雨の日が続いている。

(4) **一矢を報いずには** (2006 本)

①無視せずには　②からかわずには
③ごまかさずには　④嘆息せずには
⑤反撃せずには

(5) **心の息吹のようなものがふきつける** (1998 追)

①息の根　②ためらい
③ささやく声　④息づかい
⑤ためいき

(6) **いわく言い難い** (2010 本)

①言葉にするのが何となくはばかられる
②言葉では表現しにくいと言うほかはない
③言葉にしてしまってはまったく意味がない
④言葉にならないほどあいまいで漠然とした
⑤言葉にするとすぐに消えてしまいそうな

(7) **うちひしがれた** (2018 追)

①不満が収まらず恨むような　②疲れ切ってしょぼくれた
③気が動転してうろたえた　④気力を失ってうつろな
⑤しょげ返って涙にうるんだ

(8) **次の傍線部の一般的な用例として最も適当な文を選びなさい。** (1997 追)

寝返りを打つ

①柱にクギを打つ。　②新しい手を打つ。
③庭に水を打つ。　④でんぐりがえしを打つ。
⑤あいづちを打つ。

答えは 039 ページ

答え 053　上段　(1)②　(2)④　(3)④　(4)⑤
下段　(5)②　(6)④　(7)④　(8)②

(1) **うつろに見つめた** (2009追)

①恨みの思いを眼差《まなざ》しにこめて見ていた
②おろおろとうろたえながら見ていた
③注意深く目をそらさずにじっと見ていた
④ぼんやりと何も考えられずに見ていた
⑤むなしい気持ちを隠しきれずに見ていた

(2) **疎ましく** (2011追)

①見下されているように感じて腹立たしく
②仲間外れにされたようでいらだたしく
③親しみを感じられずにいとわしく
④別世界の人だと思われて薄気味悪く
⑤場にそぐわないとさげすみたく

(3) **裏はらな心の動き** (1990追)

①裏にかくれた　②裏おもてのある
③意外な　④反対の
⑤奥深い

(4) **うろ覚え** (1993追)

①棒暗記した記憶　②不確かな記憶
③間接的な記憶　④誤りの多い記憶
⑤無意識の記憶

(5) **悦に入って** (2014追)

①思い通りにいき得意になって
②我を忘れるくらい夢中になって
③我慢ができないほどおかしくて
④本心を見透かされ照れて
⑤感情を押し隠し素知らぬふりをして

(6) **追い討ちをかけて** (2015本)

①無理に付きまとって　②強く責め立てて
③しつこく働きかけて　④時間の見境なく
⑤わざわざ調べて

(7) **おしなべて呼ぶ** (1999追)

①ぼかして　②推し量って
③隠して　④総じて
⑤ひらたく言って

(8) **押し問答** (1993追)

①相手を黙らせ一方的に主張すること
②互いに体を押し合って言い争うこと
③交互に質問し互いに答え合うこと
④休む間も無く問答を続けること
⑤互いにかみあわないまま言い合うこと

答えは040ページ

答え036　上段　(1)①　(2)②　(3)④
下段　(4)③　(5)①　(6)⑤

(1) おずおずと (2015追)

①悲しみをこらえながら淡々と
②顔色をうかがいながら思い切って
③言葉を選びながら丁寧に
④うれしさを押し隠しながらそっと
⑤ためらいながら遠慮がちに

(2) おずおずとした調子 (2006本)

①気まずい感じ
②しらける感じ
③ためらう感じ
④かたくなな感じ
⑤つまらない感じ

(3) お手のもので (2019本)

①見通しをつけていて
②腕がよくて
③得意としていて
④ぬかりがなくて
⑤容易にできそうで

(4) 驚くべき自尊心 (2000本)

①異常な羞恥心《しゅうちしん》
②他人を寄せつけないほどの独立心
③子どもとは思えないような自制心
④度がすぎた自己愛
⑤人並はずれた気位

(5) 戦《おのの》きながら (2018本)

①勇んで奮い立ちながら
②驚いてうろたえながら
③慌てて取り繕いながら
④あきれて戸惑いながら
⑤ひるんでおびえながら

(6) おびやかす (2013追)

①強い緊張感を与え、妄想を起こさせる
②緊張感を与え、気づまりにさせる
③相手を追い詰め、不安な気持ちにさせる
④自己満足を求めて、弱い者を苦しめる
⑤惨めな気持ちにさせ、屈辱感を与える

(7) 面映《おもは》ゆい思いなく (2007追)

①相手の顔を見ることができないほどの違和感を抱くことはなく
②あれこれ考えをめぐらして気まずくなるような心情はなく
③相手を見るのがまぶしく感じるほど心ひかれる感情はなく
④期待をもって当てにするようなわくわくとした思いはなく
⑤顔を合わせるのが照れくさいようなきまりの悪い気持ちはなく

答えは041ページ

答え037 上段 (1)① (2)⑤ (3)④ (4)⑤
下段 (5)④ (6)② (7)④ (8)④

(1) 次の傍線部の一般的な用例として最も適当な文を選びなさい。

雪をかいていた (1997 追)

①疲れていびきをかいていた。 ②慎重さをかいていた。
③熊手《くまで》で落ち葉をかいていた。 ④部屋で手紙をかいていた。
⑤汗をかいていた。

(2) 枷《かせ》が外れる (2018 本)

①問題が解決する ②苦しみが消える
③困難を乗り越える ④いらだちが収まる
⑤制約がなくなる

(3) 固唾《かたず》を呑《の》んで (1999 本)

①声も出ないほど恐怖に怯《おび》えながら
②何もできない無力さを感じながら
③張りつめた様子で心配しながら
④驚きと期待を同時に抱きながら
⑤緊張した面持ちで不快に思いながら

(4) 魚が小さな体を駆って川を遡《さかのぼ》る (2003 追)

①はげしく傷つけて ②華やかにきらめかせて
③せいいっぱい動かして ④ときおり休ませて
⑤むりやり追い込んで

(5) 二人の寝息が静かな調和を醸してつづく (2003 追)

①かすかに乱して ②ほのかに発して
③ほどよく整えて ④ゆっくりと包み込んで
⑤徐々につくり出して

(6) 衝動にかられて (1998 追)

①心がせきたてられて ②気持ちが動揺して
③思いが向かって ④精神が高ぶって
⑤意識がうつろになって

(7) 歓心を得る (1991 本)

①喜んでくれるように機嫌をとる
②関心を示してくれるように配慮する
③喜んで賛成してくれるように気を使う
④なるほどと感心してくれるように工夫する
⑤取り入ってくれるように仕向ける

(8) 癇《かん》の強いところがあった (2009 追)

①不満を感じることが多かった
②かなり強情な部分があった
③激怒しやすい一面があった
④荒々しい情熱を秘めていた
⑤他人を責める厳しさがあった

(9) 生《き》一本 (2017 本)

①短気 ②純粋 ③勝手 ④活発 ⑤強情

答えは 042 ページ

答え 038 上段 (1)④ (2)③ (3)④ (4)②
下段 (5)① (6)③ (7)④ (8)⑤

（1）**気概**（2013本）

①大局的にものを見る精神　②相手を上回る周到さ
③物事への思慮深さ　④くじけない強い意志
⑤揺るぎない確かな知性

（2）**気骨**（1996本）

①不屈の気概　②繊細な気質
③乱暴な気性　④進取の意気
⑤果敢な勇気

（3）**列をなして並んだ几帳面な机**（1990本）

①固くがっしりした
②ノートのように線が引かれた
③凸凹がなく面が平らになった
④規則正しくきちんとした
⑤ぴったり調和した

（4）**気の置けない**（2008本）

①気分を害さず対応できる
②遠慮しないで気楽につきあえる
③落ち着いた気持ちで親しめる
④気を遣ってくつろぐことのない
⑤注意をめぐらし気配りのある

（5）**きまり悪げな顔**（2016追）

①不満そうな顔　②困惑したような顔
③不愉快そうな顔　④納得できないような顔
⑤腹立たしそうな顔

（6）**久闊《きゅうかつ》を叙《じょ》した**（1994追）

①久しく会わなかったことを怒った
②久しぶりの挨拶《あいさつ》を交わした
③遠くから来たことに感謝の意を表した
④長く疎遠であったことを咎《とが》めた
⑤昔からの友人を懐かしんだ

（7）**興じ合っている**（2020本）

①互いに面白がっている　②負けまいと競っている
③それぞれが興奮している　④わけもなくふざけている
⑤相手とともに練習している

（8）**教室の体裁をなし**（2007本）

①教室の準備がようやく済んで
②教室とは異なった感じになって
③教室として立派になって
④教室がいったん雑然として
⑤教室らしい様子になって

答えは043ページ

答え039　上段　(1)⑤　(2)③　(3)③　(4)⑤
下段　(5)⑤　(6)③　(7)⑤

(1) 凝然と (2017 追)

①ぐったりと横たわって　②ひっそりと音もせず
③じっと動きもなく　④こんもりと生い茂り
⑤ぼんやりとおぼろげに

(2) 気を呑《の》まれて (2001 本)

①圧倒されて　②驚きあきれて
③無我夢中で　④引き込まれて
⑤不審に思って

(3) 具合がわるい (2002 本)

①不都合だ　②不自然だ
③不出来だ　④不適切だ
⑤不本意だ

(4) 口をとがらせた (1995 追)

①怒りで厳しい口調になった
②まったく分からないという顔付きをした
③弱気になりながらも虚勢を張った
④不満に思い抗議するような表情をした
⑤激しい口調で相手をののしった

(5) 屈託なく笑う (1992 本)

①きわめて不作法に　②まったく疲れを知らず
③何のこだわりもなく　④ひどく無遠慮に
⑤少しの思慮もなく

(6) 首をもたげて (2012 追)

①今まで傾けていた首を横にひねって
②今まで脇《わき》を向いていた頭を元に戻して
③今まで下げていた頭を起こして
④今まで正面を向いていた顔を上に向けて
⑤今まで上に伸ばしていた首をすくめて

(7) 雲を摑《つか》むような (2019 追)

①不明瞭で、とらえどころのない
②不安定で、頼りにならない
③非常識で、気恥ずかしい
④非現実的で、ありそうにない
⑤非合理的で、ばかばかしい

(8) 怪訝《けげん》そうに (1990 追)

①うたぐり深そうに　②心配そうに
③気の毒そうに　④不安そうに
⑤不思議そうに

答えは 044 ページ

答え 040 上段 (1)③ (2)⑤ (3)③ (4)③
下段 (5)⑤ (6)① (7)① (8)③ (9)②

次の傍線部の一般的な用例として最も適当な文を選びなさい。

(1) けげんな面持ち (1996 追)

①祖母はけげんな半生を自慢した。
②父は家族のけげんな支えである。
③母は珍しくけげんな表情をした。
④兄はけげんなデートにでかけた。
⑤弟はけげんな努力を重ねている。

(2) 怪訝《けげん》な気持ち (2007 追)

①不可解で納得のいかないような気持ち
②不安で落ち着かないような気持ち
③うれしくて待ちきれないような気持ち
④怒っていらいらするような気持ち
⑤用心深く相手の考えを疑うような気持ち

(3) けたたましく (2010 追)

①畏《おそ》れを感じさせる重々しい音で
②神経に障るやかましい音で
③期待を誘う高らかな音で
④許せないほどの騒々しい音で
⑤場違いな感じの奇妙な音で

(4) 後難をおそれて逃げる (1994 本)

①あとあとまでもながく自分への非難が続くことを気にして
②あとになって人々の非難が起こらないように気をつかって
③あとになるほど事態の解決が難しくなるのを心配して
④あとになってふりかかってきそうなわざわいを心配して
⑤あとになるほどわざわいが起こりやすいのを気にして

(5) 異様な景色に、思わず声を洩《も》らした (2001 本)

①ひとりごとを言った
②こっそりとつぶやいた
③悲鳴を上げた
④感情的に言った
⑤小さく叫んだ

(6) 刻々に (2014 本)

①突然に
②あっという間に
③順番通りに
④ときどきに
⑤次第次第に

(7) 沽券《こけん》にかかわる (2009 本)

①自分の今後の立場が悪くなる
②自分の守ってきた信念がゆらぐ
③自分の体面がそこなわれる
④将来の自分の影響力が弱くなる
⑤長年の自分の信用が失われる

答えは 045 ページ

答え 041 上段 (1)④ (2)① (3)④ (4)②
下段 (5)② (6)② (7)① (8)⑤

(1) **心得顔** (2003本)
①何かたくらんでいそうな顔つき
②扱いなれているという顔つき
③いかにも善良そうな顔つき
④事情を分かっているという顔つき
⑤何となく意味ありげな顔つき

(2) **小ざっぱりした身なり** (1998本)
①もの静かで落ち着いた ②さわやかで若々しい
③上品で洗練された ④清潔で感じがよい
⑤地味で飾り気のない

(3) **腰が低く** (1993本)
①重々しいしぐさで ②動作が緩慢で
③振る舞いが丁重で ④卑屈な態度で
⑤体つきが小さめで

(4) **腰を折られて** (2014本)
①下手《したて》に出られて ②思わぬことに驚いて
③やる気を失って ④途中で妨げられて
⑤屈辱を感じて

(5) **権化** (2010本)
①厳しく律せられたもの ②堅固に武装したもの
③巧みに応用したもの ④的確に具現したもの
⑤しっかりと支えられたもの

(6) **渾身《こんしん》の力** (1993本)
①最後に出る底力 ②体じゅうの力
③強い忍耐の力 ④残されている気力
⑤みなぎり溢《あふ》れる力

(7) **さしでがましさ** (2012本)
①人の気持ちを酌んで自分の主張を変えること
②人のことを思い通りに操ろうとすること
③人の事情に踏み込んで無遠慮に意見したがること
④人の意向よりも自分の都合を優先したがること
⑤人の境遇を自分のことのように思いやること

(8) **些末《さまつ》な事柄** (2004追)
①末端的で特殊な事柄 ②私生活に関する事柄
③正確さに欠ける事柄 ④取るに足りない事柄
⑤心情的で微妙な事柄

(9) **さめざめと泣きあかす** (2000本)
①われを忘れるほどとり乱して ②涙をこらえてひっそりと
③気のすむまで涙を流して ④いつまでもぐずぐずと
⑤他人を気にせず大きな声で

答えは046ページ

答え042 上段 (1)③ (2)① (3)① (4)④ (5)③
下段 (6)③ (7)① (8)⑤

(1) 醒《さ》めた (2019追)

①状況を冷静に判断できる ②状況を正確に把握できる
③状況を正常に認識できる ④状況を冷淡に観察できる
⑤状況を平静に傍観できる

(2) 三々五々散ってゆく (2008追)

①足並みをそろえて分かれていく
②順序よく方々に散らばっていく
③列を乱しながらそれぞれ帰っていく
④ちりぢりになって離れていく
⑤少人数ごとにまばらに去っていく

(3) 昵懇《じっこん》だった (2007追)

①久しぶりに会った ②幼なじみであった
③親戚《しんせき》関係であった ④相談事があった
⑤親しい間柄にあった

(4) 自負心 (2010追)

①周囲の大人を見返してやりたいという気持ち
②自分は何でもできるようになったのだという気持ち
③同じ年ごろの友だちには負けたくないという気持ち
④自分に負けずにがんばっていこうという気持ち
⑤自分はどうせ子供なのだという気持ち

(5) 自分の眼《め》を疑った (2001本)

①不思議に思った ②信じられなかった
③不安を感じた ④見とれた
⑤意外に思った

(6) 自弁 (1994追)

①自分で費用を負担すること ②自分の責任で弁償すること
③自分で設置を交渉すること ④自分の労力を提供すること
⑤自分の資金で製作すること

(7) 小康 (2003追)

①病状が一進一退をくり返していること
②病状がやや持ち直して安定すること
③病気が何の跡形も残さず消え去ること
④病勢がよくなって生活に支障がなくなること
⑤病気が一定の状態を維持し続けること

(8) 森厳な (1992追)

①非常にきびしい ②きわめて恐ろしい
③きわめておごそかな ④底知れず奥深い
⑤非常に謹厳な

(9) すげなく (2018追)

①冷淡に ②なすすべなく
③一方的に ④思いがけなく
⑤嫌味っぽく

答えは047ページ

答え043 上段 (1)③ (2)① (3)②
下段 (4)④ (5)⑤ (6)⑤ (7)③

(1) すげなさ　(2014追)

①動揺し恥ずかしがる様子　②改まりかしこまった様子
③判断に迷い戸惑う様子　④物おじせず堂々とした様子
⑤関心がなくひややかな様子

(2) すっと喉をとおりにくい　(2001追)

①きれいに片づかない　②正しく説明できない
③うまく納得できない　④上手に対応できない
⑤とても認められない

(3) 図太いくらい心の座った　(2008追)

①図々《ずうずう》しいまでに自己中心的な
②常に情緒が安定している
③憎らしいほど心配りのできる
④落ち着いていて安心感のある
⑤少々のことでは動じない

(4) 是非に及ばない　(2004本)

①言うまでもない　②話にもならない
③善悪が分からない　④やむを得ない
⑤判断ができない

(5) 戦慄が走りぬける　(1995追)

①恐ろしさで一瞬体中が震える思いがする
②急激な寒さで体全体が硬直してしまう
③うしろめたさからひたすら自分を責める
④悲しさで瞬間的に体が縛られたようになる
⑤予期せぬ展開にひどく驚いてしまう

(6) 浅慮を全く嘲笑した　(2012本)

①短絡的な考えに対して心の底から見下した
②卑怯《ひきょう》なもくろみに対してためらわず軽蔑《けいべつ》した
③粗暴な行動に対して極めて冷淡な態度をとった
④大人げない計略に対して容赦なく非難した
⑤軽率な思いつきに対してひたすら無視した

(7) 双肩に担って　(2008追)

①苦労を味わって　②責任を負って
③疲れを見せて　④重荷に感じて
⑤成り立たせて

(8) 相好を崩していた　(2014追)

①なれなれしく振る舞っていた
②緊張がほぐれ安心していた
③好ましい態度をとれずにいた
④顔をほころばせ喜んでいた
⑤親しみを感じくつろいでいた

答えは048ページ

答え044　上段　(1)④　(2)④　(3)③　(4)④
下段　(5)④　(6)②　(7)③　(8)④　(9)③

(1) 率先垂範《そっせんすいはん》 (2004追)

①折り目正しくふるまうこと ②堂々と人に指図すること ③黙って責任を果たすこと ④人に先立って手本を示すこと ⑤先に行く人を模範にすること

(2) そばだち (2006追)

①風景に隠れてひっそりと立ち ②いくつも重なり並び立ち ③すぐ目の前まで迫り立ち ④あちらこちらに点々と立ち ⑤周囲より一段と高く立ち

(3) 他意なく (1992本)

①人の意見など聞き入れず ②特定の考えもなしに ③ほかの意向など持たずに ④他の人のことなど意識せず ⑤裏に含んだ考えなどなく

(4) たたずまい (2003本)

①けはい ②いごこち ③におい ④しずけさ ⑤ありさま

(5) 端的に現す (1998本)

①手短にはっきりと ②生き生きと言葉のはしばしに ③余すところなく確実に ④わかりやすく省略して ⑤あざやかに際立たせて

(6) 程度が長じて (1992追)

①成長して ②甚だしくなって ③巧みになって ④向上して ⑤進化して

(7) 重宝がられる (2020本)

①頼みやすく思われ使われる ②親しみを込めて扱われる ③一目置かれて尊ばれる ④思いのままに利用される ⑤価値が低いとみなされる

(8) 通俗的 (2012本)

①野卑で品位を欠いているさま ②素朴で面白みがないさま ③気弱で見た目を気にするさま ④平凡でありきたりなさま ⑤謙虚でひかえ目なさま

(9) 憑物《つきもの》が落ちた (2005追)

①放心したような ②我に返ったような ③気を張ったような ④十分寝足りたような ⑤ほっとしたような

答えは049ページ

答え045 上段 (1)① (2)⑤ (3)⑤ (4)②
下段 (5)② (6)① (7)② (8)③ (9)①

(1) つくづくと眺める (2011 本)

①興味を持ってぶしつけに　②ゆっくりと物静かに
③見くだすようにじろじろと　④注意深くじっくりと
⑤なんとなくいぶかしげに

(2) 次の傍線部の一般的な用例として最も適当な文を選びなさい。 (1997 追)

熱い鉄びんの中へとっくりをつけた

①戸じまりに気をつけた。　②試合の記録をつけた。
③野菜を塩水につけた。　④名札を胸につけた。
⑤雪に足あとをつけた。

(3) 突っけんどんにいった (2009 追)

①厳しく詰問するように言った
②横柄な態度で無遠慮に言った
③鋭く冷ややかな調子で言った
④批判的な態度でいきなり言った
⑤前置きもなくとげとげしく言った

(4) つつましく (2017 追)

①本音を隠して丁寧に　②心ひかれてひたむきに
③気を引きしめて真剣に　④敬意をもって控えめに
⑤慈しみを込めて穏やかに

---

(5) 唐突な (1996 本)

①悲痛な　②不意の
③早口の　④過去の
⑤奇妙な

(6) 我にかえってどぎまぎと手をはなす (1999 追)

①恥ずかしさのあまり、思わずとりみだして
②とっさに弁解できず、しどろもどろで
③相手に理解してもらえず、困惑して
④不意をつかれて、たじろいで
⑤思いがけない行動をしていたことに、うろたえて

(7) とくとくと (2015 本)

①意欲満々で　②充分満足して
③利害を考えながら　④始めから順番どおりに
⑤いかにも得意そうに

(8) 頓狂《とんきょう》な声 (2011 本)

①びっくりして気を失いそうな声
②あわてて調子はずれになっている声
③ことさらに深刻さを装った声
④とっさに怒りをごまかそうとした声
⑤失望してうちひしがれたような声

答えは 050 ページ

答え 046　上段　(1)⑤　(2)③　(3)⑤　(4)④
下段　(5)①　(6)①　(7)②　(8)④

(1) 煙が空をどんよりと曇らせる (1998 本)
①暗くかすむように ②くすんで貧弱に
③濁って重苦しく ④けだるく眠そうに
⑤黒々と分厚く

(2) 宥《なだ》め賺《すか》して (2004 本)
①機嫌をとって気を変えさせ
②脅し文句を並べてあきらめさせ
③冗談を言って気分を変えさせ
④許しを求めて怒りをしずめさせ
⑤責めたてて考え直させ

(3) 生返事 (2012 追)
①本当の気持ちを包み隠して、相手を惑わそうとする返事
②相手に本気では対応していない、いい加減な返事
③中途半端な態度で、相手の気持ちに迎合した返事
④相手の態度に機嫌を損ねて発した、ぶっきらぼうな返事
⑤相手の言うことを何も聞いていない、突き放した返事

(4) 難物 (2002 本)
①理解しがたい人 ②頭のかたい人
③心のせまい人 ④扱いにくい人
⑤気のおけない人

(5) のっぴきならない (2003 本)
①予想もつかない ②どうにもならない
③決着のつかない ④言い逃れのできない
⑤口出しのできない

(6) 呑《の》みこめた (2019 追)
①予見できた ②歓迎できた
③共感できた ④理解できた
⑤容認できた

(7) 薄情 (2013 追)
①意識を集中できず、投げやりになること
②自己中心的で、思いやりがないこと
③自分のことしか考えず、気持ちが散漫になること
④注意が続かず、気もそぞろなこと
⑤気持ちが切迫し、余裕のないこと

(8) 肌が粟立《あわだ》つような気がする (1995 本)
①恐ろしくて身の毛がよだつ様子
②緊張して頭に血がのぼる様子
③緊張して冷や汗が流れる様子
④寒々として身ぶるいをする様子
⑤寒々として体がこわばる様子

答えは 051 ページ

答え 047 上段 (1)④ (2)⑤ (3)⑤ (4)⑤
下段 (5)① (6)② (7)① (8)④ (9)②

(1) 八方画策した (1994本)

①あらゆる方面に出向いていって、自分の立てた計画を話した
②あらゆる方面にはたらきかけて、計画の実現をはかった
③あらゆる方面から情報を集め、さまざまな計画を立案した
④いろいろな計画をねりあげて、いちばんよいのを実行した
⑤いろいろな計画を人々から提出させ、どれがよいかを討議した

(2) 腹に据えかねた (2018本)

①本心を隠しきれなかった
②我慢ができなかった
③合点がいかなかった
④気配りが足りなかった
⑤気持ちが静まらなかった

(3) 肚《はら》を決めた (2019本)

①気持ちを固めた
②段取りを整えた
③勇気を出した
④覚悟を示した
⑤気力をふりしぼった

(4) 晴れがましく (2020本)

①何の疑いもなく
②人目を気にしつつ
③心の底から喜んで
④誇らしく堂々と
⑤すがすがしい表情で

(5) 不意をつかれて (2007本)

①突然の事態に困り果てて
②見込み違いで不快になって
③予想していないことに感心して
④初めてのことであわてて
⑤思いがけないことにびっくりして

(6) 不世出の才能が宿る (1994本)

①めったに現れることのないほどの、すぐれた
②少しの人にしか知られていない、一風変わった
③めったに世の人の目に触れることのない、不思議な
④口にだして言うこともできないほどの、不気味な
⑤まだ世間の表面に出ていないが、将来性のある

(7) 紙にぶっつけに花弁から描きはじめる (1990本)

①あらあらしく
②はじめに
③ざっと
④なげやりに
⑤いきなり

(8) 無聊《ぶりょう》に耐えられなかった (2009本)

①退屈さが我慢できなかった
②無駄な時間が許せなかった
③空虚な心持ちがいやだった
④心細さに落ち着きを失った
⑤不快感を抑えられなかった

答えは052ページ

答え048 上段 (1)④ (2)③ (3)⑤ (4)④
下段 (5)② (6)⑤ (7)⑤ (8)②

(1) 閉口した (2002 本)

①悩み抜いた　②がっかりした
③押し黙った　④考えあぐねた
⑤困りはてた

(2) 放心から覚める (1990 本)

①心を奪われてぼうっとなること
②心をとき放ちのんびりすること
③心を決めかねてふらふらすること
④心を集中して雑念をはらうこと
⑤心をひらいて受け入れること

(3) ほの暗い空間 (1998 追)

①部分的に暗い空間　②ぼんやりと暗い空間
③まっ暗な空間　④ときどき暗くなる空間
⑤うす汚れた空間

(4) まつわられ (2015 追)

①しきりに泣きつかれ　②勝手気ままに振る舞われ
③ひどくわがままを言われ　④うるさく付きまとわれ
⑤激しく動きまわられ

(5) 眉をひそめて気の毒そうにする (1999 追)

①不吉に思い、眉をしかめて
②心を痛め、眉間《みけん》に皺《しわ》を寄せて
③眉を下げ、冷静を装って
④眉間を緩め、理解を示して
⑤嘆きながら、眉をゆがめて

(6) 見栄《みえ》もなく (2016 本)

①相手に対して偉ぶることもなく
②自分を飾って見せようともせず
③はっきりした態度も取らず
④人前での礼儀も欠いて
⑤気後れすることもなく

(7) 水掛け論 (2006 追)

①双方の意見の食い違いから議論をやめること
②相手の意見に怒りを感じてけんかになること
③双方が意見を言い張って決着がつかないこと
④相手に自分の主張を一方的に押しつけること
⑤様々な話題について延々と議論を続けること

(8) 水をさしたくなかった (1996 本)

①批判したく　②冷やかしたく
③涙を見せたく　④ごまかしたく
⑤邪魔したく

答えは 053 ページ

答え 049　上段　(1)③　(2)①　(3)②　(4)④
下段　(5)②　(6)④　(7)②　(8)①

(1) 身の丈に合っていた (2006 本)
①自分にとってふさわしかった
②自分にとって魅力的だった
③自分にとって都合がよかった
④自分にとって親しみが持てた
⑤自分にとって興味深かった

(2) みもふたもない (2010 本)
①現実的でなくどうにもならない
②大人気なく思いやりがない
③露骨すぎて話にならない
④計算高くてかわいげがない
⑤道義に照らして許せない

(3) 無造作に (2016 本)
①先の見通しを持たずに
②いらだたしげに荒っぽく
③慎重にやらず投げやりに
④先を越されないように素早く
⑤周囲の人たちを見下して

(4) 無量の想い (1993 追)
①数少ない想い
②正体不明の想い
③とるに足りない想い
④はかり知れない想い
⑤大雑把な想い

(5) 名状し難い (2008 本)
①言い当てることが難しい
②名付けることが不可能な
③意味を明らかにできない
④何とも言い表しようのない
⑤全く味わったことのない

(6) 目くばせした (2016 本)
①目つきですごんだ
②目つきで制した
③目つきで頼み込んだ
④目つきで気遣った
⑤目つきで合図した

(7) 眼を瞠《みは》った (2005 追)
①鋭い目つきで相手をにらんだ
②はじらいながら目を伏せた
③非難を込めて目をそらした
④目を丸くして相手を見つめた
⑤驚きをもって目を見開いた

(8) 目を見張っていた (2019 本)
①間違いではないかと見つめていた
②感動して目を見開いていた
③動揺しつつも見入っていた
④集中して目を凝らしていた
⑤まわりを見わたしていた

答えは 054 ページ

答え 050 上段 (1)② (2)② (3)① (4)④
下段 (5)⑤ (6)① (7)⑤ (8)①

(1) 父親が苦々しげに眼《め》を寄越《よこ》してくる (2001 追)

①視線を中空にさまよわせて
②離れたところから見つめて
③間近に見守って
④近寄ってきて見とがめて
⑤遠くから見張って

(2) もうけ話をもちかける (2002 追)

①問いかけ
②呼びかけ
③話しかけ
④誘いかけ
⑤働きかけ

(3) 物心ついた (1993 本)

①物体や出来事の核心が納得された
②物や精神面での援助が可能になり始めた
③人と人との関係が物と精神だと分かった
④世の中のことや人間関係が分かり始めた
⑤実際に見聞きしたことだけが信じられた

(4) 躍起になって (2011 本)

①夢中になって
②さとすように
③威圧するように
④あきれたように
⑤むきになって

(5) 躍起になって (1992 本)

①おどおどして
②むきになって
③うろたえて
④やけになって
⑤びっくりして

(6) やにわに (2011 追)

①そっと見つめるようにゆっくりと
②急に思いついたようにぶっきらぼうに
③大切なものを扱うように心をこめて
④話の流れを無視してだしぬけに
⑤はやる気持ちを隠して静かに

(7) やみくもに (2018 追)

①不意をついて
②敵意をあらわに
③やむにやまれず
④前後の見境なく
⑤目標を見据えて

(8) 世捨て人 (2006 追)

①実社会から心ならずも逃避している人
②みずから世間との交渉を絶っている人
③元の豊かな生活を失ってしまった人
④何かの修行に真剣に打ち込んでいる人
⑤あえて人間らしい感情を押し殺した人

答えは 037 ページ

答え 051 上段 (1)⑤ (2)① (3)② (4)④
下段 (5)② (6)② (7)③ (8)⑤

(1) **余念がなく** (2015 追)
①ほかに気を配ることなく熱中し
②真剣さが感じられずいいかげんで
③細かいところまで丁寧に
④疑いを持たずに思い切って
⑤余裕がなくあわただしい様子で

(2) **余念なく** (1994 追)
①のんびりと　②ぼんやりと
③無造作に　④熱心に
⑤慎重に

(3) **寄る辺もない** (1991 追)
①寄りかかるすべもない　②たよりとする所もない
③隠遁《いんとん》の機会すらもない　④立ち寄る隠れ家もない
⑤寄生をする対象もない

(4) **凛《りん》とした声** (1995 追)
①高圧的なはっきりした声　②冷たくつんとすました声
③大きく響き渡る声　④堂々として落ち着いた声
⑤きりりと引き締まった声

(5) **霊性** (2017 追)
①精神の崇高さ　②気性の激しさ
③存在の不気味さ　④感覚の鋭敏さ
⑤心の清らかさ

(6) **老成した** (2007 本)
①しわがれて渋みのある　②知性的で筋道の通った
③年のわりに落ち着いた　④重々しく低音の響いた
⑤静かでゆっくりとした

(7) **狼狽《ろうばい》** (2016 追)
①とまどい慌てること　②うるさく騒ぎ立てること
③驚き疑うこと　④圧倒されて気弱になること
⑤恐れてふるえること

(8) **われ知らず** (2014 本)
①自分では意識しないで　②あれこれと迷うことなく
③人には気づかれないように　④本当の思いとは逆に
⑤他人の視線を意識して

答えは 036 ページ

答え 052 上段 (1)① (2)③ (3)③ (4)④
下段 (5)④ (6)⑤ (7)⑤ (8)②

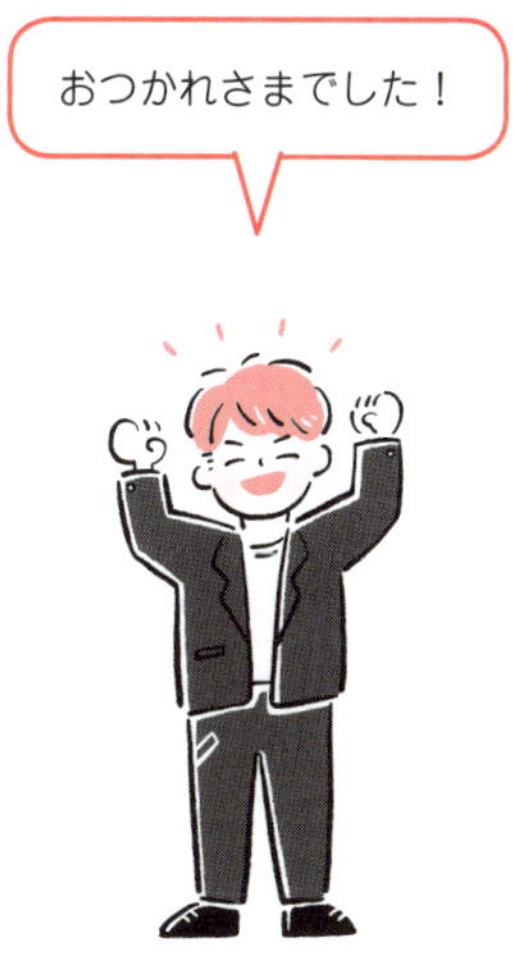
おつかれさまでした！

⑤

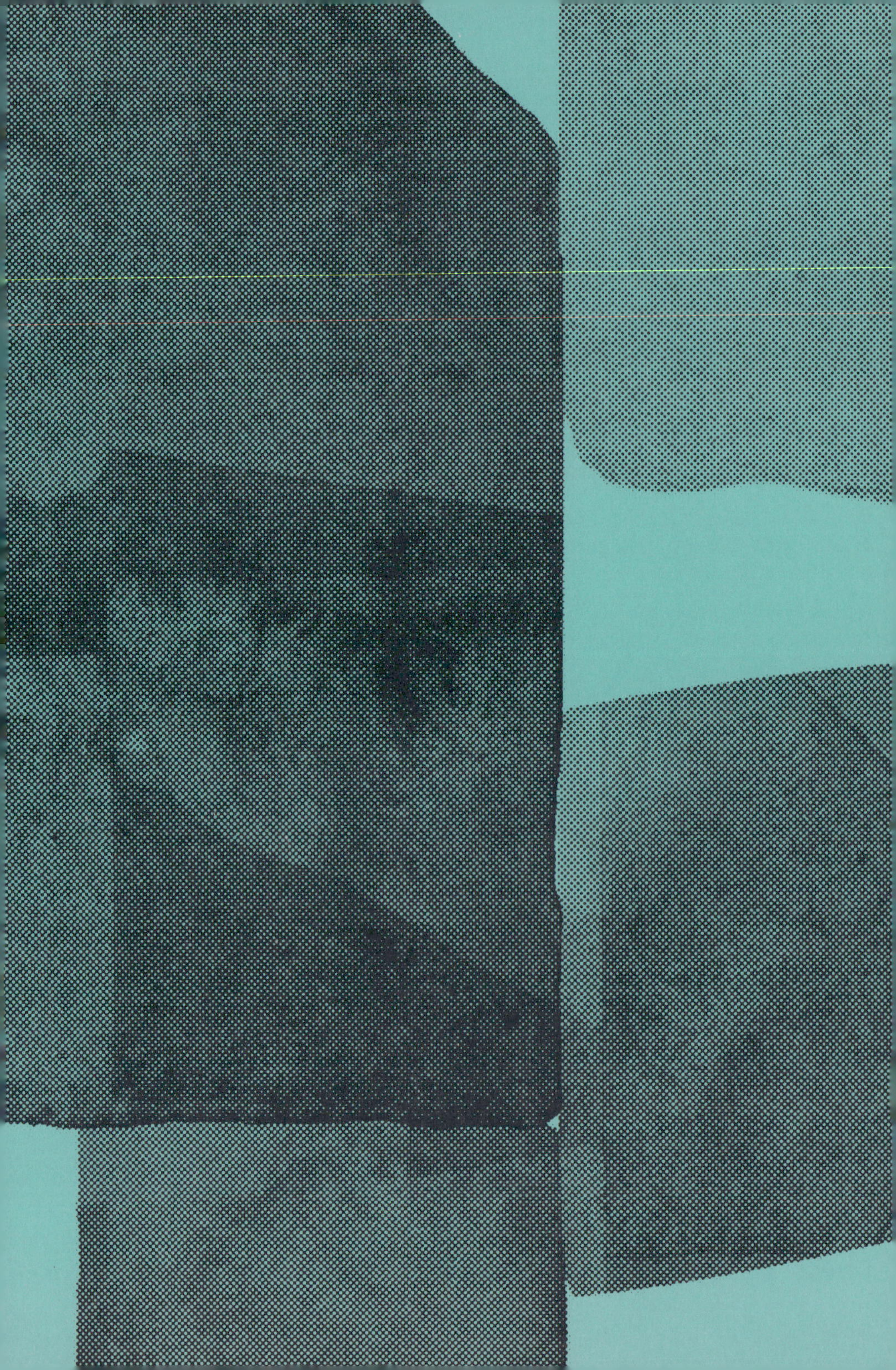